马克思主义理论研究和建设工程重大项目、国家社科基金重大项目“全面提升中国文化软实力研究”（批准号：2015MZD045)阶段性成果

教育部哲学社会科学系列发展报告
MOE Serial Reports on Developments in Humanities and Social Sciences

中国文化软实力发展报告2015

Report on Development of Cultural Soft Power in China 2015

张国祚 主编

北京大学出版社
PEKING UNIVERSITY PRESS

图书在版编目(CIP)数据

中国文化软实力发展报告. 2015/张国祚主编. —北京:北京大学出版社,2018.1
(教育部哲学社会科学系列发展报告)
ISBN 978-7-301-28996-9

Ⅰ. ①中…　Ⅱ. ①张…　Ⅲ. ①文化事业—建设—研究报告—中国—2015　Ⅳ. ①G12

中国版本图书馆 CIP 数据核字(2017)第 304449 号

书　　名	中国文化软实力发展报告 2015 ZHONGGUO WENHUA RUANSHILI FAZHAN BAOGAO 2015
著作责任者	张国祚　主编
责任编辑	孙　晔
标准书号	ISBN 978-7-301-28996-9
出版发行	北京大学出版社
地　　址	北京市海淀区成府路 205 号　100871
网　　址	http://www.pup.cn
电子信箱	minyanyun@163.com
新浪微博	@北京大学出版社
电　　话	邮购部 62752015　发行部 62750672　编辑部 62750673
印 刷 者	北京大学印刷厂
经 销 者	新华书店
	730 毫米×980 毫米　16 开本　12.75 印张　236 千字
	2018 年 1 月第 1 版　2018 年 1 月第 1 次印刷
定　　价	52.00 元

系、人才队伍体系、现代科研管理体系和学风建设工作体系，同时，大力实施高校哲学社会科学“走出去”计划，提升国际学术影响力和话语权。

当今世界正处在大发展大变革大调整时期，我国已进入全面建设小康社会的关键时期和深化改革开放、加快转变经济发展方式的攻坚时期。站在新的历史起点上，高校哲学社会科学面临着难得的发展机遇和有利的发展条件。高等学校作为我国哲学社会科学事业的主力军，必须充分发挥人才密集、力量雄厚、学科齐全等优势，坚持马克思主义立场观点方法，以重大理论和实际问题为主攻方向，立足中国特色社会主义伟大实践进行新的理论创造，形成中国方案和中国建议，为国家发展提供战略性、前瞻性、全局性的政策咨询、理论依据和精神动力。

自2010年始，教育部启动哲学社会科学研究发展报告资助项目。发展报告项目以服务国家战略、满足社会需求为导向，以数据库建设为支撑，以推进协同创新为手段，通过组建跨学科研究团队，与各级政府部门、企事业单位、校内外科研机构等建立学术战略联盟，围绕改革开放和社会主义现代化建设的重点领域和重大问题开展长期跟踪研究，努力推出一批具有重要咨询作用的对策性、前瞻性研究成果。发展报告必须扎根社会实践、立足实际问题，对所研究对象的发展状况、发展趋势等进行持续研究，强化数据采集分析，重视定量研究，力求有总结、有分析、有预测。发展报告按照“统一标识、统一封面、统一版式、统一标准”纳入“教育部哲学社会科学发展报告文库”集中出版。计划经过五年左右，最终稳定支持百余种发展报告，有力支撑“高校哲学社会科学社会服务体系”建设。

展望未来，夺取全面建设小康社会新胜利、谱写人民美好生活新篇章的宏伟目标和崇高使命，呼唤着每一位高校哲学社会科学工作者的热情和智慧。我们要不断增强使命感和责任感，立足新实践，适应新要求，以建设具有中国特色、中国风格、中国气派的哲学社会科学为根本任务，大力推进学科体系、学术观点、科研方法创新，加快建设高校哲学社会科学创新体系，更好地发挥哲学社会科学认识世界、传承文明、创新理论、咨政育人、服务社会的重要功能，为全面建设小康社会、推进社会主义现代化、实现中华民族伟大复兴作出新的更大的贡献。

教育部社会科学司

2012年7月

总　　序

哲学社会科学的发展水平，体现着一个国家和民族的思维能力、精神状态和文明素质，反映了一个国家的综合国力和国际竞争力。在社会发展历史进程中，哲学社会科学往往是社会变革、制度创新的理论先导，特别是在社会发展的关键时期，哲学社会科学的地位和作用就更加突出。在我国从大国走向强国的过程中，繁荣发展哲学社会科学，不仅关系到我国经济、政治、文化、社会建设以及生态文明建设的全面协调发展，而且关系到社会主义核心价值体系的构建，关系到全民族的思想道德素质和科学文化素质的提高，关系到国家文化软实力的增强。

党的十六大以来，以胡锦涛同志为总书记的党中央高度重视哲学社会科学，从中国特色社会主义发展全局的战略高度，把繁荣发展哲学社会科学作为重大而紧迫的任务进行谋划部署。2004 年，中共中央下发《关于进一步繁荣发展哲学社会科学的意见》，明确了新世纪繁荣发展哲学社会科学的指导方针、总体目标和主要任务。党的十七大报告明确指出："繁荣发展哲学社会科学，推进学科体系、学术观点、科研方法创新，鼓励哲学社会科学界为党和人民事业发挥思想库作用，推动我国哲学社会科学优秀成果和优秀人才走向世界。"2011 年，党的十七届六中全会审议通过的《中共中央关于深化文化体制改革、推动社会主义文化大发展大繁荣若干重大问题的决定》，把繁荣发展哲学社会科学作为推动社会主义文化大发展大繁荣、建设社会主义文化强国的一项重要内容，深刻阐述了繁荣发展哲学社会科学一系列带有方向性、根本性、战略性的问题。这些重要思想和论断，集中体现了我们党对哲学社会科学工作的高度重视，为哲学社会科学繁荣发展指明了方向，提供了根本保证和强大动力。

为学习贯彻党的十七届六中全会精神，教育部于 2011 年 11 月 17 日在北京召开全国高等学校哲学社会科学工作会议。中共中央办公厅、国务院办公厅转发《教育部关于深入推进高等学校哲学社会科学繁荣发展的意见》，明确提出到 2020 年基本建成高校哲学社会科学创新体系的奋斗目标。教育部、财政部联合印发《高等学校哲学社会科学繁荣计划（2011—2020 年）》，教育部下发《关于进一步改进高等学校哲学社会科学研究评价的意见》《高等学校哲学社会科学"走出去"计划》《高等学校人文社会科学重点研究基地建设计划》等系列文件，启动了新一轮"高校哲学社会科学繁荣计划"。未来十年，高校哲学社会科学将着力构建九大体系，即学科和教材体系、创新平台体系、科研项目体系、社会服务体系、条件支撑体

目　录

党的十八大以来中国文化软实力研究与发展的几个重要问题（“中国文化软实力发展报告 2015”概览） ………………………… 1

中国军队文化软实力发展报告 ………………………… 8

中国边疆治理文化软实力报告 ………………………… 47

中国国际形象与文化软实力研究 ………………………… 87

“中国文化的影响对伊斯兰世界的辐射”调研报告 ………………………… 122

建设中华文化和伊斯兰文化共赢的“一带一路”文明圈
——《“中国文化的影响对伊斯兰世界的辐射”调研报告》之一 …… 123

在中东地区宣传“一带一路”的困难及对策
——《“中国文化的影响对伊斯兰世界的辐射”调研报告》之二 …… 134

论华侨华人及中国的文化软实力 ………………………… 142

中国抗战时期文化软实力研究 ………………………… 176

党的十八大以来
中国文化软实力研究与发展的几个重要问题
（“中国文化软实力发展报告2015”概览）

张国祚*

“中国文化软实力发展报告”的研究几乎与党的十八大同时起步，已经进入第四个年头了。

由于文化无所不在、领域非常宽泛，且种类繁多、层次有别、主次可鉴，所以我们的研究每每要根据形势发展变化、国家发展急需来确定文化软实力研究的重点。前三年，先后围绕中国廉洁文化、中国高等教育竞争力、中国区域文化软实力、孔子学院、中国文化产业、中国网络舆情、中国文化典籍对外翻译出版、爱国主义教育基地、中国传统文化、中国智库、中国舆论引导、中国高校思想政治教育、中国对非外交政策、中国演艺对外文化贸易等23个专题研究发表了报告，引起有关决策部门、有关研究领域专家的重视。

本年度报告主要着眼于党的十八大以来六个重要领域的文化软实力建设：一是鉴于近年来民族分裂主义、恐怖主义、极端宗教主义等“三股势力”对我国国家安全、特别是边疆社会政治稳定构成比较严重的威胁，所以需要研究在边疆治理中如何发挥文化软实力的作用。二是鉴于近年来美国推行“亚太再平衡战略”，不断挑拨和怂恿中国周边国家在领土领海问题上给我国制造麻烦，甚至公然炫耀武力威胁我国安全，当此之时，对解放军“能打仗、打胜仗”的要求显得格外现实而紧迫；因此，既要加快武器装备现代化的进程、增强物质硬实力，也要锤炼有灵魂、有本事、有血性、有品德的军队指战员，增强军人文化软实力。三是鉴于近些年来虽然我国综合国力不断增强，对世界经济增长与和平发展的贡献不断增大，但在国际敌对势力的策划掣肘下，中国的国际形象却时有被抹黑、被污名，当此之时，我们很有必要研究如何通过文化软实力建设来提升我国的国家形象，增强中华文化的亲和力、感染力、吸引力、竞争力，向世界阐释推介更多具有中国特色、体现中国

* 张国祚，国家文化软实力研究协同创新中心主任，中国文化软实力研究中心主任。

精神、蕴藏中国智慧的优秀文化，进一步提高我国文化软实力，增强我国的国际影响力。四是鉴于实施"一带一路"战略构想，需要借助"五通"，即政策沟通、设施联通、经贸畅通、资金融通、民心相通；而这"五通"必须借助文化先行来实现。"一带一路"沿线涵盖65个国家，其中有不少伊斯兰国家与中国毗邻，因此，研究中国文化软实力对伊斯兰国家的影响就十分必要。五是鉴于中国海外有6000多万华侨华人，是中国走向世界、联通世界、实施"一带一路"战略构想、推动世界和平发展、互利共赢的天然桥梁和纽带，因此，深入研究海外华侨华人文化软实力就成了重要选项。六是鉴于2015年是抗日战争暨世界反法西斯战争胜利70周年，认真总结抗战胜利的历史经验十分必要；中国抗日战争的胜利是在硬实力明显落后于日本帝国主义的情况下取得的，其中以伟大的抗战精神为核心的抗日文化软实力发挥了极其重要的作用；为弘扬伟大的抗战精神，把研究抗日战争时期中国文化软实力列入2015年的一个研究重点也在情理之中。

在深入调研的基础之上，课题组针对关于中国文化软实力发展的研究形成以下共识。

一、大力提升文化软实力是稳边固疆的长效机制

中国陆地边界线全长约2.28万公里，大陆海岸线长1.84万公里，另有岛屿岸线长1.4万余公里，海岸线总长度超过3.2万公里。中国同朝鲜、俄罗斯、蒙古、哈萨克斯坦、吉尔吉斯斯坦、塔吉克斯坦、巴基斯坦、阿富汗、印度、尼泊尔、不丹、老挝、缅甸和越南14个国家接壤，是世界上边界线最长、邻国最多、边界情况最复杂的国家之一。虽然在20世纪60年代和90年代，我国在和平共处五项原则的指导下，先后同缅甸、尼泊尔、蒙古、朝鲜、巴基斯坦、阿富汗、俄罗斯、哈萨克斯坦、吉尔吉斯、越南等国签订了边界协定，解决了历史遗留的边界问题。但目前中印边界问题尚未解决，我国南沙群岛和钓鱼岛尚存在被外国非法占据的问题。解决这些问题，除要靠物质硬实力之外，也要靠文化软实力。而在我国完全掌控和治理的陆地边疆地区，文化软实力的作用尤为重要和不可替代。中国边疆，特别是少数民族聚居的边疆地区，民族多、信教民众多，文化多元，经济相对落后，周边国际环境影响凸显，境外敌对势力方便渗透，"三股势力"容易兴风作浪，意识形态比较复杂。导致少数民族聚居的边疆地区，坚持马克思主义信仰难，坚定社会主义信念难，增强民族凝聚力向心力难，维护边疆政治社会稳定难。因此，边疆治理就更需要充分发挥文化软实力建设的基础性作用。总结十八大以来的经验，多民族聚居边疆地区文化软实力建设应采取以下举措：一要通过双语教学和历史地理教学，使边疆各族人民从小就认同中华文化、增强爱国情感；二要通过发展经济、美化环境、改善生活、活跃文艺，坚定中国特色社会主义理想信念，坚信实现中华民

族伟大复兴的“中国梦”是各族人民共同的梦;三要进一步完善民族政策具体措施,使加强民族团结成为各民族的共同心愿;四要宣传马克思主义宗教观,引导宗教与社会主义相适应,提倡和鼓励信教群众坚持爱国爱教相统一;五要联系实际、结合案例,用各民族群众喜闻乐见的语言讲清楚“三股势力”的危害,在心理上建立起反对“三股势力”的坚强防线;六要营造“亲诚惠容”的良好文化环境,为实施“一带一路”战略构想发挥引桥作用;七要优化文化软实力建设的平台和载体,健全相关资源保障机制,提高运作效率。

二、文化软实力可为解放军凝心壮魂、集智增勇、打胜仗提供不可或缺的精神滋养

战争的较量,不仅是军力的较量,更是民心的较量。中国人民解放军是有着光荣革命传统的军队。在长期艰苦卓绝的革命征程中,在武器装备落后的情况下,敢打硬仗,战胜强敌,主要得益于我军以思想政治工作为核心的文化软实力建设,使我们的官兵具有明确的宗旨意识、严明的组织纪律、顽强不屈的战斗作风、机智灵活的战略战术、有我无敌的英雄气概、特别是同人民群众的鱼水深情。因此,文化软实力是军队战斗力不可或缺的重要组成部分,是核心军事能力形成的重要途径,是强军之魂,其地位和作用越来越重要。不管武器装备先进到什么程度,都离不开人的作用,而只有文化软实力才能为军队官兵提供正确的政治方向、理论指导、精神动力、智力支持和亲如生死兄弟般的战友情谊。党的十八大以来,在党中央、中央军委和习近平主席的正确领导下,我军文化软实力建设坚持在协调推进中提升整体水平,在继承创新中焕发生机活力,在支撑发展中发挥重要作用,呈现出积极向上、蓬勃发展的良好态势,取得了显著成效。文化软实力以其强大的理论指导力、理想凝聚力、道德教化力、舆论导向力、艺术熏陶力,对推动军队全面建设和当代中国社会发展进步产生了重大影响。但也必须清醒地看到,面对军事斗争准备深化拓展、国防和军队建设改革深化的新形势新要求,我军文化软实力建设还存在着一些不相适应的地方,党内军内存在的腐败问题,形式主义、官僚主义、享乐主义等的恶劣影响,加之意识形态领域斗争尖锐复杂,使军队原本强大的文化软实力受到严重损害,乃至少部分官兵丧失理想、贪图安逸、畏敌怯战。因此,必须切实加强军队文化软实力建设,做到“六个坚持”:一是坚持把坚定的政治方向始终摆在第一位,努力增强政治意识、大局意识、核心意识、看齐意识,努力锻造官兵忠于党、忠于祖国、忠于人民的坚强意志;二是坚持用毛泽东军事思想和习近平强军理论武装官兵头脑,不断提高官兵理论修养、思想素质、军事智慧;三是坚持把爱国主义、集体主义和英雄主义作为思想政治建设的中心环节,把培育和践行军人核心价值观落实落细,努力锻造有灵魂、有本事、有血性、有道德的现

代化军队；四是坚持官兵平等、互教互学、群策群力，研究现代化战争条件下能打胜仗的战略战术战法；五是坚持不懈地深化军民鱼水情，始终坚守人民子弟兵的情怀，不断拓展军民一家亲；六是坚持党风廉政建设，加大反腐力度，彻底整肃军风军纪，弘扬风清气正、昂扬向上、团结紧张、严肃活泼的优良传统。

三、国家形象是国家文化软实力各种要素的综合表征，是决定国家吸引力、感召力和影响力的磁石。

习近平在谈到着力提高国家文化软实力时，从人类文明、综合国力、世界大国和社会主义本质要求等四个维度阐述了塑造我国国家形象的标准。他强调："要注重塑造我国的国家形象，重点展示中国历史底蕴深厚、各民族多元一体、文化多样和谐的文明大国形象，政治清明、经济发展、文化繁荣、社会稳定、人民团结、山河秀美的东方大国形象，坚持和平发展、促进共同发展、维护国际公平正义、为人类做出贡献的负责任大国形象，对外更加开放、更加具有亲和力、充满希望、充满活力的社会主义大国形象。"[①]依循这样的标准，课题组通过梳理中国国际形象的历史与现状，运用翔实的国内外民调数据，分析了海外公众对中国国际形象的认知情况，特别是通过国外媒体针对我国热点事件的报道进行分析，从中发现，近年来中国国家形象总体上呈现出稳步向好的趋势。2016 年 1 月至 3 月，中国外文局对外传播研究中心与华通明略（MillWard Brown）、Lightspeed GMI 合作开展了第四次中国国家形象全球调查。这次调查覆盖了 G20 中 19 个成员国，涵盖了亚洲（中国、日本、韩国、印度、印度尼西亚、沙特阿拉伯）、欧洲（英国、法国、德国、意大利、俄罗斯、土耳其）、北美洲（美国、加拿大、墨西哥）、南美洲（巴西、阿根廷）、大洋洲（澳大利亚）、非洲（南非）等不同区域的公民。访问样本共计 9500 个，每个国家 500 个样本。中国国家整体印象得分达到 6.2 分，相比 2014 年高出了 0.3 分，中国历史悠久、充满魅力的东方大国形象正在得到越来越多人的认可。一些比较客观的外国专家对中国形象的评价也越来越好。例如，美国《纽约时报》著名专栏作家托马斯·弗里德曼 2015 年 9 月 10 日在《纽约时报》上发表了题为《美中这七年》的文章，也充分肯定了近七年来中国经济发展、政治稳定、传统文化复兴和文化自信、选贤任能方面良好的国际形象，在同美国竞争过程中渐渐赢得了优势。但是，由于受美日等西方大国冷战思维的影响和一些亲西方媒体的跟风炒作，不同国家民众对中国国家形象的判断存在着较大差异。一些与中国外交关系发展良好的国家和地区，如非洲地区和俄罗斯的民众对中国的国家形象普遍给予较高评价；而日本等与中国外交存在摩擦的国家和地区则对中国国家形象持消极看

---

① 2013 年 12 月 31 日习近平在中央政治局十二次集体学习会议上的讲话。

法。因此，积极开展亲诚惠容外交，加强国际文化交流，揭露美日等国挑拨离间的伎俩，不断改善中国国际形象，对于增强中国国际话语权、提升中国文化软实力十分重要。

四、"一带一路"倡议与推进极大地提升了中国文化软实力

自 2013 年 9 月 7 日习近平主席在哈萨克斯坦提出"一带一路"倡议以来，他至少在 28 次重要讲话中论及"一带一路"倡议，从顶层设计到项目落实，"一带一路"在建设中前进，在发展中完善，在合作中成长，以点带面，从线到片，逐步形成区域大合作，不断从梦想走进现实。例如，2013 年 10 月 3 日，习近平在印度尼西亚倡议筹建亚洲基础设施投资银行，愿同东盟国家发展好海洋合作伙伴关系，共同建设 21 世纪海上丝绸之路。2014 年 5 月 21 日，习近平在上海亚洲相互协作与信任措施会议第四次峰会上提出，中国坚持与邻为善、以邻为伴，坚持睦邻、安邻、富邻，践行亲诚惠容理念，加快推进"丝绸之路经济带"和"21 世纪海上丝绸之路"建设。2014 年 6 月 5 日，习近平出席中阿合作论坛第六届部长级会议开幕式，提出弘扬丝路精神，深化中阿合作，共建"丝绸之路经济带"和"21 世纪海上丝绸之路"为新机遇新起点。2014 年 9 月 12 日，习近平在塔吉克斯坦首都杜尚别出席上海合作组织成员国元首理事会，指出，欢迎上海合作组织成员国观察员国积极参与，共商共建共享，共同创新区域合作和南南合作模式。同年 9 月 18 日，习近平在印度世界事务委员会上指出，中国和南亚各国是重要的合作伙伴，愿同南亚各国和睦相处，愿以丝绸之路经济带和 21 世纪海上丝绸之路为双翼，同南亚国家一道实现腾飞。2014 年 11 月 9 日，习近平在北京亚太经合组织工商领导人峰会上承诺，中国将出资 400 亿美元成立丝路基金，为"一带一路"沿线国家基础设施建设，资源开发、产业合作等有关项目提供投融资支持。2015 年 3 月 28 日，习近平在海南博鳌出席博鳌亚洲论坛上指出，"一带一路"建设不是封闭的，而是开放包容的；不是中国一家的独奏，而是沿线国家的合唱，我们欢迎沿线国家和亚洲国家积极参与，也张开臂膀欢迎五大洲朋友共襄盛举，"一带一路"建设不是空洞的口号，而是看得见摸得着的实际举措，将给地区国家带来实实在在的利益。2015 年 11 月 7 日，习近平在新加坡国立大学发表演讲指出，中国发布了"一带一路"愿景与行动的纲领，60 多个国家和国际组织表达积极参与的态度，中国同很多国家达成了合作协议，亚洲基础设施投资银行协定已经签署，丝路基金已经着手实施具体项目，一批多边或双边大项目合作正稳步推进。2016 年 1 月 16 日，习近平出席亚洲基础设施投资银行开业仪式强调，中国将始终坚持做全球发展的贡献者，坚持奉行互利共赢的开放战略，欢迎各国搭乘中国发展的顺风车，中国愿意同各方一道，欢迎包括亚投行在内的新老国际金融机构共同参与"一带一路"建设。2016 年 1 月

19 日，习近平在埃及发表署名文章指出："一带一路"追求的是百花齐放的大利，不是一枝独秀的小利。中国拥有广阔市场、充裕资金、先进技术以及优势产能，提出了创新、协调、绿色、开放、共享的发展理念，我们欢迎埃及和其他阿拉伯国家搭乘中国发展的便车快车，实现双方协同发展和联动增长。2016 年 6 月 16 日，习近平在塞尔维亚共和国发表题为"永远的朋友 真诚的伙伴"的署名文章指出：在双边关系"一带一路"倡议 16＋1 合作等框架内，两国务实合作不断取得新突破，双方签署共同推进"一带一路建设谅解备忘录"，匈塞铁路、贝尔格莱德跨多瑙河大桥、E763 高速公路、科斯托拉茨电站改扩建等一批重大项目先后落地，取得了良好经济社会效益，在中东欧地区产生了积极影响。2016 年 8 月 17 日，习近平在推进"一带一路"建设工作座谈会上，本着坚持各国共商、共建、共享，遵循平等、追求互利的总体原则和目标，阐述了包括"切实推进民心相通，弘扬丝路精神，推进文明交流互鉴，重视人文合作"和"切实推进舆论宣传，加强学术研究、理论支撑"在内的八项要求。使"一带一路"战略构想更加系统完备。"一带一路"沿线 65 个国家，总人口约 44 亿，经济总量约 21 万亿美元，分别约占全球的 63％和 29％。这些国家普遍处于经济发展的上升期，普遍欢迎"一带一路"这一战略构想。伴随"一带一路"构想的顺利推进，伴随我国文化交流、政策宣传，令人信服地展现了中国关注民生、睦邻友好、和平合作、共商共建共享、亲诚惠容、务实高效、互利共赢的发展理念，树立了极具吸引力的中国国家形象，大大地提升了中国文化软实力。

五、海外华侨华人是中国文化软实力辐射全世界的外溢平台和桥梁

海外华侨华人作为中国的海外移民及其后裔，与祖（籍）国在亲缘、情感乃至语言、价值观等文化基础上都有着共同的根脉，是中国人在海外的形象窗口，也是中国走向世界的桥梁和纽带。深入研究海外华侨华人对祖国文化软实力的影响十分必要。不难发现，海外华侨华人的文化软实力和祖国文化软实力是一种共生共长的关系：中华传统伦理道德是海外华侨华人与中国的关系纽带，海外华侨华人是中华文化国际化的特殊力量，海外华侨华人社会正是中外文化交流的成果。不难发现，海外华侨华人的文化软实力与祖国文化软实力思想同根、精神同源：海外华侨华人"爱国爱乡"源于中华民族的爱国主义传统；海外华侨华人的文化基因与祖国大陆的文化基因均是中华传统文化的精华；当代海外华侨华人对中国发展模式有一种天然的情感倾向。海外华侨华人社会的"三宝"即华文学校、华文媒体和华人社团，自觉承担着延伸和传播中华文化的光荣使命。在互联网和国际化的时代，随着海外华侨华人社会的变迁，为增强海外华侨华人对祖国的亲和力，提升中国文化软实力的影响，必须关注侨情资讯和舆论引导。

六、中国抗战时期文化软实力研究

抗战历史文化特别是伟大的抗战精神，是中华优秀传统文化的重要组成部分，是国家文化软实力的重要思想资源。抗日战争唤起了民族的觉醒，推动了国家文化软实力的发展。战时传统文化教育持续发展，保存了民族的文化血脉；抗战文学艺术创作的繁荣，鼓舞抗战士气，弘扬爱国正气；以中国共产党和八路军、新四军为代表的惊天地、泣鬼神的抗日壮举，形成了伟大的抗战精神。主要包括天下兴亡、匹夫有责的爱国情怀，视死如归、宁死不屈的民族气节，不畏强暴、血战到底的英雄气概，百折不挠、坚忍不拔的必胜信念。中华民族在抗日战争中所展现出来的以爱国主义为核心的伟大民族抗战精神，是抗日战争给中国人民留下的宝贵精神财富。这一伟大的抗战精神已经深深地融入以爱国主义为核心的民族精神，成为中国文化软实力最宝贵的内容。

中国军队文化软实力发展报告

颜晓峰　张海峰*

摘要：文化软实力，作为军队战斗力的重要组成部分，作为核心军事能力形成的重要途径，地位和作用越来越重要，能够为军队建设提供政治方向、理论指导、精神动力、智力支持和优良环境，对于提升国家文化软实力具有巨大支撑和促进作用。党的十八大以来，在党中央、中央军委和习主席的正确领导下，我军文化软实力建设坚持在协调推进中提升整体水平，在继承创新中焕发生机活力，在支撑发展中发挥重要作用，呈现出积极向上、蓬勃发展的良好态势，取得了显著成效。文化软实力以其强大的理论指导力、理想凝聚力、道德教化力、舆论导向力、艺术熏陶力，对推动军队全面建设和当代中国社会发展进步产生了重大影响。但也必须清醒地看到，面对意识形态领域斗争尖锐复杂、军事斗争准备深化拓展、国防和军队建设改革深化的新形势新要求，我军文化软实力建设还存在着一些不相适应的地方，必须给予高度重视，认真加以解决。在长期的实践中，我军文化软实力建设积累了丰富经验，总结起来，可以概括为“六个坚持”：坚持摆在重要战略地位是前提条件，坚持科学理论指导是根本保证，坚持重视思想道德建设是中心环节，坚持为提高战斗力服务是根本目的，坚持高扬主旋律是重要方针，坚持使命任务牵引是推动力。加强军队文化软实力建设，是一项复杂的系统工程，必须搞好统筹谋划指导，着力培养当代革命军人核心价值观，不断改进传播手段，创新内容形式，完善制度机制，增强活力源泉，进一步提高建设质量和水平，为推动实现中国梦、强军梦提供强大的精神动力和文化支撑。

在当今世界综合国力的竞争和战略博弈中，文化软实力的地位和作用越来越重要，对于一个国家民族而言，是一种支撑力、创造力、推动力和传承力。没有文化的积极引领，没有人民精神世界的极大丰富，没有全民族精神力量的充分发挥，一个国家不可能屹立于世界民族之林。一支军队要形成战斗力，同样需要文化软

* 颜晓峰，国防大学马克思主义研究所研究员，博士生导师；张海峰，中国人民解放军军械工程学院政治教研室主任，副教授。

实力的强力支撑。没有过硬的文化软实力支撑，国防和军队建设的硬实力也硬不起来，更搞不上去。放眼当今世界，各国军队不仅重视武器装备等硬实力的比拼，更看重军事理论、军心士气、军人形象等文化软实力建设，以此来塑造军人良好形象，营造军事发展的内外环境。美国《国防部转型计划指南》确定了三大转型战略，第一条就是实行军事文化转型。美国国防研究会一名官员说，真正的军事转型应该更少地指向硬件，更多地培育一种创新文化，并强调："军事转型的灵魂是培育创新文化。"美国空军明确提出："空军的战略转型，本质上是文化转型"。对此，我们必须自觉紧跟世界潮流和时代潮流，自觉运用文化软实力支撑、强化、塑造和创造各种有形力量，为卓有成效地推进强军实践提供强有力的思想引领和文化支撑。

中国军队文化软实力是博大精深的中华优秀文化在人民军队的具体体现，是人民军队光荣传统和历史血脉的弘扬传承，是新一代革命军人崇高使命的集中反映，是与中华民族伟大复兴相连、与军队现代化建设相系的文化知识体系和教育熏陶体系。中国共产党领导的新型人民军队，不仅是一支不可战胜的武装力量，而且是孕育新的文明因子、用新的文明之光烛照全民族的文化之师，是成为党的政治优势、文化品格的重要载体。军队的历史传统、形象风貌等，是构成国家文化软实力的重要组成部分，对于提升国家文化软实力具有巨大支撑和促进作用。

军队是弘扬民族精神的典范，我军用超强的爱国主义精神弘扬民族精神，用坚定的理想信念展示社会主义核心价值观，用军人特有的舍生忘死的革命英雄主义诠释为人民服务的根本宗旨，续写了无数爱国主义和革命英雄主义赞歌。实践证明，以阳刚之气、浩然之气为主要特征的军队文化软实力，是整个民族文化中不可或缺的重要组成部分，用之可以壮民气，用之可以铸国魂。

军队是时代精神的楷模，我军用军事和战争固有的强烈科学精神激发全社会改革创新的时代精神，形成堪称中华民族文化地标和精神星座的伟大精神，涌现出灿若星辰的英雄模范人物，交出了一份先进军事文化与社会主义先进文化共同发展的优秀答卷，为民族精神的再造提供了丰富内涵，为社会主义核心价值观的培育注入了源头活水，成为促进社会文明进步的重要力量。

军队是社会信仰的标兵，我军始终坚持用马克思主义思想教育官兵，坚持用党的路线方针政策统一官兵的思想和行动，形成了政治工作的一整套优良传统，主要包括：坚持党指挥枪的根本原则和制度，坚持全心全意为人民服务的根本宗旨，坚持实事求是的思想路线，坚持群众路线的根本作风，坚持用科学理论武装官兵，坚持围绕党和军队中心任务发挥服务保障作用，坚持公道正派选拔使用干部，坚持官兵一致、发扬民主，坚持实行严格的纪律，坚持艰苦奋斗、牺牲奉献的革命精神，坚持党员干部带头、以身作则，等等。这些优良传统是我军从思想上政治上建设军队的宝贵精神财富，是先进军事文化内涵的重要构成要素，是我军建设发展长河中淘出的真金，是永不褪色的传家宝。它既像大树的根系，使我军从人民群众中获得取之不尽的力量；又像红色的基因，在一代代革命军人的血脉中传承，成为我军特有的政治优势和克敌制胜的法宝。追溯历史，我军在战争年代没有被艰难困苦和强大敌人压垮，夺取政权后没有被资产阶级糖衣炮弹打垮，历次政治斗争的风浪中没有被别有用心的人搞垮，改革开放后没有被各种错误思潮和腐朽文化冲垮，靠的就是一代代官兵不断赓续、传承和发扬我军政治工作的优良传统。这是我军建设和发展壮大的基本经验之一。

军队是社会道德建设的先锋，我军始终坚持以马克思主义作为广大官兵的世界观、人生观和价值观，弘扬传承集体主义和革命英雄主义精神，牢固确立国家利益至上、舍小家为大家的思想，为了人民的利益乐于吃苦、甘于奉献、勇于献身，始终保持革命气节，航天员群体、林俊德、满广志等英雄模范事迹如繁星闪烁，映衬着社会主义文化的天空，感召着全国人民的道德情感，让人们感受到了社会主义道德的伟大力量。

军队是社会主义先进文化建设的高地，发挥着文化使者、道德楷模的巨大作用。我军正是以文化软实力的示范力、感召力和吸引力，增强国家文化软实力在社会多样性文化中的凝聚力、亲和力和主导力。

一、文化软实力在军队建设中的地位和作用

军队文化软实力建设是国家文化软实力的重要组成部分，是通过文化的作用，体现于军队组织体系、军人价值观、军事学术、军事决策艺术、军事素养等方面的"软"性能力。它是在国防和军队建设实践中形成的、体现新一代革命军人理想追求、情感意志和审美情趣的文化，对国防和军队建设的作用力和影响力是深刻的、巨大的，对部队的作用方式是潜移默化的，作用性质是根本性、基础性的，总是"润物细无声"地融入部队建设的方方面面。文化软实力是军队战斗力的基本要素，同时又是战斗力生成的重要支撑和源泉，主要包括军事思想文化、军事道德文化、军事科技文化、军事谋略文化、军事制度文化、军人精神生活文化等，对己方体现为一种凝聚力、战斗力，对敌方体现为一种震撼力、打击力，对友方体现为一种感染力、同化力。一支军队的文化水平越高，文化发展越繁荣，思想政治建设越过硬，战斗力就越强。在科学技术日新月异、知识社会加速形成、新军事革命加速推进的新形势下，作为制约和影响军事活动的重要因素，军队文化软实力建设已越来越成为推动实现强军目标的重要战略力量。

（一）文化软实力能够为军队建设提供正确的政治方向

政治导向是军队文化软实力的重要功能，即在各项文化活动中，表现出明确

的政治方向、政治立场、政治观点、政治纪律、政治鉴别力和政治敏锐性，其核心是坚定官兵崇高的理想信念。我军历来高度重视运用先进文化指导军队建设发展，特别是随着形势的发展变化，愈加深刻地认识到文化软实力越来越成为坚持马克思主义指导地位和中国特色社会主义共同理想，弘扬民族精神、时代精神和社会主义荣辱观的重要载体，越来越成为传承我党我军优良传统，强化官兵精神支柱，培养高尚道德情操的重要手段，为我军始终牢固确立马克思主义一元化指导地位、确保人民军队性质宗旨不变色、确保党对军队的绝对领导铸造了文化之魂，为我军在建设发展中自觉抵制“军队非党化、非政治化”和“军队国家化”等错误思潮和形形色色非无产阶级思想侵蚀提供了思想武器，从而保证了军队建设的理论基础和政治方向。

（二）文化软实力能够为军队建设提供理论指导

任何一支军队的建设、改革乃至转型，都不是盲目的发展，而是一种有目的、有计划的理性行为，需要遵循军队建设的规律原则，在一定的治军思想、军事理论等科学理论的指导下稳步推进。文化软实力包含了指导军队建设所需要的各种科学理论，能够发挥重要的先导和牵引作用。我军在建设中弘扬社会主义先进文化，以毛泽东军事思想、邓小平新时期军队建设理论、江泽民、胡锦涛国防和军队建设论述以及习近平国防和军队建设的新理念新思想新战略重要论述等党的军事指导理论作为指导军队建设；能够用不断创新的军事基础理论、军事应用理论，尤其是运用新军事革命和军事转型理论指导国防和军队建设，使军队建设适应信息化建设的特点规律和基本要求。

（三）文化软实力能够为军队建设提供精神动力

文化软实力因其科学性、先进性、超前性，能够为军队建设发展和改革提供强大的精神力量。在军队建设中弘扬先进文化，能够教育引导官兵自觉坚定共产主义理想信念，筑牢当代革命军人核心价值观，不断强化精神支柱；能够用科学的理论武装头脑，引导官兵树立科学精神，提高思想理论素养；能够用蕴含其中的先进政治法律思想、价值观念、伦理道德、审美情趣等精神元素，规范、指导和激励官兵的日常行为；能够以优秀的作品鼓舞人，发挥先进文化的团结凝聚作用，激发官兵强大的战斗精神，促进各项使命任务的顺利完成；能够引导官兵在深化国防和军队改革中勇于解放思想，突破传统观念束缚，树立先进的思想理念，为推动军队改革发展做好观念准备。

（四）文化软实力能够为军队建设提供智力支持

有效履行我军使命任务，推进国防和军队建设科学发展，有赖于文化软实力的发展繁荣，离不开文化软实力的提升。信息化时代的到来，推动了这场世界范围的新军事革命，极大地改变了各国军队建设的面貌，提高了军队的信息化、智能化水平。军事文化孕育了军队的战斗力，军事文化的创新发展不断提升军队的战斗力。在这种形势下，我军的建设如何发展，怎样使武器装备现代化水平与履行使命任务的能力相适应，很大程度上取决于文化的理念，很多方面需要融入文化的元素。现阶段，我军建设发展中遇到的种种矛盾和问题，都是向机械化、信息化转型进程中，躲不过避不开的现实问题，其实质是我军基础薄弱与信息化战争的高技术高智能性质不相适应带来的，是传统与现代的矛盾、先进与落后的冲突、中西文化的碰撞造成的。这些矛盾和问题相互交织、相互影响，解决起来更应该从系统、长远、根本的角度来考虑，而不能简单地头痛医头、单打独斗。如果得不到有效解决，势必在根本上束缚军队建设科学发展。解决这些矛盾和困难，靠固有的观念和方法难以消除，必须通过军事文化的整体转型彻底解决。从这个意义上讲，军事文化创新发展为解决我军现实矛盾提供了内在动力和方法途径。国防和军队建设要大发展，必然要求文化的大创新。教育人、培养人、塑造人是文化的重要使命。加强军队文化软实力建设，守望好、巩固好文化疆域，激发和提升新一代革命军人爱党报国、忠于使命的政治觉悟，艰苦奋斗、无私奉献的献身精神，敢于攻关、勇攀高峰的创新意识，自强不息、顽强拼搏的战斗精神，大力协同、同舟共济的全局观念，科学指挥、快捷高效的领导艺术，能够充分发挥文化的认知培育功能，不断促进官兵全面发展，最大限度、最广泛地调动积极性、主动性和创造性，使其自觉在军队建设中贡献聪明才智和力量；能够把先进文化蕴含的科学知识、价值观念、思维方法武装到官兵头脑中，提高科学文化水平，为军队建设培养大批高素质新型军事人才；能够使新一代革命军人始终保持忧患意识和事业心责任感，不断激励斗志永葆动力，增强国防和军队建设发展的活力。

（五）文化软实力能够为军队建设提供优良环境

文化软实力作为军队建设的内外环境，是军队建设需要面对的客观存在，对于官兵理想信念的塑造、核心价值观的培育、战斗精神的养成、人文素质的提高乃至军队风气的净化、内部良好氛围的形成等都有着深远影响，发挥着重要的环境营造和熏陶作用。一般来说，良好的文化环境有利于军队建设，而不良的文化环境则有损于军队建设效益。比如，社会上的各种思潮、风气、风尚等，都会不同程度地影响着军队建设的质量效益。据报道，美国国防部曾专门感谢美国电影协会和好莱坞对美军的正面宣传，并鼓励影视圈多拍摄树立美军正面形象的作品。美国文化产品每年的出品额高达600多亿美元，宣扬美国生活方式的通俗性、娱乐性文化产品风靡全球。许多好莱坞大片如《拯救大兵瑞恩》《变形金刚》《拆弹部队》《超级战舰》《美国队长》等，裹挟着美国的价值观念，冲击着我国的文化市场和人们的思想认识，对青年官兵具有很大的诱惑力和迷惑性。特别是随着微信微博等新兴媒体的广泛应用，西方敌对势力把网络作为意识形态渗透的主战场，加紧实施网上“文化冷战”和“政治转基因”工程，与我争夺“信息制脑权”，以达到“不战而屈人之兵”的政治图谋。在军队乃至全社会弘扬先进文化，能够促进社会主义文化占领思想文化阵地，抵制当前文化环境中的庸俗、低俗、媚俗之风，抵制社会上各种不良社会思潮、落后文化、不正之风对军队的侵蚀与负面的影响，进而为军队建设营造良好的线上线下文化环境。

（六）文化软实力能够巩固提升军队战斗力

军事斗争既是敌对双方物质力量的角逐，更是精神力量的较量。当前，世界范围的新军事革命浪潮如火如荼，新军事革命的智能性，使得军事思想观念、军事指导理论、军事科技水平、军事体制机制以及军事创新能力等军事文化因素，在战斗力生成中的地位和作用日益凸显。在军事革命实践中加速实现人的精神重塑，通过提升文化力激发和催生战斗力，已成为加快转变战斗力生成的智力引擎。外军对文化软实力历来高度重视，如美军在军队中编配牧师，战争期间组织国内的歌星、电影明星到战场上慰问士兵；战后对参加人员组织心理治疗，等等，其文化软实力建设可见一斑。文化软实力孕育了军队的战斗力，其创新发展能够不断提升军队的战斗力，对增强军人特有的理想信念和价值追求，锻造军队的软实力，激发广大官兵大无畏的英雄气概和英勇顽强的战斗作风，具有举足轻重的作用。文化软实力的发展，会从根本上影响到一支军队的整体作战能力能否有效发挥效能。实现党在新形势下的强军目标，就必须不断地推动军队文化软实力建设大发展。面对新形势新使命，要下大力气把体现理想信念、战斗作风、军人荣誉、尚武精神等方面的文化元素，渗透到深化军事斗争准备、日常战备训练和执行多样化任务各个领域，把先进军事文化激励斗志、提振士气的精神营养源源不断地灌输到官兵脑海里，内化为爱党报国、献身使命的政治素养，外化为当兵打仗、带兵打仗、练兵打仗的自觉行动，为激发官兵斗志、促进战斗力建设注入强劲精神动力。

军队文化软实力是革命军人波澜壮阔的实践精华，具有政治性、时代性、传统性、创新性、群众性等鲜明特征，以其丰厚的思想内涵和人文张力，把忠于使命、不辱使命、履行使命、献身使命的博大情怀和永恒信念，渗透于国防和军队建设的各个领域，深深熔铸于新一代革命军人的生命力、凝聚力和创造力之中。

二、我军文化软实力发展的现状

党的十八大以来，在党中央、中央军委和习主席的正确领导下，我军文化软实力建设坚持在协调推进中提升整体水平，在继承创新中焕发生机活力，在支撑发展中发挥重要作用，呈现出积极向上、蓬勃发展的良好态势，取得了显著成效。文化软实力以其强大的理论指导力、理想凝聚力、道德教化力、舆论导向力、艺术熏陶力等，对军队全面建设和当代中国社会发展产生了重大影响。但也必须清醒地看到，面对意识形态领域斗争尖锐复杂、军事斗争准备深化拓展、国防和军队建设改革深化的新形势新要求，我军文化软实力建设也存在着一些不相适应的地方。以下主要从成绩和问题两个方面重点谈谈我军文化软实力建设。

（一）我军文化软实力建设取得的主要成绩

1. 着力打造强军文化，确立先进军事文化在军队建设中的战略地位。文化是精神武器，强军文化以激人之心、励人之气、强人之力的有效方式，产生出比武器更锋利更持久的战斗力，能让官兵焕发出压倒一切困难、战胜一切敌人的斗志和智慧。我们必须站在全局的高度，深刻审视强军文化的价值。实现中华民族伟大复兴的中国梦，离不开文化的觉醒；成就强军梦想，需要文化的发展和繁荣。文化是一种强国战略，更是一种强军方略。十八大以来，习主席高度重视军队文化软实力建设，多次指出要把发展先进军事文化摆在军队建设的战略地位。强调在实现强军目标的进程中，先进军事文化的作用不可替代，阵地不可丢失，工作不可弱化。这是管根本、管方向、管长远的。他在听取广州军区、成都军区、北京军区工作汇报时，在中央军委扩大会议讲话以及全国人大一次会议解放军代表团全体会议讲话中反复强调，要坚持把从思想上政治上建设和掌握部队摆在突出位置，大力发展先进军事文化，坚定党对军队绝对领导的政治自信和政治自觉，确保部队永葆人民军队政治本色，确保我军坚定不移听党的话、永远跟党走。2014 年 10 月，他在全军政治工作会议上进一步指出："要结合各部队传统和任务特点，加强军事文化建设，打造强军文化，培养官兵大无畏的英雄气概和勇于顽强的战斗作风。"[①]12 月，他在视察南京军区机关时强调："强军事业呼唤强军文化，要巩固部队思想文化阵地，坚定官兵革命意志、升华官兵思想境界、纯洁官兵道德情操，引导他们努力成长为有灵魂、有本事、有血性、有品德的新一代革命军人。"[②]2015 年 1 月，他在视察昆明部队时进一步指出："要推进强军文化建设，激励官兵争当训练尖子、技术能手、精武标兵，引导官兵争做有灵魂、有本事、有血性、有品德的革命军人。"这些重要指示，既赋予了先进军事文化建设新的时代内涵，也赋予了军事文化新的使命担当，为新形势下大力发展先进军事文化提供了基本遵循。2015 年 5 月 14 日开始，《解放军报》用一个月时间，连续推出"强军文化论·军事文化名家的时代思考"21 篇文章（见表 1），引起读者广泛关注，引发官兵深深思考。官兵们越来越真切地认识到，忠诚是强军文化的灵魂，只有按照"绝对"标准去铸牢军魂，一心一意听党话、跟党走，把革命血脉深深植根于自己的灵魂，才能保证早日实现强军梦。

---

① 《习近平国防和军队建设重要论述选编》（二），解放军出版社 2015 年版，第 122 页。

② 同上书，第 148 页。

表 1 《解放军报》推出"强军文化论"系列文章

作者	文章名称
刘亚洲	《走出甲午　迎接变革　再创辉煌》
金一南	《胜利的刀锋》
唐栋	《文化人格的较量》
王树增	《长征文化与文化长征》
郭凤海	《激扬勇士雄风》
陈先义	《捍卫我们的英雄》
李炳彦	《制胜未来的兵学智慧》
柳建伟	《从十面埋伏中突出重围》
余爱水	《强军当有高度文化自信》
李昆明	《高悬达摩克利斯之剑》
徐贵祥	《遍地英雄下夕烟》
张西南	《战歌:激荡灵魂的声音》
秦保中	《有种凝眸不用翻译》
罗益昌	《源自岁月深处的叩问》
柯大文	《破解"李约瑟之问"》
郭高民	《文化无界与战争无界》
戴旭	《走在战争前面》
郑柯	《硝烟中的呐喊》
陶克	《人民军队为何雷锋多》
徐剑	《呼唤战争文学的英雄魂魄》
汪守德	《中国军人与中国精神》

资料来源:中国军网:http://www.81.cn/jmywyl/2015-06/17/content_65.h3897.htm.

2. 思想道德文化与时俱进,对净化社会风气、提高全民思想道德素质产生了巨大示范作用。道德规范是文化的积淀、文化的根本,修德是文化的重要功能。文化的觉醒与自信,对建设强大军队的促进作用,集中体现在为整个军队建设明确道德标准、强化精神支柱。党的十八大以来,我军文化软实力建设,坚持以马克思列宁主义、毛泽东思想、邓小平理论、"三个代表"重要思想、科学发展观为指导,深入贯彻习近平总书记系列重要讲话精神,把用马克思主义中国化的最新成果武装官兵、指导建设作为一项长期政治任务。无论是学习宣传习主席系列重要讲话精神、国防和军队建设重要论述,还是精神文明的传播,军队思想文化建设一直走在全社会的前列,先后涌现出一批学习宣传践行党的创新理论的模范和典型。

强军目标和核心价值观深入人心。核心价值观承载着一个民族、一个国家的精神追求,体现着一个社会评判是非曲直的价值标准,引领着民众的思想道德和行为规范,是社会的共同思想道德基础。社会主义核心价值观继承了中华民族自强不息、厚德载物的文化传统,体现了马克思主义先进的价值理论和我们党崇高的理想追求,表达了蕴藏于人们内心深处的美好道德情感和善良道德意愿。当代革命军人核心价值观,是社会主义核心价值观的重要方面。军队文化软实力的内核和灵魂是核心价值观,决定着军队文化的感召力和影响力。中央军委坚持把培育核心价值观作为军队文化软实力建设的根本任务,先后实施了一系列重大举措,推动学习培育活动深入持久展开。当代革命军人核心价值观被写进新修订的《中国人民解放军思想政治教育大纲》《中国人民解放军政治工作条例》《中国人民解放军共同条令》和《军队基层建设纲要》。原解放军四总部要求所属机关和部队在开展培育活动中走在全军前列。原总政治部先后编发《军营理论热点怎么看·2013》《军营理论热点怎么看·2014》《军营理论热点怎么看·2015》《党在新形势下的强军目标》《习近平关于党在新形势下的强军目标重要论述摘编》《我们的队伍向太阳》《发扬革命精神 传承红色基因》《坚持党对军队绝对领导学习读本》等教材,召开培育工作研讨会和英模代表座谈会,组成宣讲团到部队巡回宣讲辅导,研究推动学习培育的具体措施,探索建立深入学习、长期培育、自觉践行的长效机制。在全军范围内广泛开展"践行社会主义核心价值观、争做新一代革命军人"新闻人物评选、"全军践行强军目标标兵"评比表彰等活动,"坚定信念、铸牢军魂""牢记强军目标、献身强军实践"教育活动,弘扬时代主旋律、传递强军正能量,切实把广大官兵的意志和力量凝聚到强军兴军实践上来。各级政治机关认真履行职责,及时掌握官兵思想情况,研究制定具体实施方案,加强跟进检查指导,确保学习培育活动落到实处、取得实效。如春风劲吹,似春潮涌动,一个深入学习强军目标、培育践行社会主义核心价值观和当代革命军人核心价值观的热潮在军营扎实广泛兴起。十八大以来,我军涌现出刘珪、郭毅力、黎介寿、海军某潜艇基地、空军试飞员群体等大批享誉军内外的先进典型,在强军征途上矗立起精神高地,树立起鲜明导向。军队的思想道德文化建设始终与时代同步,始终作为先进文化的代表与主旋律的承载者,走在全社会的前列。自 2007 年以来,在连续四届"全国道德模范"评选表彰的 216 人中,军队系统有 23 人当选,41 人获提名奖,彰显了革命军人的崇高品格,为全社会树立了道德典范。①

3. *召开全军政治工作会议正风肃纪,对党和军队事业产生重大而深远影响。*作风就是形象,作风显示力量。十八大以来,以习近平同志为总书记的党中央带

① 《做"四有"新一代革命军人读本》,解放军出版社 2015 年版,第 112 页。

领全党全国人民，踏上了实现中国梦的新征程。新的历史条件下，我军处在什么样的历史方位，下一步要往哪里走，干成什么样子，是时代提出的重大课题。2014年10月31日，习近平主席亲率全军高级干部到古田召开全军政治工作会议并发表重要讲话，对这一重大历史课题做出了清晰响亮的回答。会议贯彻整风精神，深刻剖析了部队中特别是领导干部在思想政治和作风上存在的十个方面突出问题，即"信仰缺失、精神迷茫；任人唯亲、结党营私；以权谋私、疯狂敛财；个人主义、自由主义；口是心非、阳奉阴违；形式主义、官僚主义；假公济私、搞特殊化；文恬武嬉、玩物丧志；本位主义、分散主义；与民争利、侵害群众。"分析原因和教训，给军队做了"大体检"，为不良政治生态画了像，释放了重整行装、重振纲纪的强烈信号，体现了习主席忧党忧军的使命意识和强军兴军的责任担当，体现了我们党猛药去疴的政治勇气和革弊鼎新的坚强意志。强调加强和改进新形势下我军政治工作，当前最紧要的是把四个带根本性的东西立起来：要把理想信念在全军牢固立起来；要把党性原则在全军牢固立起来；要把战斗力标准在全军牢固立起来；要把政治工作威信在全军牢固立起来。"四个牢固立起来"，秉纲执本、抓纲带目，把握了政治建军的本质规律，切中了正本清源的要害，是生命线永葆生命力的关键，必须作为基本导向贯彻到加强和改进我军政治工作的全部实践。重点抓好五个方面工作：着力抓好铸牢军魂工作，着力抓好高中级干部管理，着力抓好作风建设和反腐败斗争，着力抓好战斗精神培育，着力抓好政治工作创新发展。"五个着力抓好"，体现了现实问题指向，反映了重点突破的领导方法，明确了当前军队政治工作全局指导上必须牢牢把握的重心和着力点。会议昭示了我军传承红色基因、发扬特有优势的鲜明态度，彰显了坚持党对军队绝对领导、坚定不移走中国特色强军之路的坚定决心，对党和军队事业必将产生重大而深远影响，成为我党我军历史上又一个重要里程碑。深入贯彻习主席重要讲话精神，在会议讨论的基础上，中央军委制定了《关于新形势下军队政治工作若干问题的决定》，着力回答和解决新的历史条件下党从思想上政治上建设军队的重大问题，确立军队政治工作的时代主题，纠正军队思想、组织、作风等方面存在的突出问题，进一步明确加强和改进新形势下军队政治工作的总体要求、指导原则、重点任务和思路举措，对于弘扬我军政治工作的光荣传统和优良作风，在强军兴军征程中更好地发挥政治工作生命线作用，动员全军紧紧围绕实现中华民族伟大复兴的中国梦，为实现党在新形势下的强军目标而团结奋斗，具有重大而深远的指导意义。

着力纠治"四风"问题，肃贪反腐。针对"四风"问题，在全党全军深入开展党的群众路线教育实践活动，制定颁布中央"八项规定"和军委"十项规定"。三年来，从军委总部到基层部队，各级党委机关和领导干部带头端正风气。专项清理整治拖大网起深底，各领域各层面清污除霾疾风骤起。截止到2014年9月底，全军不合理住房腾退率达96.5%，超标超配车辆清退率达99.9%，超配超占人员清退率达98%。[①] 仅2015年上半年，全军就清退多占住房1000余套、超占兵员5000余人，行政消耗性开支、公务接待费等同比明显下降，发生在士兵身边的不正之风得到有力纠治。现在，公款消费的"虚火"退了，"车轮上的腐败"少了，迎来送往的"规矩"破了，"训为看、演为看"的假把式没市场了，花钱用权谨慎多了，部队风气有了明显好转。全军政治工作会议后，全军8次通报违反中央"八项规定"和军委"十项规定"的若干问题，公布受到查处的40余名违纪违法军以上干部，对全军各大单位的审计和巡视实现全覆盖。据统计，近两年全军审计4024名团以上领导干部，其中军职以上82名、师职854名。共有61名履行经济责任不力、单位财经秩序混乱的领导干部，被依法评价为"不称职"；21名领导干部被免职，77名领导干部受到诫勉谈话和审计约谈，144名领导干部调整工作岗位。仅2014年，各级审计部门向保卫、纪检和检察部门移送涉嫌违纪违法线索的数量，超过了此前30年移送线索的总和。[②] 从2013年12月开始，中央军委巡视组用近1年时间，分3次对7个军区党委班子及其成员进行了巡视。2015年2月到4月，又对海军、空军、第二炮兵和武警部队党委班子及其成员进行了巡视，9月底，已开始对军委总部机关进行巡视，对于深入推进军队党风廉政建设和反腐败斗争发挥了重要的警示作用。扎紧制度笼子，全军教育整改领导小组制定《"三严三实"专题教育整顿中需建立健全的政策规定及任务分工》，明确了需要建立健全的27类102项制度规定，推动形成涵盖人财物管理全链条全流程、可操作可监督可问责的法规制度体系。《严格军队党员领导干部纪律约束的若干规定》，提出纪律约束"十个必须"，树起纪律规矩的"高压线"；《关于加强军队基层风气建设的意见》，管住了干预基层敏感事务的手；《全面开展军队对外有偿服务清理摸底实施方案》，给"小金库"上了锁……一批回应部队关切、纠治特权行为、匡正行业风气的政策规定相继出台。正风反腐强光灯下，腐败分子难以遁形。从党的十八大以来军内查处的严重违纪违法案件，可以看出，党中央、中央军委和习主席强力惩治腐败的坚定意志、巨大决心和非凡胆魄，这既是对党纪国法的坚决维护，更是对军队建设的高度负责，必将树正气、提士气，进一步纯洁干部队伍、纯净政治生态、纯正部队风气。

4. 深入开展"新一代革命军人样子"大讨论，强力推进培养"四有"新一代革命军人强军兴军基础工程。在全军政治工作会议上，习主席鲜明提出，要适应强军目标要求，着力培养有灵魂、有本事、有血性、有品德的新一代革命军人，立体地描

① 《解放日报》2014年11月4日。
② 《解放军报》2015年1月29日。

摹出新一代革命军人应有的样子，刻画了新一代革命军人的时代肖像。“四有”新一代革命军人，集中反映了强军目标对我军官兵能力素质的时代要求，体现了习主席着眼实现中国梦强军梦深邃长远的战略考量，凝结着先进军事文化的精髓要义，承载着军人立身、立志、立德、立业的价值表达和价值引领，为培养堪当强军兴军重任的革命军人提供了科学指南。这是新形势下人民军队强军兴军的百年大计，是中国特色社会主义事业根基永固的千秋大业。以此为指引，全军深入开展“学习践行强军目标、做新一代革命军人”主题教育，广泛组织“新一代革命军人样子”大讨论，“四有”要求迅速在全军叫响，“四有”标准得到官兵广泛认同。

2015 年 9 月 3 日，参加纪念抗日战争胜利日阅兵的部队气势如虹、威武雄壮，新一代革命军人的风采吸引了世界的目光。习主席签署的嘉奖令这样评价：广大官兵表现出听党指挥、绝对忠诚的政治品格，献身使命、崇尚荣誉的价值追求，精益求精、争创一流的进取意识，顾全大局、甘于奉献的高尚情怀，埋头苦干、顽强拼搏的优良作风，立起了有灵魂、有本事、有血性、有品德新一代革命军人的好样子。受阅官兵昂扬振奋的精气神，集中展示了全军和武警部队培养“四有”新一代革命军人的显著成效和风格魅力。

各级单位坚持把培养“四有”新一代革命军人作为强军兴军的基础工程强力推进。总政治部下发教育意见，编发《习近平关于培养“四有”新一代革命军人重要论述摘编》《做“四有”新一代革命军人读本》基本教材，部署开展“新一代革命军人样子”大讨论，区分不同类型部队建立教育联系点。各单位普遍召开党委会、政工会专题研究筹划，通过电视电话会议等进行动员部署。军队报纸、广播电视和网络普遍开设专题专栏，加强理论阐释，宣扬先进典型，反映部队鲜活做法。兰州军区大力实施“红色基因代代传”工程，总装备部大力弘扬“东风”精神、“马兰”精神等部队特有精神，充分发挥强军文化熏陶感染作用。放眼全军，主题教育活动开局就精彩，起步就给力，“有灵魂、有本事、有血性、有品德”迅速在全军上下叫响传开，深入人心。

坚持把“新一代革命军人样子”大讨论深接地气、广聚共识。总参谋部围绕新型司令机关建设目标深化课题研究，搞好研讨交流。南京军区围绕“四有”细化教育内容，组织优秀政治教员打造精品示范课。海军组织官兵对照先烈形象、使命召唤、岗位要求，深化对“入伍干什么、奋斗图什么、成长靠什么”的认识理解，厘清当兵做人标准要求。广州军区梳理“会来事是不是有本事”“有个性是不是有血性”“能摆平算不算有水平”等话题，发动官兵敞开心扉谈感受、对照“四有”找答案。军事科学院、国防大学、国防科学技术大学开设微课堂、微论坛、微访谈等，在互动交流中了解热点、消化难点、解开疑点。各部队广泛开展寻找“最美军嫂”和

“家风家训家书”征集展播活动,传播强军正能量。第 65 集团军通过请官兵父母寄语、听英模前辈嘱托、与地方大学生对话交流,引导官兵在感受亲人期盼、群众期待、社会期望中深化对“四有”要求的理解。

坚持把大力纠治不符合不适应“四有”要求的突出矛盾问题作为工作重点。“四有”标准要求,树起了一把标尺,让官兵衡量能力素质;立起了一面镜子,让官兵审视言行举止。各级单位贯彻整风整改精神,把立起“四有”好样子与转作风、正风气紧密结合起来,引导官兵在正视和解决问题中受警醒、受触动。成都军区领导机关着力纠治当“两面人”的假样子、以权谋私的歪样子、故步自封的旧样子、玩物丧志的花样子、畏难避事的虚样子、居高临下的官样子,真正触到痛处、戳到麻骨。济南军区组织党委与支部、机关与基层、领导与官兵,对照信念信仰、练兵动力、血性胆气、道德品行等方面开展双向评议交流,大力纠治官兵反映强烈的突出问题。沈阳军区严肃查纠变相体罚、收受土特产、侵占士兵利益等发生在士兵身边的不正之风,引导领导干部以清爽干净的形象管好部队带好兵。空军航空兵某师认真查纠选人用人、经费管理、工程建设等方面问题,领导干部人人交明白账、签承诺书,自觉接受官兵监督。武警部队制作《“四有”新一代革命军人 60 个细节》系列漫画,第 14 集团军某步兵旅制定领导机关、基层干部、班长士官、普通战士践行“四有”行为规范,让官兵既明白不该做什么,也知道应该做什么。抓住关键少数,领导干部立身为官带头践行做出好样子。广州军区依托电视电话会议系统组织团以上领导干部专题学习,主要领导授课辅导,现场抽点师团干部在线交流。空军党委结合五级主官培训、“两课一讲评”,率先抓好党委机关和各级主官学习教育。“新军人,什么样?习主席,勾画像。立标准,树形象;四个有,记心上……”全军官兵对“四有”标准要求理解越来越深刻,在照镜子中正了衣冠,在立标准中整了行装。从南国军营到雪域边关,从渤海之滨到西北戈壁,座座军营呈现出积极投身强军实践、争做“四有”新一代革命军人的火热场景。2014 年年底,全军“践行社会主义核心价值观、争做新一代革命军人”新闻人物评选揭晓,满广志、蒋佳冀、谭清泉、海军 372 潜艇官兵等一批英模人物及英雄群体榜上有名(见表 2);2015 年度“四有”新一代革命军人新闻人物和特别奖评选揭晓,陈玉晋、李恒年、张国春、郭峰、戴明盟、广西军区某边防团十连官兵群体等大批享誉军内外的先进典型(见表 3),用忠诚之魂、精武之能、本色之真,再次生动展示了新一代革命军人的价值追求和时代风采,传递出精武报国的强大正能量。

表 2　2014 年度"践行社会主义核心价值观，争做新一代革命军人"新闻人物评选情况

类别	人员及单位
新闻人物	陆军第 38 集团军某团团长满广志
	空军航空兵某团团长蒋佳冀
	辽宁省军区某边防连指导员巴兴
	陆军第 12 集团军某工兵团原指导员罗昊
	兰州军区兰州总医院专家组原名誉组长葛宝丰
	解放军第 153 医院妇产科主任张红娟
	武警西藏总队原司令员郭毅力
	第二炮兵某导弹旅高级工程师谭清泉
	成都军区某陆航旅特设师芮银超
	总装备部某基地高级工程师车著明
获奖群体	广州军区"南海前哨钢八连"
	国防大学兵棋团队
	总后勤部军事医学科学院高新技术武器医学防护科研团队
	海军 372 潜艇英雄群体

资料来源：军报记者网：http://bj.81.cn/content/2014-12/31/content_6290519.htm

表 3　2015 年度"四有"新一代革命军人新闻人物和特别奖评选情况

类别	人员及单位
新闻人物	济南军区审计事务所高级审计师陈玉晋
	总装备部某基地研究员李恒年
	空军某基地无人机飞行员李浩
	国防大学战役兵棋系统教研室原副主任张国春
	武警山东总队临沂支队直属大队一中队原班长张楠
	73117 部队部队长赵劲松
	66426 部队技术员郭峰
	77110 部队参谋长黎登贵
	海军某舰载航空兵部队部队长戴明盟
特别奖	解放军"援非抗埃"医疗队
	沈阳军队"战斗堡垒坚强红三连"官兵群体
	兰州军区乌鲁木齐民族干部学院"兵巴郎"群体
	第二炮兵某洲际战略导弹旅官兵群体
	广西军区某边防团十连官兵群体

资料来源：中国军网：http://www.81.cn/jwgz/2015-11/24/content_6783739.htm.

*5. 召开全军改革工作会议，摁下"启动键"，开启国防和军队建设事业发展新征程。*2015 年 11 月 24 日至 26 日，中央军委召开改革工作会议，部署深化国防和军队改革任务。习近平主席出席会议并发表重要讲话，提出了全面实施改革强军

战略、坚定不移走中国特色强军之路的重大战略思想，深刻阐明了改革强军带根本性方向性全局性的一系列重大问题，开拓了马克思主义军事理论和当代中国军事实践发展的新境界，为深化国防和军队改革指明了前进方向、提供了根本遵循，标志着深化国防和军队改革进入实施阶段，在人民军队发展史上具有重要的里程碑意义。

深化国防和军队改革，是党中央、中央军委和习主席着眼实现"两个一百年"奋斗目标、实现中华民族伟大复兴的中国梦做出的重大战略决策，是强军兴军的必由之路，也是决定军队未来的关键一招。习主席亲自担任中央军委深化国防和军队改革领导小组组长，主持研究改革重大问题，领导推动改革重大工作，做出一系列重要论述和重大决策。军委多次召开会议专题研究改革，相关工作机构大范围、多渠道、多轮次组织深入调研。先后组织座谈会、论证会 860 余次，到 690 多个军地单位调研，当面听取 900 多名在职和退休军职以上领导、专家意见，2000 多名军以上单位班子成员和师旅级部队领导参与问卷调查，许多基层官兵、军地老同志、地方干部群众纷纷以各种方式为改革献计献策。[①] 改革方案的形成，贯彻了习主席国防和军队建设重要论述，吸纳了各方面意见建议，凝聚了全军智慧，回应了广大官兵关注和期盼，为改革的全面实施奠定了坚实思想基础、实践基础和群众基础。

伟大变革离不开强大的精神凝聚，强大的精神凝聚离不开深厚的文化认同。当前全面展开的军队改革，不仅涉及军队体制、结构、体系和政策深层调整，而且涉及军民深度融合，是一次既减数量规模更动体制结构，既改"器"更改"制"，既动"棋子"更变"棋盘"的革命性变革。这样一场改革，就其目标的宏大性、领域的广泛性、变化的深刻性而言，无疑是一次对军队、军人原有思想和行为方式、情感归属和利益关系的重大革命，是一次检验意志，锤炼思想、观念、作风的重大挑战和大考，没有思想共识，没有上下同心，没有行动一致，没有力量凝聚，是断然不能取得成功的。而这一切，都离不开深厚而自觉的文化认同来支撑。"革命性的办法"如果没有深层的文化认同来支撑，往往还会面临保守僵化思维习惯的困扰，陷入众说纷纭、无所适从的喧哗嘈杂局面，成为滋生惰性、阻碍改革前进的社会和文化根源。文化认同是破除深化国防和军队改革惰性壁障的内在力量。这轮改革实行 9 大举措。一是调整军委总部体制、实行军委多部门制，使这些部门成为中央军委领导下的参谋机构、执行机构、服务机构，确保部队在执行命令时步调一致、政令畅通。二是组建陆军领导机构，健全军兵种管理体制，有利于全军战斗力的提高，有利于陆军的建设发展。三是重新调整划设战区，组建战区联合作战指挥

① 《人民日报》2015 年 11 月 28 日。

机构，健全军委联合作战指挥机构，着力构建军委——战区——部队的作战指挥体系和军委——军种——部队的领导管理体系，形成军委管总、战区主战、军种主建的格局，使军队最高领导权和指挥权更好地集中于党中央、中央军委，既进一步固化和完善了党对军队绝对领导的根本原则和制度，又很好把握和体现了世界新军事革命的内在规律，适应打赢信息化条件下现代战争的要求。四是裁减军队员额 30 万，这是我军由数量规模型向质量效能型转变的具体体现，再次表明我们坚定不移走和平发展道路的决心。中国军队始终是维护世界和平和地区稳定的坚定力量。通过进一步调整陆军和海空二炮比例、机关和部队比例、官兵比例、战斗人员和非战斗人员比例等改革举措，使军队更加精干高效，为打造一支精锐的作战力量奠定坚实基础。五是深化军队院校改革，构建军队院校教育、部队训练实践、军事职业教育三位一体的新型军事人才培养体系。六是着力解决制约军民融合发展的体制机制问题，努力构建统一领导、军地协调、顺畅高效的组织管理体系，国家主导、需求牵引、市场运作相统一的工作运行体系，系统完备、衔接配套、有效激励的政策制度体系，形成全要素、多领域、高效益的军民融合深度发展格局。七是下决心全面停止对外有偿服务，有利于纯洁部队风气、保持人民军队性质和本色，预防腐败滋生。八是优化武警部队力量结构和指挥管理体制。九是抓住治权这个关键，重点解决军队纪检、巡视、审计、司法监督独立性和权威性不够的问题，构建决策科学、执行坚决、监督有力的严密的权力运行制约和监督体系。组建新的军委纪委，向军委机关部门和战区分别派驻纪检组，推动纪委双重领导体制落到实处，调整组建军委审计署，全部实行派驻审计。组建新的军委政法委，调整军事司法体制，按区域设置军事法院、军事检察院，确保它们依法独立行使职权。这样能够更好地加强对权力的制约和监督，有利于深入推进依法治军、从严治军，铲除腐败现象滋生蔓延的土壤。深化国防和军队改革的目标任务是，2020 年前，在领导管理体制、联合作战指挥体制改革上取得突破性进展，在优化规模结构、推动军民融合发展等方面改革上取得重要成果，努力构建能够打赢信息化战争、有效履行使命任务的中国特色现代军事力量体系，完善中国特色社会主义军事制度。

6. 军队文学艺术高举爱国主义和革命英雄主义大旗，始终成为弘扬主旋律的生力军。文艺是国家和民族前进的精神号角，军事文艺历来是时代最刚强的音符。伟大的时代呼唤伟大的文艺，强军新征程上文艺使命重大，军队文艺工作迎来新的春天。2014 年 11 月 15 日召开的军队文艺工作座谈会，强调军队文艺战线要以习主席在党的文艺工作座谈会重要讲话精神和《中共中央关于繁荣发展社会主义文艺的意见》为指导，以党的文艺使命为使命，热爱人民、服务人民，坚持文艺事业发展的根本方向；弘扬社会主义核心价值观，把创作无愧于时代的优秀作品作为中心任务；弘扬传统、革弊鼎新，重塑文艺工作良好形象；坚持党对文艺工作的领导，守好党的思想文化阵地，以高度的自觉自信和走在前列的标准要求大力繁荣军事文艺，肩负起为强国强军提供精神文化力量的历史担当。2015 年 4 月，全军文艺创作座谈会召开。11 月，“繁荣军事文艺、打造强军文化”研讨会在北京举行。“缺生活、缺苦功、缺创新”等制约打造精品力作的突出问题引起普遍重视，军事文艺精品创作亟须的规划计划、责任落实、制度机制、人才培养等有了新的具体打算，军队文艺工作展开了新的蓝图。加强顶层设计，强化任务牵引。研究制定《关于繁荣发展军事文艺实施意见》，明确新形势下繁荣发展军事文艺的指导思想、方针原则和具体举措。论证出台《2021 年前军队文艺创作重点选题规划》，紧紧围绕时代主题，突出讴歌中国梦、反映强军实践、传承红色基因和弘扬中华文化，规划重点选题，加强政策扶持，继续推出一批有筋骨、有道德、有温度、艺术震撼力强的精品力作。加强军队文艺干部队伍建设和管理。出台《加强军队文艺干部队伍建设规定》，从调整补充、培养提高、考核评价、晋升淘汰、教育管理、建立全军文艺专家库和奖励激励等方面，对文艺干部队伍建设进行规范；持续开展“弘扬文艺工作优良传统、树立文艺战士好样子”专题教育，深入纠治问题、清除积弊；建立全军文艺专家库，明确专家库成员选拔、职能作用、管理机构、数量规模和运行方式等具体内容，优化结构、理顺机制。适应深化国防和军队改革的要求，整合资源、合理布局，建强综合的，打造特色的，夯实基础的，等等。

打造精品，整理力量催生佳作力作。军事文学艺术作品，始终以崇高的品格、战斗的风格，赢得了全军官兵和全国人民的喜爱和赞誉，始终成为弘扬社会主义精神文化主旋律的生力军。“把最美的歌送到战士心坎上，把最真的情暖到官兵心窝里。”无论是在部队执行大型演习训练、抢险救灾、处突维稳等多样化军事任务中，还是在遥远荒凉的边防、海岛和哨所一线，军队广大文艺工作者总是以战士的姿态冲锋向前，紧紧围绕实现党在新形势下的强军目标，以中国梦强军梦为主题，深入一线，创作推出了一批有分量、有影响的优秀作品，出色完成了一系列重大创演任务，为广大官兵提供了源源不断的精神食粮，充分发挥了服务官兵、服务部队战斗力的重要作用。电影《刘老庄八十二壮士》、电视剧《火蓝刀锋》、话剧《兵者·国之大事》、报告文学《战舰亮剑》、纪实文学《抗日战争》、小说《铁马冰河》、歌剧《天下黄河》、舞剧《铁道游击队》、歌曲《强军战歌》、声乐套曲《西柏坡组歌》、歌舞诗《英雄核潜艇》等一批富有兵味、集思想性艺术性为一体的优秀作品，深受官兵欢迎(见表 4)。全军和武警部队广泛开展“军魂永驻”读书活动、“强军战歌”歌咏活动、“中国梦强军梦我的梦”“强军故事会”主题实践活动等一批深入官兵精神世界、真正触及灵魂、引起强烈共鸣的军事文艺作品竞相绽放。举精神之旗、立精神支柱、建精神家园，是当代中国军事文艺的崇高使命，也是军事文艺工作者永恒的价值追求。风劲扬帆正当时。如今,放眼全军和武警部队,兵写兵、兵演兵、兵唱兵蔚成风气,一大批接地气、有兵味、激斗志的基层文化作品交相辉映。

表 4　近三年有代表性的优秀军事题材作品

类别	作品名称
电影	《刘老庄八十二壮士》《百团大战》《天河》《战狼》
电视剧	《火蓝刀锋》《战神》《北平无战事》
话剧	《兵者・国之大事》《小平小道》《来自大洋深处的报告》
报告文学	《战舰亮剑》《历史的闪电》
纪实文学	《抗日战争》《台儿庄涅槃》《与魔鬼博弈》
小说	《铁马冰河》《征程四部曲》
歌剧	《天下黄河》《导弹司令》
舞剧	《铁道游击队》《戈壁青春》
歌曲	《强军战歌》《我们从古田再出发》《假如战争明天爆发》
声乐套曲	《西柏坡组歌》
歌舞诗	《英雄核潜艇》

7. 基层文化建设形势喜人,新型军营文化异彩纷呈,强力促进基层官兵文化生活全面发展。基层文化工作不仅关乎官兵文化需求、精神生活,更关系到部队政治建设方向、意识形态阵地占领和战斗力提升。基层文化历来是我军文化软实力建设的重点,伴随我军的奋进步伐,紧紧围绕强军目标,以正确的导向、丰富的内容、生动的形势,鼓舞官兵朝气蓬勃、斗志昂扬地投身强军实践,成为全军官兵开展基层文化工作的重点。

紧紧为兵服务成为文化工作聚焦点。面对信息技术快速发展、多元文化激荡交融的新形势,文化服务保障如何有所作为?怎样彰显价值?全军和武警部队开展的"文化服务万里行"活动给出了响亮回答。2014 年以来,全军和武警部队文化工作和网络宣传教育系统落实习主席指示,兵分多路走进大漠戈壁,踏上雪域高原,来到边疆海岛,深入任务一线,开展以"装备器材到一线、影视节目到一线、维修服务到一线、骨干培训到一线、演出辅导到一线"为主要内容的"文化服务万里行"活动,累计行程 32 万余公里,为部队赠送文体器材 5.72 万台(件)、图书 7.29 万册、书画 3852 幅、影视光盘 13.2 万张,维修器材 5400 台(件),培训文化骨干

6743名，慰问演出1182场，受到基层部队好评。① 各服务队牢固树立战斗队思想，官兵在哪里执行任务，部队在哪里驻训演习，就把哪里作为服务保障一线，切实向能打仗、打胜仗聚焦用力。二炮文化服务队针对部队任务特点，积极探索服务保障新路子，为演训部队研制配发便携集成高效的野战数字播放设备、影音箱、文体箱、图书箱和班用野战文化携行包，编辑制作"五个一百"优秀文化产品集萃（100部军事影片、100集纪录片、100条时事评论、100首强军战歌、100部文学作品），为培育战斗精神、激发训练热情提供了物质技术支撑。广州军区10支"文化大篷车"服务队则分头开进驻训场，对外训部队实施嵌入式、伴随式保障。8月3日，云南鲁甸发生6.5级地震。成都军区文化服务队视灾情如命令，迅即调整保障计划，火速开赴震区。参加中国梦强军梦主题文艺创演暨第十届全军文艺会演的19支文艺队伍、32台节（剧）目、360多件文艺作品相继下部队演出，第一时间让广大官兵分享文艺创演的最新成果，更是受到一致好评。这些丰盛的精神大餐，是军事文艺与军队建设发展的大潮流同频共振取得的现实成果。正因为有了这些工作，我们才能看到，在辽宁舰驶向深蓝的惊涛骇浪中，在国之利器的英姿勃发中，在朱日和、确山演习场上的火热氛围中，部队官兵不仅在挥洒汗水，也可以沉浸于精美的艺术欣赏中。

群众性动漫创作成为军营文化建设新亮点。一批具有鲜明时代特色、官兵喜闻乐见的优秀动漫作品脱颖而出。这些动漫作品具有三个显著特点：一是聚焦强军目标，兵味战味浓郁。比如，南京军区创作的《强军目标学习教育系列动漫作品》，海军创作的《能量战士》，北京军区创作的《请退出警戒线》，济南军区创作的《聪明的顺溜》，国防科学技术大学创作的《北斗巡天记》，广州军区创作的《勤务兵下岗记》等，都从不同角度反映了正在进行的强军兴军实践，讴歌了军人的战斗精神。二是军旅特色鲜明，接地气扬正气。比如，武警部队创作的《十全十美》，二炮部队创作的剪影作品《守山人》，成都军区创作的《该不该》，军事科学院创作的《再战甲午》，总后勤部创作的《镌刻 · 光荣》等，通过寓事于具体情景，寓理于真实事例，以艺术再现军旅生活，对部队深入开展主题教育活动起到积极的推动作用。三是展时代风尚，作品精彩纷呈。比如，空军创作的《砺剑》，沈阳军区创作的《冰湖兵哨小木屋》，武警部队创作的《较量》等，独具兵味时代特色，越来越受到部队官兵的喜爱（见表5）。伴随着军队文化软实力发展繁荣的大潮，军旅动漫必将迎来更广阔的新天地。

① 《解放军报》2014年12月15日。

表 5　近三年全军创作的代表性优秀动漫作品

创作单位	动漫作品
南京军区	《强军目标学习教育系列动漫作品》
海军	《能量战士》
北京军区	《请退出警戒线》
济南军区	《聪明的顺溜》
国防科学技术大学	《北斗巡天记》
广州军区	《勤务兵下岗记》
武警部队	《十全十美》
第二炮兵部队	《守山人》
成都军区	《该不该》
军事科学院	《再战甲午》
总后勤部	《镌刻・光荣》
空军	《砺剑》
沈阳军区	《冰湖兵哨小木屋》
武警部队	《较量》

资料来源：中国军网：http://www.81.cn/syjdt/2014-11/19/content_6230587.htm。

基层网络文化发展迅速。据中国互联网信息中心发布的《中国互联网络发展状况统计报告》显示，截至 2015 年 6 月，我国网民规模达 6.68 亿，互联网普及率为 48.8%。其中，网络文学用户达 2.85 亿，网络视频用户规模为 4.61 亿，网络游戏用户为 3.80 亿。（见图 1）

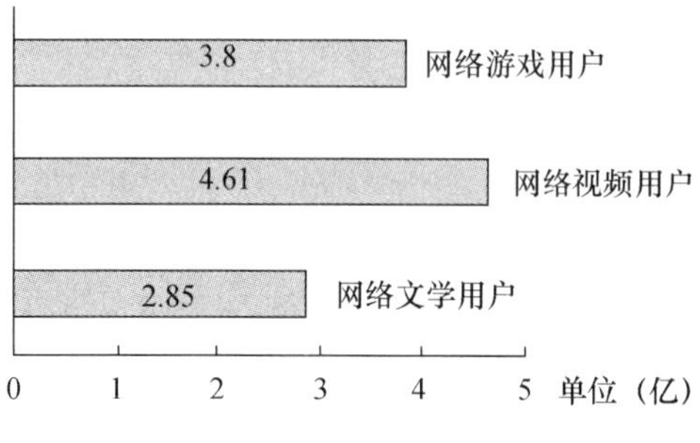

图 1　我国网民规模比例

数据来源：新华网：http://news.xinhuanet.com/fortune/2015-07/23/c_1116022351.htm。

另据某防空旅对 500 名新兵开展的问卷调查，结果显示，90%以上用过智能手机，100%上过国际互联网，99%有自己的 QQ 号，23%有网络博客（见图 2）。现代信息网络是文化工作跟上时代的大趋势。全军各部队积极运用全军开通的政治工作网和局域网，打造特色频道，建设精品栏目，突出网络文化的军味兵味，广泛开展阅读交流、影视欣赏、游戏竞技等网上群众性文化娱乐活动。积极推动军事文化产品数字化网络化，普及数字图书馆、网上军史馆，开设军营博客、强军论坛、网上课堂，构筑"网上文化乐园"，开辟精神文化新空间，对官兵思想行为和审美情趣，产生越来越大的影响。网络文化的运用，拓展了文体活动的领域和方式。目前，全军政治工作网军旅文学频道开设小说、散文、诗歌、杂文、报告文学、生活纪实、剧本、文艺批评、创作理论、文坛动态、报刊文摘、感言警句、兵之声、军旅名家、新人新作、访谈等 16 个栏目，日均来稿 300 多篇，活跃用户 18 万人，成为官兵参与文学创作、交流文学心得的网上精神家园。可以说，网络已成为文艺欣赏、创作和消费的大市场。解放军报网（www.81.zz）自 2015 年 8 月 1 日在军综网改版上线以来，频道、栏目、论坛和专题力求接地气、贴兵心，引起全军官兵广泛关注，网站点击率日渐攀升。上网看电影、听音乐、打游戏等成为官兵主要的用网方式。调查显示，90%以上的军综网用户为年龄在 30 岁以下的年轻用户。

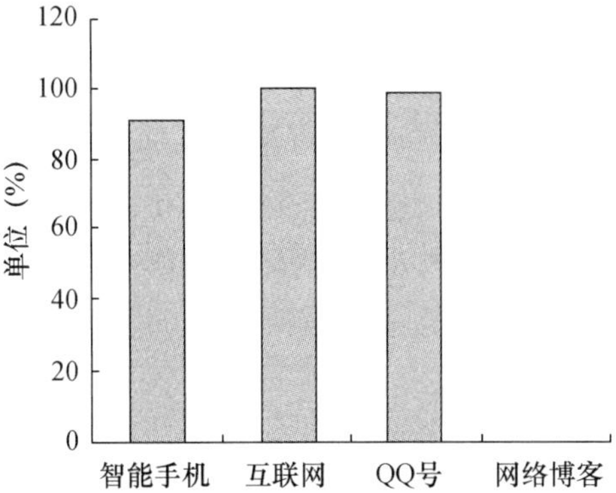

图 2　某防空旅对 500 名新兵开展问卷调查情况

数据来源：中国军网：http://www.81.cn/hisjfjbmap/content/2015-06/11/content_113627.htm。

8. 军队文化交流不断扩大，塑造和展示了人民军队文明之师、和平之师的良好形象，为增强中华文化的国际影响力发挥了积极作用。军事文化交流，是国家和民族之间文化交流的重要组成部分。军队的形象就是国家和民族的形象，是一个国家的名片。随着使命任务的拓展，中国军队越来越多地走出国门，参与国际合作交流，执行人道主义援助、国际维和、亚丁湾护航、海外医疗救援、经济建设、保护境外资产等任务，特别是在参与国际安全和军事领域的合作中，所展示的中国军人一流素质和良好形象，彰显的中国军人的献身精神和敬业精神，都潜移默化地转化为国家的软实力，军事文化交流的地位更加凸显。军队执行多样化任务的过程，是硬实力的运用和释放过程，同时也是软实力的生成和聚合过程。在开放透明的信息化背景下，一支军队只有主动去塑造自己，才不会被别人"塑造"。从我国首支维和步兵营赴南苏丹参加维和，到马航失联客机海外搜救；从赴马尔代夫执行紧急送水任务，到中国军队医疗队奉命飞赴塞拉利昂、利比里亚等国参加抗击埃博拉疫情……我们深深地感到，所有这些不仅彰显出我国作为负责任大国的国际担当，同时也充分展现了我军良好的国际形象。我军官兵不仅创造了"中国速度""中国质量""中国品牌"，而且准确表达了我军理念，生动展示了我军素质，大力宣扬我军品牌，受到联合国、任务区、驻在国政府和当地民众的高度评价。联合国秘书长潘基文在参观中国国防部维和中心时，称赞中国维和人员非常勇敢，为维护世界和平与稳定做出了卓越贡献。据中国国防部维和事务办公室统计，参加联合国维和行动 25 年来，中国军队累计派出维和官兵 3 万余人，先后有 10 名官兵牺牲。中国维和官兵新建、修复道路 1.1 万余公里和 300 多座桥梁，排除地雷及各类未爆炸物 9400 余枚；运送各类物资器材 110 万吨，运输总里程 1200 万公里；接诊病人 14.9 万多人次，完成 450 余次机动巡逻及 230 余次警戒护送任务。[①] 截至目前，中国在联合国安理会五个常任理事国中派出维和人员最多，3 万余人次参加了 29 项联合国维和行动，并已派出 19 批护航编队在亚丁湾和索马里海域为 5800 多艘国际船舶护航。25 年来，中国维和军人用行动向世界展现了中国热爱和平、积极参与联合国事务的负责任大国形象，宣示了中国维和军人守望和平永远不会改变的坚定决心（见表 6）！"敢于担当""吃苦耐劳"成为外界对中国维和官兵的普遍评价。

表 6　中国军队实现派遣维和人员的历史性跨越

类别	主要表现
派兵地域	由最初中东 1 个任务区拓展到最多时同时在 11 个任务区
派兵类型	由单一工兵分队拓展为工兵、运输、医疗、警卫、步兵等多种类型的分队
派兵规模	由最初的 5 名军事观察员拓展到如今的 2720 名军事维和人员
维和摊款比重	中国承担的维和摊款比额占总比额的 6.64%，居联合国成员国第六位，在发展中国家居第一位

数据来源：新华网：http://news.xinhuanet.com/mil/2015-04/19/c_1115017335.htm。

抗战胜利日大阅兵充分展示维护和平的决心。2015 年 9 月 3 日上午，纪念中国人民抗日战争暨世界反法西斯战争胜利 70 周年大会在天安门广场隆重举行，中国人民以盛大阅兵仪式致敬这场伟大胜利，纪念这个伟大日子。中央军委主席

① 新华网：http://news.xinhuanet.com/mil/2015-04/19/c_1115017335.htm。

习近平发表重要讲话并检阅受阅部队。以抗战胜利为主题举行阅兵，是新中国成立以来的第一次。这次盛大阅兵中，我国自主研发的众多高科技武器装备首次亮相，人民军队的发展壮大令世界瞩目。受阅部队阵容强大、气势雄壮、装备精良、斗志高昂，向国内外集中展示了全国人民弘扬抗战伟大精神、聚力实现中国梦强军梦的豪迈意志，展示了在强军目标引领下国防和军队建设的新成就新气象，展示了人民军队捍卫国家主权、安全、发展利益和维护世界和平的坚强决心，激发了全党全军全国各族人民为实现中华民族伟大复兴而奋斗的强大正能量。虽然中国国力强大了，军事实力增强了，但中国始终坚定维护世界和平，永远是维护世界和平的坚强力量。习主席强调指出："无论发展到哪一步，中国都永远不称霸，永远不搞扩张，永远不会把自身曾经经历过的悲惨遭遇强加给其他民族。"正是为了坚决维护和平，习主席向全世界做出了中国将裁减军队员额 30 万的和平承诺，充分显示了中国作为一个负责任大国坚定维护世界和平的决心和诚意。建设一支听党指挥、能打胜仗、作风优良的人民军队，是维护世界和平的力量保障。

军事文艺代表着一个国家的软实力，是塑造中国军队形象的重要窗口。2015 年 9 月 15 日，中国军事文化周在俄罗斯举行，从军乐演出到美术展览，从图书展示到影视展播……形式多样的系列活动展示了中国军事文化的独特魅力，参加交流的 84 件美术作品、200 多种军事图书、6 部抗战题材军事影视片，都是能够代表我军水准的优秀作品，受到俄罗斯专业人士和普通观众的高度评价，掀起了一波中国军事文化热。[①] 中国军事文化周播下了和平友谊的种子，中俄两国两军的交流合作，必将迎来枝繁叶茂、花团锦簇的春天。此外，在上海合作组织成员国两届军乐节、APEC 峰会，在中俄、中巴等备受瞩目的军事演习中，人们通过那些昂扬的旋律、精彩的节目、嘹亮的歌声来感受中国军人的形象，了解中国军队的风貌。随着军事文化对外交往的扩大和深入，我军文明之师、和平之师的良好形象和建设成就得以充分展示，我军在国际军事文化舞台上的话语权和影响力不断增强。

(二) 我军文化软实力建设存在的主要问题

1. 有的单位对文化软实力建设的重要性认识还不够高，主动抓建的紧迫感需要增强。思想是行动的先导，只有让官兵从思想上接受文化软实力建设的价值观念，认识到发展文化软实力的重要性、紧迫性及地位作用，才能使文化软实力建设落地生根。围绕什么是军队文化软实力、加强军队文化软实力建设作用到底有多大等问题，我们组织对部分基层单位官兵进行了问卷调查，结果表明，有的单位领导对文化软实力建设的战略地位缺乏深刻认识，军队文化软实力建设意识较为薄弱，还没有从推动国防和军队建设跨越发展、提高部队现代化建设水平的高度看

---

① 新华网：http://news.xinhuanet.com/mil/2015-10/01/c_128284778.htm。

待文化软实力建设；有的对文化软实力的功能作用缺乏深刻把握，思想观念存在"只见物不见人"的认识误区，只注重需求牵引、技术推动、经济支撑的硬实力，轻视文化"润物细无声"的软实力；有的对文化软实力的丰富内涵和重大意义缺乏深刻了解，思想观念还停留在文化工作不是中心，对中心也不会有太大影响，对战斗力提升关系不大，抓与不抓一个样；甚至有的认为文化工作就是开展一些简单的文体活动，像唱唱歌、跳跳舞、出出黑板报等，缺乏高度的自觉意识、改革意识、创新发展意识，往往是口号喊得响，具体举措少，抓文化建设的积极性不高，持续投入不足，基础设施建设不完备，营区缺乏文化气息，致使部队的生气和活力打折扣。

2. 军营文化与官兵日益增长的精神文化需求还有差距，建设水平需要提高。随着经济的快速发展和生活水平的不断提高，广大官兵追求高质量、高品位、个性化的文化生活愿望更加强烈。虽然近年来我军文化软实力建设取得了长足进展，但与广大官兵日益增长的精神文化需求相比，有的单位提供的文化服务质量还不够高，文化活动内容还不够丰富，形式缺乏新颖性和吸引力。特别是网络等新兴媒体建设相对滞后，网络文化的开展还比较薄弱，文化软实力的信息含量、科技含量还有待于大幅度增强，舆论引导能力需要进一步增强。调查了解，受传统思维方式的惯性影响，一些单位的领导对网络文艺的风起云涌之势缺乏应有的洞察和认知。有的害怕网上有陷阱、有风险，不敢放手让官兵上网；有的认为网上信息良莠不分，担心网上不良信息影响官兵思想情绪；有的感到官兵玩游戏、看电影会"玩物丧志"，影响工作训练；有的觉得网络是虚拟世界，网络文艺虚无缥缈，不如抓传统文艺实在，等等。这些虽有一定道理，但文化工作过不了网络关就过不了时代关。如何真正做到把弘扬主旋律与满足官兵多样化文化需求统一起来，把发挥文化教育功能与发挥文化娱乐功能统一起来，把推进创新发展与加强有效管理统一起来，还需要在增强针对性有效性上下功夫。

3. 有影响力的精品力作还不够多，文化产品创作生产引导力度需要加大。从整体建设水平看，文化软实力与国防和军队建设事业取得的辉煌成就相比，与伟大事业的历史影响相比，与实现强军目标对军事文艺的使命要求相比，与广大官兵在强军路上对军事文艺的热切期待相比，国防和军队建设的题材优势挖掘还不够，文化产品的表现力影响力还不足，与伟大事业相适应相协调的鲜明文化建设特色和形成具有我军特点的文化软实力体系，还需要进一步构建和完善。事实上，当前军事文艺缺少高峰的根本原因是一些创作者离军旅现实生活太遥远。有的创作，机械化地模仿好莱坞大片，严重脱离部队实际。这样的创作，不可能产生精品力作，也不可能得到部队官兵的认可喜爱，更不用说对培养"四有"新一代革命军人产生积极作用了。"关在象牙塔里不会有持久的文艺灵感和创作激情"，今天，我军革命化现代化正规化步伐加快，特别是许多技术密集型部队，从人员结构到组织编制，从武器装备到训练形式，都已经发生了很大变化，对创作人员在生活积累的深度和更新速度上提出了新的更高要求。比如，军队文艺工作者对“歼十”、“辽宁号”、精确打击、电子对抗等新武器、新战法了解程度不够，获得相关经验的渠道不畅通，如果不及时补课，就很难向世人交出及时反映人民军队能打仗、打胜仗的艺术而又雄辩的答卷。只有放下创作员的架子，以战斗员的身份嵌入部队现实生活，把握前沿，到最新最快、最炫最酷的发射场、遥控室、飞机和舰船上去，全方位地融入改革强军的新实践，及时准确地认识和感知人民军队的成长变化，才能创作出真正触动广大官兵心灵的更多军味、兵味、战味浓郁的优秀作品。比如，当前的军旅歌曲创作与当前强军兴军的时代要求尚有差距。其中既有深入生活、人员结构、生存状态、艺术功力、传播方式、多元分众等原因，也有歌曲创作本身的问题。如何更好地实现艺术性和通俗性的统一，是繁荣发展军旅歌曲的关键问题。长期处在相对和平环境，我军在革命战争年代形成的一不怕苦、二不怕死的血性和敢打必胜、不怕牺牲的气概正在销蚀，一些官兵用不打仗的心态做打仗的准备，“不同程度地存在当和平兵、做和平官的想法，危机意识淡薄，思想和精神懈怠，甚至产生了仗打不起来、打仗也轮不上我的心态。”①有些思想文化作品无法展现我军令人感动的战斗精神和阳刚之气。长篇小说《林海雪原》的一大特点和成功要素就在于对侦察英雄杨子荣的生动塑造。问世半个多世纪以来，这部军事文学的经典之作多次被搬上舞台和被改编成影视剧。2014 年，它又被改编拍摄成 3D 电影《智取威虎山》，再次出现在荧幕上的杨子荣吸引了众多 90 后电影观众的目光，最终创造了 8 亿多票房的奇迹。电视剧《亮剑》之所以受到部队官兵和地方群众的喜爱，并引起美国智库——斯坦福大学亚太研究中心许多高级研究员的高度关注，就是因为他们被剧中李云龙及其部队所展示的“亮剑”精神所震撼和折服。作为革命英雄主义精神最成功的当代化表达之一，《亮剑》也成为军事题材文艺作品以塑造人物制胜的又一个成功范例。2015 年，军事题材电影取得了新进步、新突破，但仍存在需要改进提高的地方。9 月，电影金鸡奖揭晓，军事题材电影获得 4 项提名。同期，因出现“现象级”电视剧《伪装者》和《琅琊榜》，收视和口碑均不错的军事题材电视剧《二十四道拐》没能引起观众更多的关注。上半年，军事题材电影《战狼》收获票房 5 亿多元。9 月，军事题材电影《百团大战》收获 4 亿多元的票房，成绩殊为可嘉。但 2015 年，堪称中国国产电影的井喷之年，《捉妖记》《港囧》《夏洛特烦恼》的票房均超 14 亿，且有好口碑。《捉妖记》的票房甚至高达 24.38 亿元，与这几部电影相比，军事题材电影在提高票房、扩大社会影响等方面

① 《习主席国防和军队建设重要论述读本》，解放军出版社 2014 年版，第 52 页。

还需做出更大努力。[①] 今年上半年，全军召开文艺创作会议，军事文艺“有高原、缺高峰”的问题引起大家讨论。会上，已有不少专家发出了军事文艺已呈下滑颓势的警告。军事文学创作在低谷徘徊的问题，确实值得关注，其后果和影响也会波及军事文艺的其他领域。

4. 对外军事文化交流与扩大我军国际影响的需求还不相适应，军事文化走出去步伐需要加快。由于西方媒体通过设置中国军事不透明等议题，抹黑中国军队形象，对中国军事文化走出去带来严重障碍；中国军队国际形象的传播面对的是全世界的受众，他们来自不同的民族和国家，拥有不同的文化和价值观。这种文化差异影响着军队国际形象的传播，并且文化差异越大，对传播交流造成的阻力也就越大。到目前为止，我们还没有把一个真实的富有特色的中国军队形象介绍到世界中去，尤其未能说服世界使其接受人民解放军是一支维护世界和平的重要力量。能够佐证的事例很多，比如，汶川大地震，西方人有两个想不到：一个是想不到中国军队与人民群众关系那么好，另一个是中国军队进灾区不带枪。这从一个侧面反映出我军至今仍然不为西方世界所了解。这里的关键还是对世界怎么说和说什么，这就需要借助军事文化告诉世界中国人民解放军是一支怎样的军队。特别是随着联合军演、国际维和等军事交流活动的日益频繁，如何有效展示大国军队的文化形象，如何扩大强军文化的影响力，如何在交流互鉴中让强军文化更加适应世界潮流等，都是应该不断探索和实践的问题。

5. 高层次人才不够多，基层文化队伍发展还不平衡，文化人才队伍建设需要加强。习主席指出：“推动文艺繁荣发展，最根本的是要创作生产出无愧于我们这个伟大民族、伟大时代的优秀作品。没有优秀作品，其他事情搞得再热闹、再花哨，那也只是表面文章，是不能真正深入人民精神世界的，是不能触及人的灵魂、引起人民思想共鸣的。”[②]没有优秀的创作人才，肯定创作不出优秀的作品。优秀的创作人才也不会永远都能创作出优秀的作品，人才也要受到创作规律和自然规律的制约。目前，我军各部队活跃着一支文化工作骨干队伍，他们为推动军队文化软实力的发展做出了重要贡献。但应该看到，这支队伍的整体素质还存在一些差距，与担负的使命任务极不相称。队伍老化问题是一个重要方面。近几年，20世纪 50 年代初出生的那一批开创了军事文学黄金时代的军事文学主将们，都相继退休。50 年代末和 60 年代初出生的军队专业作家，均已年过半百，创作能力衰退已是必然。专业文艺创作队伍名家偏少，创作能力偏弱。军队 30 岁至 45 岁的专业作家，数量本就很少，且多半还没有写出在全国有影响的大部头的代表作。

---

① 《解放军报》2015 年 11 月 27 日。

② 《人民日报》2015 年 10 月 15 日。

此外，文化管理队伍在人员数量、文化素养、管理能力等方面存在不足；业余文艺骨干队伍数量不足、素质不高，引进培养和保留都存在机制上的瓶颈，影响了文化的繁荣发展。在改革强军的大背景下，如何有效激发文学队伍的创作活力，如何建设一支素质过硬的文艺骨干队伍，是一个迫切而重要的现实课题。

这些矛盾和问题，涵盖了文化软实力建设的组织领导、思想内容、表现形式、技术手段、服务保障和人才队伍等方面，单从思想内容看，就涉及信仰、道德、战斗精神、内部和谐等方面的问题，其实质是传统文化与现代文化的矛盾、先进文化与落后文化的冲突、中国与西方文化的碰撞造成的。早在革命战争年代，毛泽东就鲜明地指出："没有文化的军队是愚蠢的军队，而愚蠢的军队是不能战胜敌人的。"[①]这句话过去是真理，在信息化的今天更是真理。如何增强我军的文化软实力，是需要深化研究、认真解决的重大现实问题。站在新的起点上，军队文艺工作者需要认真思考这样一个问题：我们是谁？从哪里来？到哪里去？要以习主席关于加强军队文化软实力建设的重要指示为根本指导，深入学习贯彻党中央、中央军委有关文件精神，深刻认识加强军队文化软实力建设对于推进中国特色军事变革、促进我军现代化建设的重大意义，切实增强政治意识、机遇意识、忧患意识和责任意识，把发展军队文化软实力作为推动国防和军队建设深化改革的重要支撑，作为加强国防和军队建设的重要任务，更加自觉主动地研究解决我军文化软实力建设面临的新情况新问题，不断提高军队文化软实力的建设科学化水平，为助推中国梦强军梦做出应有的贡献。

三、我军重视文化软实力建设的基本经验

在长期的实践中，我军文化软实力建设积累了丰富经验。科学总结、正确运用这些经验，对于进一步推动军队文化软实力繁荣发展，提高部队战斗力，具有多方面的启示意义。

（一）坚持摆在重要战略地位是前提条件

我军在长期的奋斗历程中，始终紧跟时代发展步伐，占据思想引领的制高点，高度重视文化软实力建设，并将其作为军队建设根本性、全局性、长远性的战略任务，作为核心工程纳入军队建设规划之中，为推动军队建设创新发展奠定了基础。从"'革命文化'贯穿军事斗争全程，体现战争性质，决定战争胜利"，到"建设现代化正规化的革命军队，离不开先进军事文化，首要的是制度文化和技术文化"，到"我军要完成'打得赢、不变质'两大历史性任务，必须始终坚持先进军事文化的前进方向"，再到"军队必须大力发展先进军事文化，着力培育当代革命军人核心价

① 《毛泽东选集》第3卷，人民出版社1991年版，第1011页。

值观”,“要结合各部队传统和任务特点,加强军事文化建设,打造强军文化,培养官兵大无畏的英雄气概和英勇顽强的战斗作风。”所有这些思想和实践要求,都充分表明我们党对军队文化软实力建设规律的认识提升到了一个新高度,标志着具有我军特色的军队文化软实力发展路子的划时代发展。实践证明,我军建设的每一次发展进步,取得的每一项成绩,都离不开先进文化的保证和支撑。文化是变革的先导,也是转型的灵魂。越是先进的军队文化,其所具有的以政治保证力、思想引导力、精神驱动力、智力支持力、科技创新力、部队凝聚力等为核心内容的军队文化力就越大,就越能增强部队的战斗力。认知程度决定建设力度。充分认识军队文化软实力建设的战略地位,切实采取有力措施,推动军队文化软实力创新发展,已经成为全军上下的共识。

(二) 坚持科学理论指导是根本保证

指导思想和理论作为文化的灵魂,决定着文化的性质和方向;文化的先进性根本在于其指导思想和理论的先进性和科学性。坚持用马克思主义理论及其最新成果牢固占领军事文化阵地,指导军队文化软实力建设,是我军保持人民军队性质和正确政治方向的根本保证,也是加强文化软实力建设的首要前提。改革开放以来,党中央、中央军委审时度势、统揽全局,坚持毛泽东军事思想在军队文化软实力建设中的指导地位,创新发展了马克思主义军事学说,形成了邓小平新时期军队建设思想、江泽民国防和军队建设思想、胡锦涛国防和军队建设思想、习近平国防和军队建设重要论述,将我军文化软实力建设推进到了一个新阶段。目前,我们正处在一个思想大活跃、观念大碰撞、文化大交融的时代,正确思想和错误思想、主流意识形态和非主流意识形态相互交织,各种反对和淡化马克思主义的思潮有所抬头,意识形态领域的斗争更加激烈。客观形势要求军队文化软实力建设必须更加牢固地确立马克思主义的指导地位,切实使习主席系列重要讲话这一党的最新理论成果成为引领部队建设的灵魂。

(三) 坚持重视思想道德建设是中心环节

我军是一个执行革命政治任务的武装集团,其性质、宗旨和任务决定了必须高度重视思想道德建设,坚持用先进的思想文化、高尚的道德精神培养官兵。坚定的理想信念和高尚的军人道德情操是我军文化软实力建设的特色和优势,也是我军与其他军队的本质区别,更是我军永远立于不败之地的一大法宝。同时,思想道德本身就是文化,道德文化最能反映文化的精神实质。我军治军带兵的一个优良传统就是历来把思想道德建设作为文化软实力建设的重中之重。新形势下,我军建设大环境发生了深刻变化,既面临着前所未有的机遇和挑战,又肩负着繁重的军事斗争准备任务,要求军队质量建设有一个大提升、大发展,军队文化软实力建设必须牢牢把握军事文化的前进方向,紧紧抓住思想道德建设这个中心环节，科学筹划、精心实施“精神支柱工程”，大力培养社会主义核心价值观和当代革命军人核心价值观，为我军有效履行历史使命、应对多种安全威胁、完成多样化军事任务和实现军队现代化跨越发展提供强大精神动力和可靠思想保证。

（四）坚持为提高战斗力服务是根本目的

着眼于战斗力提升和能打胜仗目标需要，是加强军队文化软实力建设的一条重要经验。在军队文化软实力建设的过程中，我军立足战争特点，着眼战斗力提升，大力加强战斗文化、战地文化、教育训练文化建设，使得文化软实力的战斗力功能发挥得淋漓尽致。习主席强调：军队要能打仗、打胜仗，“牢固树立战斗力这个唯一的根本的标准”。[①] 军队首先是一个战斗队，是为打仗而存在的，而且是要能打胜仗的。虽然我军在不同时期担负的具体任务不同，但作为战斗队的根本职能始终没有变，军事文化的“魂魄”更是时刻不能丢、不能散。新的历史条件下，面对新军事革命的蓬勃发展，面对未来信息化战争的严峻挑战，面对深化国防和军队改革的现实考验，面对我军新的历史使命重担，军队文化软实力建设必须紧盯全面提升战斗力这个核心问题，将其作为自身建设和发展的终极目标，用战斗力标准衡量改革措施、检验发展成效，积极探索运用文化软实力提高战斗力的有效途径和形式，以不断适应军队战斗力发展的时代要求，使其对提高部队战斗力发挥最大效能。

（五）坚持高扬主旋律是重要方针

主旋律文化体现了先进文化的前进方向，是一个时代精神文化的主流，具有精神支柱和思想导向作用。军队是一个以铁的纪律为保障、体现高度集中统一的特殊群体。军队文化的主要对象是部队官兵，服务阵地是军营、战场和练兵场，战斗性是其首要特性，决定了必须以高扬主旋律文化为己任。主旋律文化是军队文化软实力的根本价值取向之所在，是强大凝聚力的源泉，是进行革命化现代化正规化建设的鼓舞力量。如何对待主旋律文化，关系到军队文化软实力建设的方向。军队文化软实力建设，必须坚持主旋律文化的主导地位不动摇，旗帜鲜明地表明提倡什么、允许什么、限制什么、反对什么，在大是大非面前坚持原则，毫不含糊。在强调主旋律文化重要性的同时也要提倡多样化。包括主旋律文化在内的所有精神文化产品，在题材、风格、手法、样式等各个方面都必须丰富多彩；同时，也要鼓励和支持发展一切健康有益的文化。军营生活是丰富多彩、生机勃勃的，军队文化软实力对部队建设和战斗力的影响是多层面的，文化工作者的创作个性和风格是多种多样的，部队官兵的文化需求是多方面多层次的。因此，军队文化软实力也应当是姹紫嫣红、花团锦簇的。只要是能够使广大官兵得到娱乐和美的

---

① 《习主席国防和军队建设重要论述读本》，解放军出版社 2014 年版，第 51 页。

享受、受到启发和教育的作品，都应当受到鼓励和支持。

（六）坚持使命任务牵引是推动力

军队使命任务是文化软实力建设的着眼点和牵动力，也是基本的实践平台。任何文化软实力建设，都要依据军队使命任务来展开，随着军队使命任务的拓展而不断发展。始终坚持以使命需求为牵引，围绕中心任务做工作，与时俱进、不断创新，是我军文化软实力建设能否丰富发展的一条重要经验。无论是革命战争年代，还是和平建设时期，我军文化软实力都能够服务于军事斗争和训练实践，为凝聚军心士气、巩固和提高部队战斗力提供精神动力和智力支持。习主席强调："要努力建设与我国国际地位相称、与国家安全和发展利益相适应的巩固国防和强大军队"①，要求我军全面履行历史使命，这对文化软实力建设提出了一系列新任务新标准。伴随着我军职能使命的不断拓展，文化软实力建设步入系统化、制度化、常态化的轨道，深刻揭示了文化软实力在军队建设中的历史地位，系统阐明了军事文化传承优良传统、引领发展方向、强化精神支柱、培育战斗精神、规范官兵行为、营造健康氛围等特殊作用，积极引领社会主义主流文化建设方向。用文化软实力为广大官兵提供强大精神动力，对于部队有效履行使命任务至关重要，不可或缺。新形势下，人民军队大力弘扬我军政治工作优良传统，积极践行社会主义核心价值观和当代革命军人核心价值观，主动投身国家文化软实力大发展、大繁荣的伟大事业中，充分展示了我军威武之师、文明之师、正义之师的良好形象。

四、提升我军文化软实力的对策

当前，我军现代化建设正处于一个新的历史起点上。有效履行使命任务，赋予了军队文化软实力建设新的生命活力。我军要建设的文化软实力，是与国防和军队伟大事业相适应的强军文化，是与新一代革命军人崇高追求和责任相一致的使命文化，是与我军官兵职业特点相吻合的创新文化，是体现中华民族骨气、人民军队勇气、各军兵种锐气的豪迈文化，它是一项政治要求高、思想内涵深刻的复杂系统工程，必须适应形势和任务发展需要，确立文化建设与军事建设相统一、先进文化与群众文化相统一、继承传统与创新发展相统一原则，搞好统筹谋划指导，着力培养当代革命军人核心价值观，不断改进创新内容形式、制度机制、活力源泉和传播手段，进一步提高建设质量和水平，为推动实现中国梦强军梦提供强大的精神动力和文化支撑。

（一）以抓好统筹谋划为根本，夯实军队文化软实力建设基础

思路决定出路，目标引导方向。大力加强军队文化软实力建设，首先要对文

① 《习主席国防和军队建设重要论述读本》，解放军出版社 2014 年版，第 19 页。

化软实力建设有准确的定位和明确目标，切实有效保障建设投入，加强文化人才队伍建设。

1. 注重搞好系统建设。在积极研究新情况新问题的基础上，搞好系统规划，整合各种资源，科学设计军队文化软实力的物化形象和承载形式，将国防和军队建设各系统、各阶段的具体工作与文化塑造有机结合起来，形成指引具体工作的明确文化规范，指导建设以当代革命军人核心价值观引领、多层次文化覆盖、具有鲜明军队建设特色的文化软实力体系，使文化的作用力在军队建设中得到更好体现，使官兵的精神文化需求得到更好满足，使部队的整体文化素养和战斗力水平得到更好提升。在建设思想上，要体现我军优良传统，体现以高尚精神塑造人、以优秀作品鼓舞人的基本精神，着力营造戒浮躁下苦功、戒克隆搞原创、戒口号求本体的氛围导向，推进新一轮强军文艺创作，群策群力打造更多引领风气、垂范后世的精品力作。在建设目标上，要盯住铸魂育人的大目标，抓住高举旗帜、听党指挥这个根本，扭住培育当代革命军人核心价值观这个关键，始终把着眼点放在促进官兵全面发展上、放在培育造就大批高素质新型军事人才上，不断增强部队的凝聚力和战斗力。在建设方式上，要拓展新题材，全方位融入改革强军的火热生活，围绕深化国防和军队改革、新型作战力量建设、管理组训模式变革等现实生活的新变化拓展表现领域；坚持思想性与艺术性相统一，以官兵喜闻乐见为追求，推出更多具有中国特色、中国风格、中国气派的文艺精品；深化主题表达，以社会主义核心价值观为价值标准，将鲜明的民族特性和强烈的时代气息融为一体。

2. 加大政策扶持力度。努力克服文化软实力建设不需要投入的观念，牢固树立低投入高产出的观念；克服投入文化软实力建设会影响单位发展的观念，树立抓文化软实力建设就是抓战斗力的观念；克服文化软实力建设难以出政绩的观念，树立文化发展也是政绩的观念，切实加大对文化软实力建设投入和扶持力度，坚持文化资源和经费向基层倾斜，按照面积达标、设施完善、器材配套、美观实用的原则，着力抓好荣誉室、俱乐部、橱窗走廊、石刻雕塑等文化基础设施建设，突出网络电视、数字图书、游戏动漫等新兴媒体，打磨文化亮点，使之与科技发展水平相适应，与社会文化大环境相适应，与代表先进文化前进方向的要求相适应，与广大官兵日益增长的精神文化需求相适应。

3. 加强文化人才队伍建设。积极适应强军实践和深化改革对文艺人才的新要求，创新发展军队文化艺术教育，努力构建新型人才培养体系。要优化梯次结构，大力推进宣传文化领域人才培养工程，努力造就一大批名家大师和文化领域的领军人才，加快培养一批懂得经营管理文化的人才、一批掌握现代文化传播技术的专业技术人才，培养更多红心向党、姓军为兵、德艺双馨的文艺战士，形成一条门类齐全、结构合理、梯次搭配、英才辈出的军事文化人才链；完善选拔体系，按照德才兼备、作风过硬、结构合理、充满活力的原则，把那些思想政治坚定、组织领导能力强、具有开拓进取精神、熟悉热爱文化工作的优秀干部选拔到文化领导岗位上来。要制定激励措施，针对当前无论是专业文艺队伍，还是业余文艺队伍面临着人才不足、青黄不接的困境，加强对文艺队伍、文艺人才的培养、保留和能力提高问题的研究，出台有利于文艺人才脱颖而出和保留提高的政策激励措施，如解决具有创作能力突出、演出经验丰富等的优秀文艺人才晋升高职难的问题等，切实把人才保留住。要健全培训机制，坚持多渠道、多途径抓好文化骨干培训，结合院校培训，加大军队基层文化课教学比重和教学班次开设；结合工作开展，构建军带师、师带团，领导带干部、机关带基层、干部带战士的分级培训体系。

（二）以培育核心价值观为关键，找准军队文化软实力建设突破口

当代革命军人核心价值观在军队文化软实力建设中居于主导地位，规定着文化软实力的性质和发展方向，是军队文化软实力建设之“魂”。当代革命军人核心价值观，反映了我军官兵与党、人民、国家、军队的关系以及官兵相互间关系最基本、最核心的价值观念，体现了我军优良传统、时代发展要求和官兵价值追求的统一，从根本上决定了我军的阶级属性、政治本质和发展方向，也是其存在发展、官兵团结奋斗的强大精神支柱，对军队文化软实力的其他要素具有广泛的渗透力和影响力。它不仅忠实体现了人民军队的性质和宗旨，而且鲜明体现了我军在新形势下面临的主要任务和对当代革命军人的新要求，从根本上规定了中国军队文化的发展方向，是增强军队软实力的前提和基础。因此，抓住了核心价值观，就抓住了文化软实力的关键；抓住了核心价值观建设，就抓住了文化软实力建设的重心、根本和突破口。我军文化软实力建设在当前的核心任务，就是大力培育核心价值观，用先进理论武装官兵，实现精神到物质的转化。

1. 融入文化建设实践。当代革命军人核心价值观，从根本上表明了我军所处的阶级立场，所代表和维护的阶级利益。它以鲜明的阶级性和政治性，确保我军官兵始终听党指挥、服务人民。新形势下，西方敌对势力对我军的意识形态渗透愈演愈烈，手段越来越“文化化”，其实质就是利用各种错误价值观对我军官兵的思想进行渗透和侵蚀。美国学者杰姆逊曾指出，第一世界掌握着文化输出的主动权，可以通过传媒把自身的价值观和意识形态强制性地灌输给第三世界。面对各种挑战和考验，只有用当代革命军人核心价值观引领军队文化软实力建设，才能铸牢军魂、永葆本色，不断提高战斗力，有效履行使命任务。要始终坚持军队文化软实力建设的正确方向，坚持“姓军为兵”，把保持我军政治本色放在首位，旗帜鲜明地弘扬主旋律，传承和发扬我军优良传统，着力彰显忠诚于党的政治品格，热爱人民的根本立场，报效国家的志向抱负，献身使命的崇高品质，崇尚荣誉的精神追求，始终保持军事文化的高品位、高格调。

2. 加强思想道德建设。道德规范是文化软实力建设的重要内容，修德是文化的重要功能。军队文化软实力建设，必须要在强基固本，弘扬真善美，传递正能量上有所作为。要自觉把加强思想道德修养作为人生必修课，坚决抵制腐朽思想文化和生活方式的侵蚀，坚守革命军人正确价值追求，不仅要内化于心，更要外化于形，以严格标准加强自律、接受他律，最根本的是把听党指挥作为最高的政治要求来落实、作为最高的政治纪律来遵守，切实打牢官兵强军报国的思想道德基础，营造积极向上的军营文化环境，弘扬新风正气，抵制歪风邪气，培养当代革命军人"精气神"。要善于用文化的形式表现革命军人高尚的道德情操，引导官兵树立正确的是非观、美丑观、荣辱观，自觉恪守社会公德、职业道德和家庭美德，培养诚实守信的人格修养，树立崇高精神追求和良好的道德风尚。领导干部更要加强思想作风建设，当好道德方面的表率，努力以道德的力量影响官兵自觉加强道德修养，赢得人心、赢得事业成就。

3. 强化爱军精武主题。军事职业最显著的特点，平时是爱军精武，战时是浴血奋战。爱军精武始终是文化软实力建设的永恒主题，"为谁当兵、为谁打仗""当什么样的兵、打什么样的仗"的基本问题，始终是文化软实力建设首要解决的问题。培育当代革命军人核心价值观，要旨之一就在于提升我军打赢信息化战争的核心军事能力，其效益最终必然体现在军队战斗力的提升和作战功能的发挥上。美军就高度重视军事文化战斗功能的发挥，把军事文化转型建设作为提升信息化条件下军队战斗力的重要措施。当前，战争形态的演进、武器装备的更新和训练模式的创新，都对信息化条件下爱军精武提出了新的更高要求，迫切需要不断丰富发展爱军精武文化，把信息时代的要求注入历史使命教育、核心价值观培育之中，注入做"四有"新一代革命军人培育之中，鲜明体现信息化军队风格，突出信息化练兵的火热生活，明确打赢信息化战争的价值取向，以新的思维理念、知识素养和打赢本领，培养官兵"一不怕苦、二不怕死"，英勇顽强、敢打必胜的战斗精神，把弘扬革命英雄主义和遵循现代战争规律结合起来，大力提升与信息化战争相适应的文化软实力，为赢得未来战争胜利锻造精神利剑。要选择官兵喜闻乐见、符合官兵认知水平的军事文化形式和内容，改变以往盯着教育本身成为完成教育任务来选择手段和方式的教育模式，也要注重衡量不同文化路径的文化价值，充分考虑官兵主体价值实现的需要，选择既有益于促进官兵全面发展，又有利于提升我军战斗力的文化形式，促进官兵把培育和践行当代革命军人核心价值观作为自觉的价值追求。

（三）以完善制度机制为保证，实现军队文化软实力建设常态化

制度本身是文化的产物，具有根本性、稳定性和长期性。加强军队文化软实力建设，缺乏制度保证，就难以发挥作用。军事实践的每个领域都蕴含着丰富的

文化基因,军队文化软实力建设渗透在战斗力生成的每个环节,更需要一个容纳创新活力涌流迸发的制度机制作保障。完善军队相关制度机制,可以使加强军队文化软实力建设这一系统工程持续深入、平稳发展。

1. 健全组织领导机制。坚持党委统筹,以提高部队战斗力为前提,把深化文化体制机制改革纳入各级党委重要议事日程,像议军议政议训那样议文化,认真制定计划、理清思路、明确方向、解决问题,切实履行好党委在文化软实力建设中的定向把关责任。坚持机关明晰责任,认真搞好统筹协调、归口管理,注重把文化体系工程建设纳入部队全面建设,明确计划规范、成才目标,宣传、干部等相关部门要充分发挥各自的职能优势,各司其职,各司其职,密切配合,形成相互推动、相互促进、互相提高的联动效应,形成有关各方通力合作抓文化建设的组织领导机制和工作机制。

2. 营造体制机制环境。机制制约着软件与硬件、人与物效能的发挥程度。机制优势是最大的优势。只有突破体制障碍,不断优化文化发展机制,才能保障人尽其才、物尽其用、地尽其利。文化的发展繁荣,需要有效凝聚人们的个性创造。推进军队文化软实力发展,就是要形成凝聚无数人个性创造的体制机制。一支有发展潜力的军队,总是由无数个性鲜明的官兵汇聚而成的。要以更大决心和勇气,推进一系列体制机制改革,建立既体现主流价值又具包容性的文化发展机制,形成"百花齐放、百家争鸣"的生动局面,让伟大的军事实践更好地被先进的思想照亮。

3. 完善考评激励机制。坚持把文化软实力建设成效纳入军队建设发展考核评价体系,制定相应的绩效考核和奖惩办法,作为衡量领导班子和领导干部工作实绩的重要依据,把"软指标"变成"硬杠杠",用制度来保证文化软实力建设的不断丰富发展和效能的充分发挥,确保军队文化软实力建设的科学化、规范化和常态化。

(四) 以繁荣发展军营文化为抓手,搭建军队文化软实力实践平台

军营文化作为中华优秀文化在军营的反映,从来都是与国家的发展进步、精神与道德等紧密联系在一起的,具有深厚、阳刚、壮丽之美,是医治"和平病"、激发战斗精神的良药,是增长知识、陶冶情操的"心灵鸡汤",更是凝聚力量、鼓舞斗志的文化软实力。军营文化是文化软实力的重要构成要素,也是产生文化软实力的重要来源。加强军营文化建设,一个重要方面,就是围绕"军"字做文章、突出军味,形成具有自身特色的精神文化,它不仅是维系部队发展的内在精神力量,也是部队凝聚力的具体体现。植根实践、面向基层、贴近官兵,是军营文化建设的活力源泉。

1. 植根军事实践。实践是文化的源泉,建设军营文化离不开军事实践的沃土。脱离实践去建设军营文化，就会变成无根的浮萍、无魂的躯壳。建设军营文化必须紧紧联系部队实际，在军事斗争准备的实践中汲取营养和力量。这就要求在内容上，不仅仅只是一些简单的文体活动，而是要真正渗透到军事训练、武器装备等日常管理的方方面面；在要求上，不能只考虑文化娱乐的需要，而要充分体现军队的特点、军人的职业要求，体现党和国家对军队建设的目标要求。要与精武练兵相融合，围绕部队担负的作战任务，广泛开展灵活多样的文体活动，营造鼓励官兵练胆量、练意志的文化氛围，把军营文化活动渗透到日常的军事训练与演兵场上，激发广大官兵的练兵斗志和士气。要与战场需求相对接，积极打造军营文化的战斗形象，既要适应官兵的欣赏水平和思想需求，又要将目光瞄准未来战场。无论在娱乐方式上，还是文体活动的组织上，都要突出战地特色，以更好地发挥战地文化功能。要围绕中心任务展开，多设计一些充满军味、具有浓厚军营气息的项目，组织部队把战斗旗帜打起来、战斗口号喊起来、强军之歌唱起来，让战斗格言、英雄人物、精武标兵事迹宣传入灯箱、进橱窗，大力创作弘扬战斗精神、反映战斗品格的现实题材作品，广泛宣传想打赢、谋打赢、能打赢的先进典型，把文化活动同思想政治教育紧密结合起来，引导官兵把个人的远大理想和部队建设现实需要结合起来，把培育战斗精神注入部队日常工作和军事训练当中，营造想打赢、谋打赢、善打赢的浓厚练兵打仗文化氛围，不断强化官兵的战争意识、战备观念、战斗精神，把意志力量凝聚到能打仗、打胜仗的职能使命上来，大力提升与信息化战争相适应的文化软实力，为打赢信息化战争锻造精神利剑。

2. *面向部队基层*。习主席在广州战区考察时指出："基层是部队全部工作和战斗力的基础，部队所有工作都要靠基层去落实，在第一线冲锋陷阵也全靠基层。""要坚持基层至上、士兵第一，始终把工作重心放在基层。"①部队的一切方针政策以及作战思想的实施都必须紧紧围绕基层、通过基层来实现。部队战斗精神、作战意志的精神风貌集中在基层，打赢信息化战争的最前沿阵地也在基层。基础不牢，地动山摇。军营文化建设必须将面向基层官兵作为根本要求，军队基层文化建设是军营文化建设的重中之重。要加强对新形势下部队基层文化建设特点规律的研究，在继承和发扬我军优良传统的基础上，认真研究形势任务发展变化对基层官兵精神文化需求提出的新要求，积极拓宽活动领域，实现基层文化建设内容形式的丰富化、多样化，不断增强吸引力和感召力，建设具有我军特色的军营先进文化。

3. *贴近官兵需要*。基层官兵是推动军队文化软实力发展繁荣最深厚的力量源泉。军队文化软实力建设的服务对象在官兵，发展根基在官兵、重心在官兵，只

---

① 《习主席国防和军队建设重要论述读本》，解放军出版社 2014 年版，第 99 页。

有最大限度地满足官兵精神文化需求，为官兵提供更多的精神食粮和更优质的文化服务，军事文化才更有生命力，才会更加受到官兵欢迎。时代在不断发展进步，官兵的精神文化需求也在不断地提高和增多。军营文化建设必须适应广大官兵精神文化需求呈现多元化、高层次、高品位的趋势，秉持一切为了官兵、一切依靠官兵的理念，把满足官兵的精神文化需求作为根本着眼点，坚持高标准高质量推进，努力建设以打赢为取向的创新文化，让文化软实力成为军队建设科学发展的强劲助推力量。要积极创造时间、平台和物质条件，广泛开展群众性文化活动，注重兵写兵、兵演兵、兵唱兵、兵画兵，充分挖掘官兵潜力，努力在日常生活中为官兵搭舞台，调动参与热情，引导他们在文化建设中自我表现、自我教育、自我服务，真正做到人人当主角、人人有舞台、人人能作为，打造形成最广泛参与军事文化建设的生动局面。要下大气力抓好与部队特点相融合的创作，创演一批反映军兵种特色、边防特色、部队特色的精品力作，精心打造时代特征鲜明、民族风情浓郁的文化品牌，实现军营文化思想性、艺术性、知识性、娱乐性和实用性的有机统一，不断丰富基层官兵文化生活，让官兵在寓教于乐中坚定理想信念，提高思想境界，增强使命感责任感。抓好优秀文化产品下部队、下基层，进哨所的工作。小散远的单位要通过读书写作、讲故事、练书法、摄影、唱军歌、演讲等多种方式，想方设法、因地制宜丰富官兵的业余文化生活，以此将强军文化辐射渗透到战备训练、边防巡逻、维稳执勤和执行任务之中，切实提高先进军事文化对部队战斗力建设的贡献。

（五）以创新文化发展为动力，提升军队文化软实力建设质量

“军事领域是竞争和对抗最为激烈的领域，也是最具创新活力、最需创新精神的领域。”[①]军队文化软实力作为引领军事实践发展的前进号角，更需要创新，更呼唤创新。创新是军队文化软实力的最本质特征，也是富有生机活力的源泉。缺乏创新，军队文化软实力建设难以延续传承，更谈不上繁荣发展。

1. 坚持解放思想，不断克服传统惰性的强大阻力。当前，世界发达国家军队都在加快推进变革，谋求军事优势地位的国际竞争进一步加剧。“在世界新军事革命大潮中，谁思想保守、故步自封，谁就会错失宝贵机遇、陷于战略被动。”[②]军事变革的实践，就是一场伟大的实验，而贯穿于军事变革中活的灵魂是文化的变革。与世界主要国家主张文化先胜、争相谋求变革的态势相比，我们还有不小差距。军事装备落后并不可怕，军事文化落后才是最可怕的。推动军队文化软实力创新，根本的是解放思想。只有解放思想，才能有敏锐的目光；只有观念更新，才能获得与时代发展接轨的端口。思想不解放，不可能迈开前进的步伐。必须有对历

① 《习主席国防和军队建设重要论述读本》，解放军出版社 2014 年版，第 107 页。

② 同上。

史和未来高度负责的精神，确立以文化人、以文强军、以文制胜观念，始终保持文化创新的紧迫感，立足战略全局谋划文化软实力建设，以自我否定的勇气，敢于到中流击水，坚决冲破妨碍文化软实力发展的思想观念，坚决改变束缚文化软实力发展的陈规陋习，坚决革除制约文化软实力发展的体制弊端，充分发挥文化软实力的创造力、凝聚力、战斗力功能，不断以思想的大解放促进文化软实力的大创新。要把开拓创新作为一种文化常态，紧紧围绕战备训练和战斗力生成的基本规律，冲破传统经验做法的习惯依赖，冲破机械化的思维桎梏，冲破对西方军事变革思想的盲目迷信，以更加先进的思想观念、开放的思维方式、广阔的战略视野，审视战斗力建设的历史方位，以科学的发展思路、科学的发展模式、科学的发展手段，谋划战斗力发展的崭新路径，以文化创新和文化自觉不断提升军队战斗力建设的层次和质量。

2. 推进深度融合，加强文化的交流互鉴。任何一种文化，都是流动的、开放的，其创新发展都离不开同其他文化的学习交流。要在倍加珍惜已有的思想文化和红色文化的精神命脉、大力弘扬我党我军优良传统、传承延续中华民族优秀文化基因的前提下，勇于打破传统经验做法的束缚，以更加开放的心态和广阔视野，按照以我为主、为我所用、批判吸收、择善而从的原则，在交流交融交锋中吸收借鉴世界各国有益的军事文化成果。比如，美军的概念创新文化、俄军的战训一致文化、以军的铁血尚武文化、英军的职业建设文化等。坚定不移走军民融合文化创新之路，在更广范围、更高层次、更深程度上把军事文化创新纳入国家文化创新体系之中，借助地方新兴媒体、现代手段，利用驻地红色资源、文化阵地和国防教育基地，搭建新载体、拓展新领域、创造新形式；充分利用爱国主义教育基地、国防教育基地以及现代传媒等阵地，广泛开展国防教育，形成各行各业各系统积极主动参与融合的社会效应。要建立健全促进军地文化融合发展机制。比如，在红色资源开发利用上，军地双方可共同建立开发红色资源领导小组，定期召开协作会议，开展研讨交流，分析形势，查找问题，制定对策，确保工作步入良性循环轨道。按照就近原则，与辖区每个红色资源点结成共建共管对子，共同参与红色资源开发利用、建设管理，充分发挥红色文化资源优势，互融共进、互学共赢，努力打造具有鲜明特色的军营文化、红色文化。要注重整合利用军地文化，做到融合通用，建立一批功能齐全、设施完备的军史馆、荣誉馆，并定期向地方党政机关、企事业单位和中小学开放，每逢重大节日组织过“军事日”，增强国防观念。同时，部队官兵在开展教育时，也可以把驻地人物纪念馆、英雄故居、烈士陵园等革命和历史遗址、遗迹作为理想信念教育资源，丰富教育手段，拓宽教育形式，增强教育效果。

3. 拓展承载形式，构建多元多层网络交流文化平台。习近平主席在全国文艺工作座谈会上的讲话中深刻指出：“互联网技术和新媒体改变了文艺形态，催生了一大批新的文艺类型，也带来文艺观念和文艺实践的深刻变化。由于文字数码化、书籍图像化、阅读网络化等发展，文艺乃至社会文化面临着重大变革。要适应形势发展，抓好网络文艺创作生产，加强正面引导力度。”[①]在信息网络迅猛发展的今天，军营文化工作过不了网络关，就过不了时代关。文化创新越是紧贴时代要求、反映时代特点，越是紧密结合军队建设实践、具有鲜明特色，就越能满足官兵需求。必须更加积极主动地适应互联网带来的新变化，紧密结合青年官兵认知层次、审美情趣、精神追求不断提高的特点，充分发挥信息网络在军队文化软实力建设中的作用，不断开辟文化交流新领域，大力建设政治工作网，唱响网络文化主旋律，通过开设学习论坛、DV 广场、动漫地带等栏目，创造最具感染力、震撼力，为广大官兵喜闻乐见的文化实现形式，努力实现军事文化建设由传统型向科技型、抽象型向直观型、平面型向立体型、专业型向大众型转变，使先进军事文化更具时代感和吸引力，把网络打造成为传播创新文化的新阵地、提供服务官兵的新平台、励志铸魂的新空间，实现部队文化活动形式多样化、内容新颖化，使其更加符合时代精神，更能体现部队特色，更好反映官兵意愿，为提高部队战斗力奠定坚实的文化基础。要大力发展网络军事文艺，建好用好网络互动平台，充分发挥官兵主体作用，鼓励支持官兵踊跃参加各类网络评比等系列活动，以众创思维开发官兵潜能，利用网络集聚官兵智慧。要把镜头对准基层、话筒交给官兵，让官兵既当网络文艺作品的消费者又当生产者，这样不仅可以有效弥补专业文艺创作队伍人员不足的劣势，更可以为网络军事文艺建设提供不竭动力和宝贵资源。

（六）以提升文化传播能力为重点，增强军队文化软实力影响力

一支军队文化的影响力，不仅取决于其内容是否具有独特魅力，而且取决于是否具有先进的传播手段和强大的传播能力，文化传播能力已经成为军队文化软实力的决定性因素。

1. *提升主流媒体影响力*。面对西方强势文化渗透的严峻挑战，不断增强忧患意识，牢牢把握正确的舆论导向，把提升主流媒体影响力作为提高军事文化传播能力的战略重点，做大做强主流新闻媒体，形成与我国我军国际地位相称的舆论力量；进一步推动中国军事文化走向世界，开展多渠道、多形式、多层次对外军事文化交流，参与世界军事文明对话，促进军事文化相互借鉴，在开放交流中增信释疑，在主动作为中引导舆论，增强中国军事文化在世界的感召力和影响力。

2. *加大文化宣传力度*。科学谋划中国军事文化对外宣传的主要内容，大力宣传党的军事指导理论的创新成果，宣传党领导下的人民军队的性质和宗旨，宣传我军革命化现代化正规化建设的伟大成就。抓住我军参加国际救援、国际维和、

---

① 《人民日报》2015 年 10 月 15 日。

国际军控等涉外军事行动的契机，以生动鲜活的文化形式在国际上展示我军军事素质过硬、组织纪律严明、精神面貌昂扬的时代风采，宣示我军保卫祖国安全与统一、维护世界和平的能力和决心，向世界展示我军威武之师、文明之师、和平之师的良好形象，塑造与国际社会合作、作为维护世界和平重要力量的形象，传递中国人民热爱和平的心声，扩大外国军队和民众对我军的认知度。可以通过文化产品进行对外军事宣传，如美国大片《拯救大兵瑞恩》，就是通过电影传递了美国军队的价值观和美军形象，我们也要借鉴其他国家的有益做法，将我军的价值观、文化观和世界观等通过影视、摄影、书籍等文化产品传播到境外；可以通过到国外进行学术交流、参观演讲、联合军演等，或邀请国外军队人员来中国进修学习、参观访问、举办各种研讨会等，加深与外军的友谊，让国外受众和媒体在可触摸的亲身经历中真正感知我军的魅力，有效扩大对外军事宣传的影响力、渗透力，赢得有利舆论环境，有效生成军事文化软实力，牢牢占领国际军事文化发展的战略制高点。

3. 用好新兴媒体平台。伴随着新媒介技术的迅猛发展，互联网等已成为思想文化信息的集散地和社会舆论的放大器，成为部队官兵获取信息的主要渠道和生活时尚，成为影响官兵价值观念的重要阵地。谁占有了网络阵地，谁就拥有了受众和影响。必须深刻认识信息技术给军队文化软实力建设带来的新课题新挑战，积极利用现代传媒技术，主动占领思想文化阵地，努力增强军队文化软实力的时代性和感染力。要及时吸纳现代科技发展的最新成果，按照全媒体时代的特点，在信息获取、知识传播、思想教育、文化生活等方面，充分发挥网络、电视、报纸等现代信息技术和大众传媒作用，加快构筑传输快捷、覆盖广泛的军事文化现代传播体系，为文化软实力的生成打造良好平台。

中国边疆治理文化软实力报告

王洪涛　马云鹏　李季红　刘　瑞*

摘要：中国边疆治理文化软实力建设是中国周边安全环境构建和国家文化安全的重要议题，关系到中国崛起"两个一百年"目标的实现。中国边疆治理文化软实力在三个层面起作用：融通相邻地区，增信释疑；加强民族团结，凝心聚力；促进经济发展，筑路夯基。在"一带一路"战略实施框架下，边疆地区承载了更多国家文化软实力"外溢"的历史使命。高效推动中国边疆治理文化软实力建设，需要做好以下几方面工作：找准方向，明确文化软实力建设对边疆治理的基础性作用，将其提升到国家文化安全、维护国家统一和领土完整，以及构建中国周边安全环境的高度，并明确其在当前服务"一带一路"战略实施中的重大作用；进一步完善民族政策具体措施，巩固民族团结成果；构建中国现代边疆治理文化软实力体系；优化中国边疆治理文化软实力建设的路径载体，强化相关资源保障，提高机构和项目运作效率。

一、研究背景

边疆文化软实力建设是中国边疆治理的题中之意，也是"一带一路"战略实施的重要支撑，边疆治理是中国周边安全环境构建的重要内容和途径，中国崛起需要和平稳定的周边安全环境。概言之，中国边疆治理文化软实力建设最终服务于"两个一百年"目标的实现，服务于中国的和平崛起，服务于中华民族的全面振兴。

（一）中国和平崛起需要和平稳定的周边安全环境

"中国的发展需要良好的周边国际环境。中国的发展和改革开放决定了中国必须与世界各国和平共处，实行和平的外交路线和政策。中国所追求的发展是开放的发展、合作的发展和共赢的发展。中国与世界关系的基本路径是通过争取和

* 王洪涛，中国社会科学院中国边疆研究所博士后，助理研究员；马云鹏，中国社会科学院中国边疆研究所博士后，助理研究员；李季红，中国社会科学院研究生院边疆历史系博士研究生；刘瑞，中国社会科学院研究生院边疆历史系博士研究生。

平国际环境发展自己，又以自身发展维护和促进世界和平。"[①]进入21世纪的第二个十年，中国周边安全环境面临诸多新形势和新挑战：美国"重返亚太"，试图"平衡"因中国崛起带来的亚太力量格局"失衡"；在此过程中，中国的和平崛起战略继续被"误读"，"中国威胁论"甚嚣尘上；国际力量对比发生重大变化，新兴大国通过各种途径挑战既有国际秩序。

"中国与世界的关系是一个带有全局性、战略性、长期性和复杂性的互动复合型问题[②]"。面对新形势和新问题，"中国改革开放的趋势不会变，中国与周边国家建立睦邻友好关系、为我们的改革开放提供良好的国际环境的战略思想不会变"[③]。因此，中国的外交政策需要根据中国的实际情况做出重大调整，为中国持续"和平崛起"创造良好的周边安全环境。中国周边外交与中国周边安全环境构建成为中国下一阶段发展的核心议题之一。

习近平主席指出，做好周边外交工作，是实现"两个一百年"奋斗目标、实现中华民族伟大复兴的"中国梦"的需要[④]。维护中国周边和平稳定既是中国周边外交的重要目标，也是中国整体外交战略的重要组成部分。在周边外交战略思想指导下，构建中国周边安全环境是当前中国对内对外工作的核心课题之一。

从政治上看，周边地区既是中国维护主权权益的依托，也是中国发挥国际作用、彰显大国风范的首要平台。努力实现与周边国家的和平共处是实现"中国梦"的重要条件。周边国家中，发展中国家居多，对重大国际和地区问题的认识和处理方式与中国存在较多的相通之处。同时，周边多数国家在国际上一直与中国相互支持、相互配合，为中国在国际事务中发挥更多大国作用奠定了坚实基础。

从经济上看，中国与周边国家和地区的相互依存度正在日益加强。中国的发展给周边的发展带来了机遇；周边国家发展也为中国发展创造了条件。中国与周边国家的贸易往来是中国对外贸易的重要组成部分。中国已经成为大多数周边国家最重要的贸易伙伴国。中国从周边国家和地区获得的投资占外资引进总额的70%以上。同时，周边地区也是中国对外投资的重点，其吸引的中国投资总额占中国对外投资总额的比重已经超过30%。

从安全上看，周边国家和地区与中国边疆地区存在多维度多层次的紧密联

---

① 邢广程：《中国边疆地区开发开放应加强与周边区域合作》，《中国社会科学报》2014年1月15日第A08版。

② 邢广程：《中国周边国际环境的新挑战和外交政策的调整》，《新疆师范大学学报》(哲学社会科学版)2013年1月第34卷第1期，第27页。

③ 邢广程、葛军：《三种思维并存的亚洲：新安全观、军国主义思维与冷战思维》，《世界知识》2014年第10期，第22页。

④ 《习近平在周边外交工作座谈会上发表重要讲话》，转引自《学习习近平总书记重要讲话》，人民出版社2013年版。

系，并构成了一个相互影响的有机生态安全系统。中国的和平崛起与“中国梦”的实现需要一个和平稳定且具有持续发展能力的周边安全环境。因此，在中国整体外交思路和中国周边安全环境构建战略下，以中国边疆地区为基础平台和前沿阵地，维护良好的周边关系，践行“睦邻、安邻、富邻”周边外交理念，符合中国的利益，也符合中国周边国家和地区的利益。

（二）边疆治理是中国周边安全环境构建的重要内容和途径

边疆地区既是国家安全的重要战略屏障，也是国家对外关系的战略前哨。具有特殊地缘政治意义的边疆地区在国家安全体系中处于极端重要的地位，对国家和地区安全的各个层面有着深刻的影响。因此，中国边疆治理不仅仅是国内稳定和发展的问题，同时也是中国周边安全环境构建的重要内容及核心途径之一。

边疆地区是与周边国家（地区）进行经济、文化等多方面交流的前沿阵地。边疆的经济社会稳定是边疆地区与周边国家（地区）交流的基础性要素。如改革开放以来，云南地区的经济社会文化发展取得的巨大成就，为云南与东盟的经济交往奠定了坚实的基础，反过来，云南与东盟国家的交流合作又成为中国与东盟进一步合作的“催化剂”。

边疆治理中涉及众多非传统安全议题，越来越多的边疆事务往往需要与周边国家进行紧密合作才能得到很好的处理。如中国云南、广西地区与东南亚相关国家进行国际合作共同应对毒品犯罪；中国与中亚国家成立上海合作组织，共同应对恐怖主义的威胁；中国与南亚相关国家的合作，对维护西藏地区的和平稳定发展局面助益良多；中国与周边国家密切合作，通过湄公河等跨境河流的开放合作与共同治理奠定了国家和地区合作的基础。

总之，中国的边疆治理问题同时具备国内和国际双重属性。全球化发展趋势使中国边疆治理超出了地方事务的范畴，并上升到中国周边安全环境构建的高度，且在国家安全战略中的地位日益凸显。全球化使国内政治与国际政治议题重叠交错，国际问题国内化和国内问题国际化已成为普遍现象。从这一意义上说，中国边疆治理在一定条件下可能超出主权国家的范围而变为国际事务。同时，全球化带来的一系列非传统安全问题，比如水资源问题、移民问题、传染性疾病、贩毒、宗教极端势力、民族分裂势力和国际恐怖势力等，都与中国边疆治理密切相关。边疆地区是承受非传统安全威胁影响最早也最深的地区，因此要投入更多的人力、物力、财力，以战略性认识高度为指导，将中国边疆治理纳入国际合作和中国周边安全环境构建的核心议题。

（三）文化软实力建设是中国边疆治理的题中之义

中国边疆地区有四个特点：第一，多属于欠发达地区；第二，多为少数民族聚居地区；第三，宗教影响普遍；第四，周边国际环境复杂。针对中国边疆地区的现实特点和复杂局面，中国政府采取了体系化治理方案，而在中国边疆治理体系现代化过程中，文化软实力建设不但是其内容之一，而且是其极其重要的内容。我们需要从三个方面充分认识文化软实力建设对中国边疆治理现代化体系构建的重要意义：

第一，在中国边疆治理中尤其要靠文化软实力建设。大力满足边疆地区经济发展过程中人民群众对先进文化的迫切需求，提高各民族群众的文化素质，弘扬各民族优秀文化传统等，都是中国边疆治理文化软实力建设的具体内容。

第二，中国边疆地区多为少数民族地区，民族团结和民族平等是各族人民的生命线。在这一过程中，我们要强调树立国家意识、公民意识和中华民族共同体意识，使中国各民族像石榴籽那样紧紧抱在一起。此外，处理好“多元一体”的民族文化关系，将多元民族文化引导至与中华民族传统文化和社会主义核心价值观相调适的位置，是中国边疆治理文化软实力建设的重要任务与核心议题之一。

第三，中国边疆地区多为经济欠发达地区，市场导向下很容易出现发展经济的同时忽略文化软实力建设的问题。没有中国边疆地区总体文化的提升，没有对民族、国家和文化的认同，没有边疆地区教育水平的提高，那么中国边疆地区的发展就只能停留在内地援边“输血”的层面上。民族、国家和文化的认同为边疆地区民族团结、经济发展提供了向心力和凝聚力，边疆地区的教育发展和科技水平提升是促使边疆地区经济从“输血”向“造血”转变的重要途径。只有经济发展而没有民族、国家和文化的认同，中国边疆地区的经济发展就不可持续，中国边疆地区的民族团结和谐局面就不能持久，中国边疆地区就不能长治久安，中国的周边安全环境就难以构建，中国的和平崛起的“两个一百年”目标就难以实现。中国边疆治理文化软实力建设相比经济建设，更加迫切却更加难以着手，需要的时间更长，需要投入的人力、物力和财力更加巨大，但其对中国边疆治理效果的固化作用更加长久。

（四）边疆文化软实力建设是“一带一路”战略的重要支撑

2013年，中国提出了建设“一带一路”战略构想和建设中巴经济走廊、孟中印缅经济走廊的战略主张，“这是中国与国际社会进行互利合作的战略之梯，是中国与周边国家建设利益共同体和命运共同体的重要载体。[①]”“丝绸之路经济带”旨在解决中国与泛欧亚大陆陆上各国和各地区的大区域经济合作问题，“21世纪海上丝绸之路”主要解决中国与泛欧亚大陆各沿海国家和地区的大区域经济合作问题，中巴经济走廊和孟中印缅经济走廊则将上述陆海丝绸之路加以链接，从而成

① 邢广程：《中国边疆地区开发开放应加强与周边区域合作》，《中国社会科学报》2014年1月15日第A08版。

为泛欧亚大陆陆上和沿海洲际经济合作的连接线和通道。[①] 现代丝绸之路战略是一套完整的涉外战略构想是若干战略构想的集合,是中国与世界深度互动的新型链接范式。[②] "一带一路"战略实施,彻底改变了中国以往的改革开放格局,中国边疆地区从开放"边缘区"转变为中国对外开放的"前沿阵地"。作为再次"走出去"的文化软实力"外溢"承载体,边疆地区文化软实力建设关系到"一带一路"战略的实效性,是"一带一路"战略顺利实施的重要战略支撑。

二、研究概述

"边疆是我国与邻国进行'能量交换'最频繁的地方,也是我国与外部世界接触最直接、最敏感的地方。"[③]中国边疆治理议题由来已久,文化软实力是当代国家发展的重要构成部分,因此,中国边疆治理文化软实力建设对中国边疆治理体系的现代化,以及中国周边安全环境构建具有极其重要的指导意义。

(一)中国的文化软实力

张国祚认为,"文化"可分为宏观、中观、微观三个层次,"文化软实力"研究的主要对象是中观文化的战略和微观文化的运用[④],主要包括文化的吸引力、凝聚力、感召力、动员力、说服力、诱导力、感染力、同化力和谋划力等内容。[⑤] 在中国文化"软实力"研究中,更多的是从价值理性而非工具理性看待"文化"概念的内涵和外延,将"文化"看作"软实力"的灵魂和经纬,"文化的价值取向决定着软实力的发展方向、发展宗旨和发展思路","软实力"取决于文化的高度、深度、广度和开放度。中国的"文化软实力"突出了文化在"软实力"中的特殊地位和作用,赋予了"软实力"以中国特色,其宗旨着眼于"软实力"的文化柔性,以实现国内安定、团结、和谐,以及国际和平、合作与共赢。[⑥]

在全面推进"两个一百年"奋斗目标的过程中,习近平主席就"培育和践行社会主义核心价值观""坚持社会主义先进文化的发展方向""弘扬中华民族优秀文化传统""对外文化交流""意识形态工作""提升文化软实力"等问题发表了系列重要讲话,明确了中国文化战略的基本内容和发展方向。

培育和践行社会主义核心价值观,确保社会主义先进文化的主导作用是文化

---

① 邢广程:《理解中国现代丝绸之路战略——中国与世界深度互动的新型链接范式》,《世界政治与经济》2014年第12期,第5页。

② 同上。

③ 邢广程:《中国边疆地区开发开放应加强与周边区域合作》,《中国社会科学报》2014年1月15日第A08版。

④ 张国祚:《中国文化软实力研究论纲》,社会科学文献出版社2015年版,第58页。

⑤ 同上书,第59页。

⑥ 同上书,第60页。

战略的基本前提。形成以优秀传统文化为根脉，积极吸收世界文明有益成果的文化发展格局是文化战略的重要内容。牢牢掌握意识形态工作领导权和话语权，维护文化安全是文化战略的一项极端重要工作。提高文化软实力，建设社会主义文化强国是文化战略的价值目标。①

文化强国战略总体思路包括几个方面：一是明确灵魂，坚守核心价值观；二是厘清根脉，弘扬优秀传统文化；三是强基固本，提高国家文化软实力；四是牢牢把握意识形态工作的领导权、管理权和话语权。②

针对文化软实力在国际竞争中地位日益凸显的现状，习近平总书记提出了提高国家文化软实力、建设社会主义文化强国的现代文化战略价值目标：

就国内文化生态而言，主要是强基固本，提高文化软实力，具体包括："一条道路"即要坚持中国特色社会主义文化发展道路，使当代中国文化生态始终保持社会主义先进文化的前进方向；"一项改革"即通过深化文化体制改革，解放文化生产力，推动文化生态良性发展，促进文化事业、文化产业繁荣发展，夯实文化软实力和文化强国的根基；"一项很重要的工作"即社会主义先进文化渗入人们的日常生活世界，增强先进文化的凝聚力，使每个人都成为中华文化的主体。

就国际文化交流而言，主要是以高度的文化自信彰显文化强国的地位和影响，具体包括："传播观念"即传播当代中国价值观念，向世界人民展示已被实践证明的、表征中国特色社会主义的道路、理论体系、制度的先进文化，增强先进文化的影响力；"展示魅力"即弘扬博大精深的中华文化精神，传播中华文化创新成果，展示中华文化的独特魅力；"塑造形象"即通过文明大国、东方大国、负责任大国、社会主义大国的形象建设，增强文化强国的吸引力。

习近平总书记针对增强中国文化软实力所做的一系列重要论述，颜晓峰将其概括为"制度为本、传统为根、价值为魂"的"文化软实力观"：文化软实力之本——更加成熟更加定型的中国特色社会主义制度构成"中国特色"文化软实力的制度本体；文化软实力之根——中华优秀传统文化是"中国特色"文化软实力的不竭源泉；文化软实力之魂——社会主义核心价值观构成了"中国特色"文化软实力的精髓。

（二）中国边疆治理的内容和目标

进入21世纪，中国的内外形势发生了重大变化，中国的边疆治理也面临着诸多新课题。十八大以来，针对边疆治理新背景、新课题，党和国家提出了若干具有长期指导意义的边疆治理战略，明确了下一阶段边疆治理的方向和路径。

---

① 胡海波：《中国文化战略的基本内涵》，《光明日报》2015年5月13日第13版。

② 张国祚：《中国文化软实力研究论纲》，社会科学文献出版社2015年版，第100—108页。

中国边疆治理战略本身即属于制度层面的国家文化软实力。边疆治理战略的实效性是中国政府执政能力、族际关系整合、国家和民族认同、民主政治发展的重要衡量标准，也是中国边疆承载国家文化软实力“外溢”的重要基础。

中国边疆地区的重要性和现实战略地位可以从三个角度来看：边疆地区是中国国防前线，是保卫国家安全的第一线；边疆地区是改革开放的前沿，是中国走向世界的前沿舞台，也是中国展示实力的前沿舞台；边疆地区是当代中国可持续发展的一个重要的组成部分。①

中国边疆治理内容和目标包含以下几个维度：

安全上，构建良好的边邻关系，增强边疆地区的安全防护和战略缓冲能力。

政治上，整合族际关系，使边疆地区保持民族国家认同，增强民族内部团结，保持国家和领土统一，构建良好的中国周边安全环境。

经济上，使边疆地区社会经济水平和人民生活水平普遍提高，经济发展的内生性动力和可持续性发展能力增强；对外成为中国全方位开放的前沿阵地。

文化上，多样性民族文化和谐共存和繁荣发展，文化向心力增强。

四者构成一个因果互促的系统性结构：安全和政治目标的达成有赖于经济目标和文化目标的达成，同时对后两者具有重大促进作用。

（三）中国边疆治理文化软实力建设

1. 中国边疆治理文化软实力体系

所谓中国边疆治理文化软实力，即中国边疆治理体系中的文化建设部分。习近平的“文化软实力观”揭示了中国边疆治理文化软实力建设的主要内容：

——中国边疆文化软实力之本。中国特色社会主义制度下更加完善的边疆治理政策和制度，以及中国的边疆治理战略——“海洋强国战略”“治疆战略”“治藏战略”“周边外交”等，构成中国边疆文化软实力的制度和政策本体。

——中国边疆文化软实力之根。中华优秀传统文化，包括各民族特色文化的和谐共存与繁荣发展，是中国边疆治理文化软实力的不竭源泉。

——中国边疆文化软实力之魂。社会主义核心价值观基础之上的国家和民族认同、民族团结与和谐发展，构成了中国边疆文化软实力的精髓。

2. “文化戍边”的作用机制

中国边疆治理文化软实力在国际和国内两大维度上发挥“文化戍边”的机制性作用：

国际层面，融通相邻地区，增信释疑。作为中国当今改革开放的前沿阵地，在边疆治理过程中，通过文化软实力建设，大力推进与周边国家和地区的经贸往来、

① 马大正：《试论当代中国边疆治理的几个问题》，《西北民族论丛》2014 年第 10 辑，第 2 页。

人员和文化交流，通过“低级政治”的外溢效应，达到推动相邻国家和地区政治信任和军事安全等“高级政治”关系发展的目的。此外，通过与周边国家和地区广泛的国际合作，共同应对非传统安全威胁，藉此构建良好的周边外交关系和中国周边安全环境。同时，构建文化软实力可增强中华文化的亲和力和辐射力，扩大中华文明传统文化在国际社会的魅力和影响力，使我国边疆在国际交流与竞争中占据更加主动的地位。

国内层面，一是加强民族团结，凝心聚力；二是促进经济发展，筑路夯基。中国边疆治理文化软实力建设的重要内容，是调适内地和边疆地区的经济和文化关系，加强民族和国家认同，强化民族团结和民族平等，为“中国梦”的实现共同奋斗。从微观层面看，文化软实力是边疆地区经济发展、社会转型、民族团结、边邻融通的重要组成部分，支边事业、文教事业和文化产业的发展是边疆治理文化软实力建设的具体内容，也是中国边疆治理文化软实力现代化体系建设的基础。

三、中国边疆治理文化软实力

（一）中国边疆地区经济社会基础

1. 中国边疆人口基础

（1）少数民族人口

截至2010年，中国55个少数民族人口总计1亿1千多万人，仅占全国总人口的8.49%，但其聚居分布区（民族自治地方）占到国土面积的64%，[①]中国边疆地区是中国少数民族的主要地域承载体。

表1 2010年中国少数民族人口数量列表

序号	民族	人口(万人)	占比	序号	民族	人口(万人)	占比
1	壮族	1692.64	1.2700%	29	仫佬族	21.63	0.0162%
2	回族	1058.61	0.7943%	30	锡伯族	19.05	0.0143%
3	满族	1038.80	0.7794%	31	柯尔克孜族	18.67	0.0140%
4	维吾尔族	1006.93	0.7555%	32	景颇族	14.78	0.0111%
5	苗族	942.60	0.7072%	33	达斡尔族	13.20	0.0099%
6	彝族	871.44	0.6538%	34	撒拉族	13.06	0.0098%
7	土家族	835.39	0.6268%	35	布朗族	11.96	0.0090%
8	藏族	628.22	0.4713%	36	毛南族	10.12	0.0076%

① 揣振宇主编：《中国民族学30年(1978—2008)》，中国社会科学出版社2008年版，第2页。转引自张会龙：《当代中国族际政治整合：结构、过程与发展》，北京大学出版社2013年版，第121页。

（续表）

序号	民族	人口(万人)	占比	序号	民族	人口(万人)	占比
9	蒙古族	598.18	0.4488%	37	塔吉克族	5.11	0.0038%
10	侗族	288.00	0.2161%	38	普米族	4.29	0.0032%
11	布依族	287.00	0.2153%	39	阿昌族	3.96	0.0030%
12	瑶族	279.60	0.2098%	40	怒族	3.75	0.0028%
13	白族	193.35	0.1451%	41	鄂温克族	3.09	0.0023%
14	朝鲜族	183.09	0.1374%	42	京族	2.82	0.0021%
15	哈尼族	166.09	0.1246%	43	基诺族	2.31	0.0017%
16	黎族	146.31	0.1098%	44	德昂族	2.06	0.0015%
17	哈萨克族	146.26	0.1097%	45	保安族	2.01	0.0015%
18	傣族	126.13	0.0946%	46	俄罗斯族	1.54	0.0012%
19	畲族	70.87	0.0532%	47	裕固族	1.44	0.0011%
20	傈僳族	70.28	0.0527%	48	乌孜别克族	1.06	0.0008%
21	东乡族	62.15	0.0466%	49	门巴族	1.06	0.0008%
22	仡佬族	55.07	0.0413%	50	鄂伦春族	0.87	0.0006%
23	拉祜族	48.60	0.0365%	51	独龙族	0.69	0.0005%
24	佤族	42.97	0.0322%	52	赫哲族	0.54	0.0004%
25	水族	41.18	0.0309%	53	高山族	0.40	0.0003%
26	纳西族	32.63	0.0245%	54	珞巴族	0.37	0.0003%
27	羌族	30.96	0.0232%	55	塔塔尔族	0.36	0.0003%
28	土族	28.96	0.0217%	—	总计	11132.84	8.3527%

数据来源：中华人民共和国 2010 年人口普查数据。

（2）边疆省区人口。

2014 年年末，全国总人口数 136782 万人，边疆地区常住人口 29059 万人，占全国人口总数的 21.24%。其中，广西占 3.48%、云南占 3.45%、辽宁 3.21%、黑龙江 2.8%、吉林 2.01%、甘肃 1.89%、内蒙古 1.83%、新疆 1.68%、海南 0.66%、西藏 0.23%。

近十年来，中国边疆各省区人口总体呈缓慢上升趋势，其主要人口增长来源还是人口的自然增长，外来人口数量较少。这其中显示的问题是，边疆地区对内地人口的吸引力不强，换句话说，边疆地区的市场资源要素较少，或者并不具备较大的吸引力。这提示了今后边疆治理工作的一个方向，要通过各种途径增强边疆地区市场资源要素的现实吸引力。

表 2　边疆省区近五年年末常住人口列表(万人)

地区	2005 年	2006 年	2007 年	2008 年	2009 年	2010 年	2011 年	2012 年	2013 年	2014 年
广西	4660	4719	4768	4816	4856	4610	4645	4682	4719	4754
云南	4450	4483	4514	4543	4571	4602	4631	4659	4687	4714
辽宁	4221	4271	4298	4315	4341	4375	4383	4389	4390	4391
黑龙江	3820	3823	3824	3825	3826	3833	3834	3834	3835	3833
吉林	2716	2723	2730	2734	2740	2747	2749	2750	2751	2752
甘肃	2545	2547	2548	2551	2555	2560	2564	2578	2582	2591
内蒙古	2403	2415	2429	2444	2458	2472	2482	2490	2498	2505
新疆	2010	2050	2095	2131	2159	2185	2209	2233	2264	2298
海南	828	836	845	854	864	869	877	887	895	903
西藏	280	285	289	292	296	300	303	308	312	318

数据来源：据国家统计局数据整理

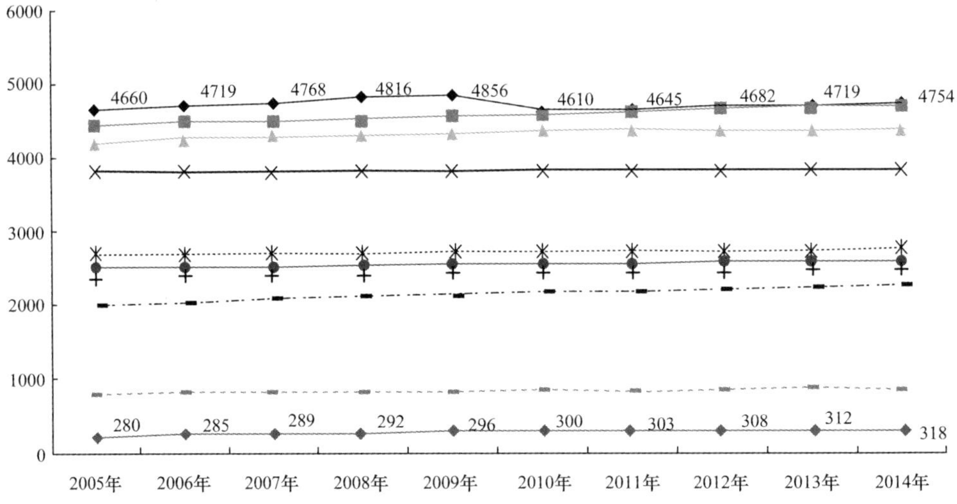

图 1　边疆省区近五年年末常住人口增长趋势图(万人)

2. 边疆省区经济基础

(1) 边疆省区地区生产总值

边疆省区中，经济体量最大的是辽宁省，2014 年地区生产总值达到 28627 亿元；经济体量最小的是西藏自治区，其 2014 年的地区生产总值仅为 921 亿元，不足辽宁省的 3.22%。因人口和经济基础起点不同，地区生产总值绝对值的大小不能完全代表经济发展水平的高低，但至少可以说明一个问题，即经济体量的大小可以决定一个边疆省区最多能够将多少稀缺资源用于文化软实力的建设中。

表 3　边疆省区近十年地区生产总值列表(亿元)

地区	2005 年	2006 年	2007 年	2008 年	2009 年	2010 年	2011 年	2012 年	2013 年	2014 年
辽宁	8047	9305	11164	13669	15212	18457	22227	24846	27213	28627
内蒙古	3905	4944	6423	8496	9740	11672	14360	15881	16917	17770
广西	3984	4746	5823	7021	7759	9570	11721	13035	14450	15673
黑龙江	5514	6212	7104	8314	8587	10369	12582	13692	14455	15039
吉林	3620	4275	5285	6426	7279	8668	10569	11939	13046	13804
云南	3463	3988	4773	5692	6170	7224	8893	10309	11832	12815
新疆	2604	3045	3523	4183	4277	5437	6610	7505	8444	9264
甘肃	1934	2277	2704	3167	3388	4121	5020	5650	6331	6835
海南	919	1066	1254	1503	1654	2065	2523	2856	3178	3501
西藏	249	291	341	395	441	507	606	701	816	921

数据来源:据国家统计局数据整理。

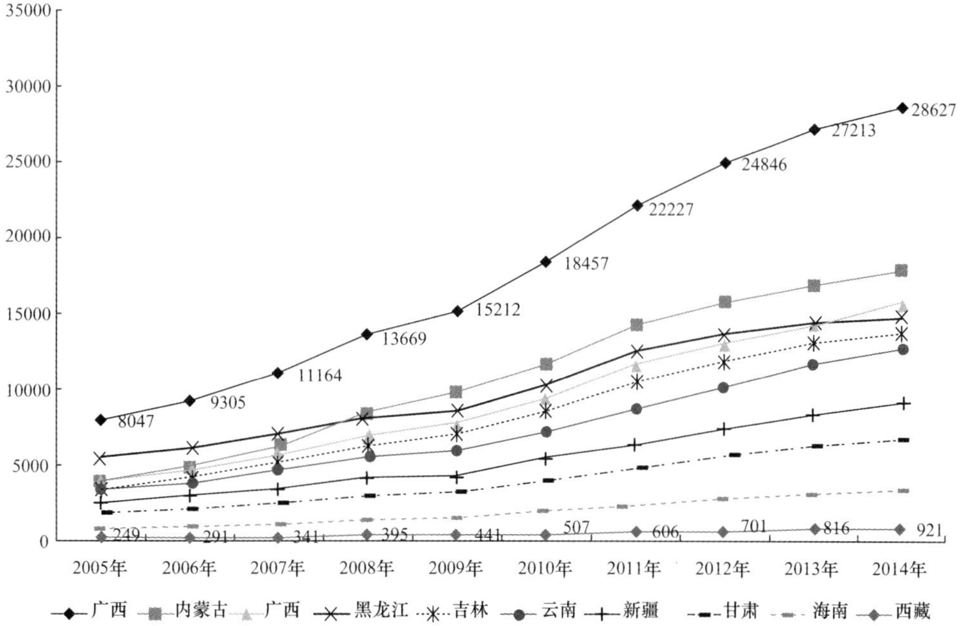

图 2　边疆省区近十年地区生产总值增长趋势图(亿元)

(2) 边疆省区人均生产总值

2014 年中国边疆省区中,除内蒙古、辽宁省和吉林省年人均生产总值超过全国平均水平 5 万元外，其余各省份均低于全国平均水平。其中年人均生产总值最高的内蒙古为 7.09 万元，而最低的甘肃省仅为 2.64 万元，两者相差 4.45 万元。通过人均生产总值的对比，可以发现边疆省区大多数处于较低的经济发展水平，这就决定了这些地区的文化软实力建设在很长一段时期内将不得不以“反贫困”为主攻方向。

表 4 边疆省区近十年地区人均生产总值列表(万元)

地区	2005 年	2006 年	2007 年	2008 年	2009 年	2010 年	2011 年	2012 年	2013 年	2014 年
内蒙古	1.63	2.05	2.64	3.48	3.96	4.72	5.79	6.38	6.77	7.09
辽宁	1.91	2.18	2.60	3.17	3.50	4.22	5.07	5.66	6.20	6.52
吉林	1.33	1.57	1.94	2.35	2.66	3.16	3.84	4.34	4.74	5.02
新疆	1.30	1.49	1.68	1.96	1.98	2.49	2.99	3.36	3.73	4.03
黑龙江	1.44	1.62	1.86	2.17	2.24	2.71	3.28	3.57	3.77	3.92
海南	1.11	1.28	1.48	1.76	1.91	2.38	2.88	3.22	3.55	3.88
广西	0.85	1.01	1.22	1.46	1.60	2.08	2.52	2.78	3.06	3.30
西藏	0.89	1.02	1.18	1.35	1.49	1.69	2.00	2.28	2.62	2.90
云南	0.78	0.89	1.06	1.25	1.35	1.57	1.92	2.21	2.52	2.72
甘肃	0.76	0.89	1.06	1.24	1.33	1.61	1.96	2.19	2.45	2.64
全国平均	1.52	1.77	2.12	2.51	2.74	3.26	3.87	4.26	4.66	5.00

数据来源：据国家统计局数据整理。

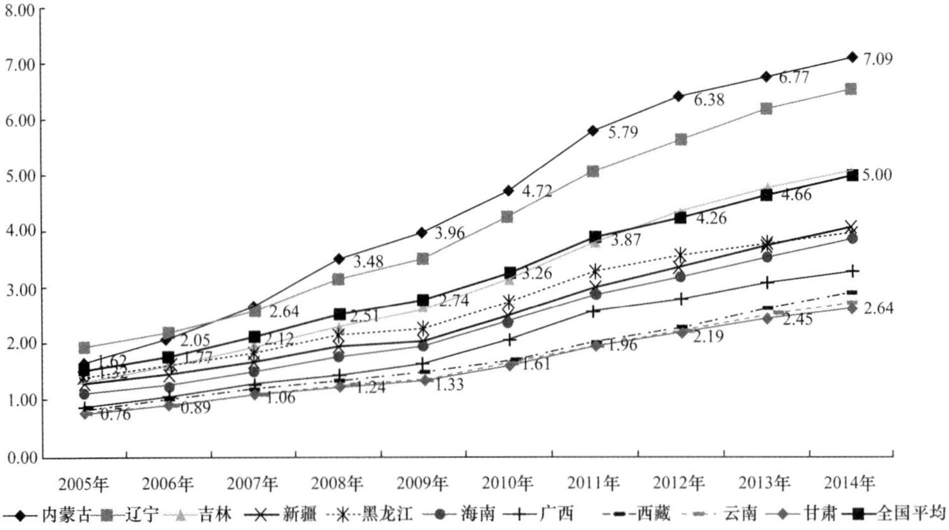

图 3 边疆省区近十年地区人均生产总值增长趋势图(万元)

（二）当前中国边疆治理文化软实力建设

1. 民族政策制度

中国特色社会主义制度下的民族政策是中国边疆文化软实力发展的制度保障。

中华人民共和国成立后，党和国家以“民族平等、民族团结和各民族共同发展”为基本原则，贯彻执行“坚持民族平等和民族团结、实施民族区域自治和发展少数民族地区经济文化事业”的三大民族政策，逐渐形成了平等、团结、互助、友爱的新型社会主义民族关系。

除此之外，党和国家还根据民族地区的实际情况，制定和采取了一系列支持民族地区发展的政策和措施：一是实施西部大开发战略，支持、帮助民族地方的发展，促进各民族的共同繁荣；二是开展“兴边富民”行动，加大基础设施建设，培育经济增长机制和增强自我发展能力，努力提高边疆地区人民生活水平，加大对边疆地区的资金投入和帮扶力度，使之逐步跟上全国发展的步伐，促进边疆和内地协调发展；三是重点扶持 22 个全国总人口在 10 万人以下的人数较少民族的发展。近半个世纪以来，这些具体政策和措施在促进边疆和民族地区经济发展、社会文化进步、民族团结融合等方面发挥了重大作用，对边疆地区整体稳定发展影响深远。

民族和边疆地区发展相关配套政策措施在中国边疆治理中发挥了和继续发挥着重大作用，具体表现在以下几个方面：

（1）为增进民族团结、构建和谐社会提供了强大精神动力

中国是个统一的多民族国家，民族和边疆地区占全国总面积的 64%，民族和边疆地区的和谐发展局面是国家整体繁荣发展的前提和基础。民族和边疆地区发展相关配套制度政策为国家统一、民族团结提供了有效的法律保障，充分保障了各少数民族的平等权利和自治权利，保证了国家政治上的高度统一，形成了当前的民族大团结局面。

（2）极大促进了边疆和民族地区经济的繁荣发展

新中国成立 60 多年来，特别是改革开放以来，民族地区的国民经济快速增长，各民族人民生活水平显著提高。据统计，近年来民族地区固定资产投资年均增长 22%以上，高于全国平均水平，民族地区基础设施明显改善，社会保障体系制度建立并逐步完善。

（3）全面提升了民族地区文化教育事业发展水平

在经济发展的同时，教育、文化等事业全面发展，少数民族的文化素质、思想素质、身体素质全面提高。民族自治地方各类学校数量和教师人数大大增加。各少数民族都有自己的大学生，其中 10 多个少数民族每万人拥有大学生人数超过

了全国平均水平。国家对少数民族物质及非物质文化遗产的保护工作取得了很大的成绩;举办少数民族体育运动会、民族艺术节,丰富了各族群众的业余生活,促进了精神文明建设。

总而言之,民族和边疆地区发展相关配套政策措施在促进平等、团结、互助、和谐的社会主义新型民族关系建立,以及维护国家统一、民族团结和边疆稳定方面发挥了巨大的现实作用。

2. “多元一体”的文化格局

中华优秀传统文化,“多元一体”的民族特色文化的和谐共存与繁荣发展是中国边疆治理文化软实力的不竭源泉。屯垦戍边一直是中国边疆治理的重要支撑,而在中国漫长的屯垦戍边历史中形成的“戍边文化”也成为“多元一体”文化格局的重要内容支撑。

(1) “一元”和“多元”文化的调适

我国边疆民族地区的文化多样性特征比较突出,费孝通先生把我国民族文化这种总体特征概括为“多元一体化”的格局,这是我国各民族文化认同的文化根基。①

中国传统文化中所包含的讲仁爱、倡忠勇、敬孝悌、重民本、守诚信、崇正义、尚和合、求大同等思想,以及“修身、齐家、治国、平天下”的抱负,“先天下之忧而忧、后天下之乐而乐”的情怀成为维系中华民族生生不息、团结统一的文化血脉,成为中华民族有别于其他民族的“根”“脉”“魂”。优秀的传统文化是国家最深厚的文化软实力资源。② 中华文化认同教育的价值取向应坚持“一体”文化认同核心,确立“多元”文化并存共识,切实发挥增强少数民族地区文化软实力,构筑边疆文化安全屏障。坚持“一体”文化就是坚持中华民族文化的核心地位,这是文化认同的根本导向。确立“多元”文化并存共识,增强少数民族文化自豪感,这是实现文化认同的基础。

“多元一体”的文化格局使边疆民族地区内部保存了文化多样性的活力,同时又利于民族文化的延续与地区的稳定发展。多元文化的和谐发展促进了边疆地区文化的繁荣发展,是构建边疆地区和谐社会的重要精神纽带。

中国边疆地区“多元一体”文化调适体现在边疆民族文化与主流价值的和谐共存:

——对少数民族传统文化的传承和保护。保护和弘扬少数民族文化对增强

---

① 范碧鸿、陈媛:《民族地区的文化认同与和谐社会的构建》,《岭南学刊》2009 年第 2 期,第 107 页。

② 张涵:《中华优秀传统文化是最深厚的文化软实力——访中国文化软实力研究中心主任张国祚》,《中国国情国力》2014 年总第 263 期,第 9 页。

民族凝聚力，促进民族团结具有重要意义。加强少数民族文化的保护和传承，不仅有利于民族文化的繁荣，还有助于增加民族文化的认同感，进而增强中华民族的归属感和荣誉感，实现民族团结和民族认同，建设社会主义和谐社会和富民兴边。改革开放以来，党和国家制定了保护少数民族文化的一系列法律、法规和政策措施，规定民族地区各级政府应当采取切实措施鼓励和发展具有各民族形式和各民族特点的文化事业。2000 年，文化部、国家民委联合发布《关于进一步加强少数民族文化工作的意见》，为少数民族文化保护传承和发展进一步指明了方向。2011 年《中华人民共和国非物质文化遗产法》的颁布实施，为少数民族文化繁荣兴盛提供了有力保障。同时，各民族和边疆地区都制定了保护少数民族文化的政策措施，有力地推动了少数民族文化的保护工作健康有序地发展。

——在边疆民族地区推行双语教育。在边疆民族地区推行双语教育，培养接纳共同语言的文化心理和跨语言学习的基础，成为增强文化认同的重要路径。在第二次中央新疆工作座谈会上，习近平总书记强调了推行双语教育的作用，指出，推进双语教育，推动建立各民族相互嵌入式的社会结构和社区环境，有序扩大边疆少数民族群众到内地接受教育、就业、居住的规模，促进各族群众在共同生产生活和工作学习中加深了解、增进感情。李克强总理强调，扎实办好义务教育等各级各类教育，积极推进双语教育和职业教育，帮助边疆各族群众特别是年轻人学好用好国家通用语言文字，为他们带来更多发展机遇语言和学习环境的改善是少数民族文化认同的基础。

——边疆地区宗教的文化治理。在边疆民族地区，普遍的宗教信仰构成其基本特征之一，多种宗教信仰文化并存是中国边疆多元文化的基本特点。宗教信仰和宗教活动是少数民族精神文化生活的重要组成部分[①]，宗教信仰在边疆社会生活中具有巨大的影响力。习近平强调，要精心做好宗教工作，积极引导宗教与社会主义社会相适应，发挥好宗教界人士和信教群众在促进经济社会发展中的积极作用。要依法保障信教群众正常宗教需求，尊重信教群众的习俗，稳步拓宽信教群众正确掌握宗教常识的合法渠道。要重视培养爱国宗教教职人员队伍，采取有力措施提高宗教界人士素质，确保宗教组织领导权牢牢掌握在爱国爱教人士手中。

——以跨国交流推进边疆文化软实力建设。软实力外交的本质，即是以文化交流项目、国际广播和互联网等形式，将一国软实力的影响力推广至目标国。[②] 在

① 郭娅：《少数民族文化在国家文化软实力建设中的地位浅论》，《西南民族大学学报》（人文社会科学版）2013 年第 7 期，第 195 页。

② 马方方：《"亚太再平衡"战略下美国软实力外交探析——以非政府组织为视角》，《当代世界与社会主义》2015 年第 1 期，第 126 页。

文化交流方面，特别是西南边疆与东南亚国家文化交流活动频繁，既包括艺术展览、代表团互访、文化活动周以及友好城市等，也包括报刊图书和电影电视等的信息交流。当前，云南昆明已和南亚、东南亚 9 个城市签署了建立友好城市的正式协议，充分凸显了昆明和友好城市之间日益密切的居民和文化交流。该领域最引人注目的还有中国面向东南亚、南亚的推广汉语和培养留学生活动，表明了我国边疆地区在对这些国家开放中的区位优势。2011 年开始，“云南师范大学与泰国泰华教育协调中心签署协议，将通过互派留学生、选拔赴泰汉语教师、培养高级翻译人才等方式，深化云南与泰国对外汉语教学合作，提高泰国中学汉语教学质量。”[①]文化的对外传播是增强国家文化软实力的重要方式，通过加强边疆地区的对外文化交流，增进了各国人民对我国的了解，塑造了良好的国家形象。

（2）“戍边文化”的归宿——“扎根文化”

有鉴于中国边疆治理的历史实践和当时的革命现实，中国共产党领导下的新中国屯垦戍边事业，在初创时期就蕴含着“扎根文化”的培育。和历史上的“归还文化”之精神内核相对，“扎根文化”重在“扎根”，即以边疆为“家乡”，以此激发人们的建设边疆和保卫边疆的热情；二是强调民族和文化的平等，奠定民族团结的基础。应当说，“戍边文化”从“归还文化”到“扎根文化”的彻底转变，解决了通过“屯垦戍边”实现边疆长期有效治理的精神支撑问题。

新时代“屯垦戍边”及“扎根文化”最重要、最典型的承载体当属边疆地区的生产建设兵团。新中国历史上曾出现过多个“生产建设兵团”（包括若干农垦师）[②]，它们在其所处的特殊年代为地区经济发展和社会稳定发挥过重大作用。

不同于其他内地生产建设兵团和独立农建师，边疆地区的 5 个建设兵团和 2 个农建师的生产建设活动同时具备戍边作用。这是中国共产党领导下的边疆治理的又一创造性实践活动。

新中国历史的各生产建设兵团和独立农建师，在 20 世纪 70 年代陆续撤编，只有成立时间最早的新疆生产建设兵团（又称中国新疆建设集团）保留至今，在屯垦戍边实践活动中，新疆生产建设兵团以其严密的组织性和纪律性，在引导、教育广大职工群众热爱祖国、扎根边疆，建设边疆、保卫边疆等方面积累了诸多成功经验，当前需要做的，是在总结经验的基础上与时俱进，更加理性地打造富有时代特

---

① 中新网：http://www.chinanews.com/hwjy。

② 新中国历史上共出现过 12 个生产建设兵团和 3 个独立农垦师，除正文提到的边疆地区 5 个生产建设兵团和 2 个独立农垦师，还包括广州生产建设兵团（1969 年设立，1974 年撤编）、江苏生产建设兵团（1969 年设立，1975 年撤编）、安徽生产建设兵团（1969 年设立，1975 年撤编）、福建生产建设兵团（1969 年设立，1974 年撤编）、浙江生产建设兵团（1970 年设立，1975 年撤编）、山东生产建设兵团（1970 年设立，1975 年撤编）、湖北生产建设兵团（1970 年设立，1972 年撤编）、江西农建师（1969 年设立，1975 年撤编）。

色的“扎根文化”。

2014 年习近平总书记在新疆考察时强调指出：反对民族分裂，维护祖国统一，是国家最高利益所在，也是新疆各族人民根本利益所在。习近平在第二次中央新疆工作座谈会的讲话中指出，民族团结是各族人民的生命线，是国家统一和新疆社会稳定的最长远的根本问题。同时指出，“做好新疆工作，必须把兵团工作摆在重要位置，在事关根本、基础、长远的问题上发力”；要求兵团“真正成为安边固疆的稳定器、凝聚各族群众的大熔炉、先进生产力和先进文化的示范区”。这是对兵团的职能定位和历史使命做出的明确指示，为兵团进一步发展壮大并发挥特殊作用指明了方向[①]：第一，打造凝聚各族群众的大熔炉。习近平同志指出，新疆的问题最长远的还是民族团结问题。兵团不但要成为安边固疆的稳定器，而且要成为凝聚新疆各族群众的大熔炉。第二，打造先进生产力的示范区。推进新型城镇化，构建先进生产力聚集的团场城镇，使其成为传播先进生产方式的基本场所、传播现代文化的重要基地、安边固疆的新支撑点。第三，打造先进文化的示范区。新形势下，兵团文化要不断增强独特魅力和吸引力，挖掘先进文化内涵，塑造现代文化品格，打造兵团文化特色，展示现代文明风采，成为先进文化建设高地。开展意识形态领域反分裂斗争，是兵团的重要政治使命。应采取有效方式增强兵团先进文化的辐射力、传播力和影响力，使兵团成为“两个巩固”的中流砥柱。[②] 在高度开放环境下，兵团要有国际视野，统筹国内国际两个战场，打好反渗透与放大正能量的组合拳，成为维护新疆文化安全的铜墙铁壁。

3. 国家和民族认同

社会主义核心价值观基础之上的国家和民族认同构成了中国边疆文化软实力的精髓。

文化认同是人类在历史和文化发展的进程中，同一民族在逐渐形成的思想意识、价值系统、心理特征和行为方式等共同的文化背景下，获得的归属感和认同感，是对文化的倾向性共识、认可、接纳和归属意识等。[③] 文化认同是维系民族的纽带，对民族的凝聚、民族的团结和发展有着重要的作用。一个国家的文化被各民族认同和广泛接受之后，就会产生强大的凝聚力和感召力，成为各民族和谐发展的内在精神动力。“民族凝聚力本质上是一种文化软实力，文化软实力也越来

---

① 邢广程：《科学把握兵团的职能定位和历史使命》，《人民日报》2014 年 10 月 31 日第 07 版。

② 邢广程：《新形势下兵团的战略功能》，《当代兵团》2015 年 3 月，第 30 页。

③ 陈宪章：《促进多元文化和谐，建设民族地区和谐文化》，《大连民族学院学报》2011 年第 4 期，第 356 页。

越成为增进民族凝聚力和向心力的重要源泉。"[①]中国是统一的多民族国家,中华民族文化是凝聚全民族的精神纽带。边疆地区是多民族、多宗教、多文化聚集区,尽管在文化习惯、生活方式上存在一定差异,但依然能和谐共存的主要原因即是秉持对中华文化价值的认同和归属感,这关系着边疆民族地区充满活力的和谐社会构建,而对优秀民族文化的发扬则关系着边疆的精神文明建设。

边疆民族地区的文化认同,不仅仅是少数民族对本民族文化的认同,而且还包括对整个中华民族文化的认同,对社会主义核心价值体系引领下的社会主流文化的认同。2014年中央民族工作会议指出,"民族团结是我国各族人民的生命线。做好民族工作,最关键的是搞好民族团结,搞好民族团结要善于团结群众、争取人心,全社会一起做交流、培养、融洽感情的工作,加强各民族交往交流交融。"[②]"加强中华民族大团结,长远和根本的是增强文化认同,积极培养中华民族共同体意识。所以,加强边疆民族团结最根本的是要增强文化认同,增强边疆文化认同就是增强边疆各民族对中华民族'一体'文化的认同。"[③]

中国边疆地区的文化认同和文化和谐建设有着坚实的历史和现实基础。在历史上,各民族文化经过长时期的互动、交融,形成了你中有我、我中有你的"多元一体"格局。各文化间的关联非常密切,血脉相连且富有共性。这些共同的文化诉求已经把各民族凝聚成为一个整体,成为和睦相处、荣辱与共的文化纽带。在现实中,党和国家坚持民族平等和民族团结原则,制定了民族和边疆地区发展的相关政策制度,为各民族社会文化的发展提供了政策保障,为民族地区多元文化的发展提供了法律依据。深厚的历史积淀和坚实的现实基础缔造了当前民族地区文化和谐的状态与和谐的文化氛围。[④]

对民族和国家文化的认同是对民族和国家认同的基础。中国边疆民族地区对民族和国家的认同主要体现在以下几方面:一是对民族历史的认同。对民族历史的认同即边疆地区是祖国不可分割的一部分,边疆历史是中国历史的重要组成部分,少数民族史是中华民族史的重要组成部分。另一方面,对民族文化的认同,即少数民族文化是中华文化的重要组成部分,各少数民族在中华民族文化发展史中做出过突出贡献,比如在语言文字、建筑艺术、服饰饮食等诸多方面都有独特的建树,正是由于少数民族文化的新鲜注入,中华文化才不断焕发出新的生机与活

---

① 刘海霞,饶旭鹏:《"中国梦"视域下的文化软实力构建》,《佳木斯大学社会科学学报》2014年第32卷第3期,第31页。

② 人民网:http://opinion.people.com.cn/n/2014/0929/c1003-25755820.html。

③ 余小琴:《民族文化融合与边疆民族团结》,《湖北民族学院学报》(哲学社会科学版)2015年第3期,第21页。

④ 陈宪章:《促进多元文化和谐,建设民族地区和谐文化》,《大连民族学院学报》2011年第4期,第358页。

力。各族人民从中看到为之自豪的地方，为之骄傲的资本，进而产生对中华民族共有精神家园的亲和与信仰，对夯实民族团结的思想基础，拉紧民族相依的精神纽带更加充满自信心和自豪感。三是对未来发展道路的认同，即中国特色社会主义道路的认同。对民族和国家的认同在当前的主要表现即为维护祖国统一，反对民族分裂；尊重多元，包容多样，构建和谐的民族关系。[①]

4. 支边事业发展

边疆地区人口稀少，教育、科技水平较低，建设人才匮乏，与全国平均水平相比，经济社会发展水平相对落后。经济发展是实现民族团结和社会稳定的基础和前提，新中国成立以来，党和国家领导人都高度重视边疆民族地区的经济社会发展，在以新疆、西藏等边疆发展专题会议精神指导下，全国各项支边工作稳步开展。

表 5　中国边疆发展问题专题会议列表

时间	会议	主要内容
1984 年 2 月至 3 月	第二次西藏工作座谈会	确定了 43 项援藏工程，标志着全国性的援藏工程的开始。
1994 年 7 月	第三次西藏工作座谈会	首次提出“一个中心、两件大事、三个确保”，做出了中央各部门和 15 个省市“对口援藏、分片负责、定期轮换”的重大决策，开创了全国支援西藏的新局面。
2010 年 1 月	第五次西藏工作座谈会	要求四川、云南、甘肃、青海四省要切实把本省藏区工作摆到重要议事日程，同时加大政策支持力度，确保四省藏区到 2020 年实现全面建设小康。
2015 年 8 月	第六次西藏工作座谈会	习近平总书记提出了党的治藏方略“六个必须”，以及“依法治藏、富民兴藏、长期建藏、凝聚人心、夯实基础”等西藏工作重要原则。
2010 年 5 月	第一次新疆工作座谈会	确定了新疆跨越式发展和长治久安的战略部署。
2014 年 5 月	第二次中央新疆工作座谈会	习近平在会上发表重要讲话强调，以邓小平理论、“三个代表”重要思想、科学发展观为指导，坚决贯彻党中央关于新疆工作的大政方针，围绕社会稳定和长治久安这个总目标，以推进新疆治理体系和治理能力现代化为引领，以经济发展和民生改善为基础，以促进民族团结、遏制宗教极端思想蔓延等为重点，坚持依法治疆、团结稳疆、长期建疆，努力建设团结和谐、繁荣富裕、文明进步、安居乐业的社会主义新疆。两次会议召开后，对新疆的各项援助支持政策、措施迅速得到落实，新疆的经济发展和民生改善得到大力支持。

① 王霞：《新疆高校少数民族大学生中华文化认同教育探析》，《新疆大学学报》（哲学・人文社会科学版）2013 年第 2 期，第 80 页。

（1）对口支援

1996年，国务院确定由15个东部发达省市对口帮扶西部11个省（自治区、直辖市），同时动员中央各部门对口帮扶贫困地区。① 从1994年第三次西藏工作座谈会开始，中央实施对口支援西藏的政策，先后安排60个中央国家机关、18个省市和17家中央企业对口支援西藏。20年来，共有7批4496名优秀干部、1466名专业技术人才进藏工作，实施援藏项目7615个，投入援藏资金260亿元，主要用于改善民生和基础设施建设，为西藏经济社会发展做出了重要贡献。② 2010年3月，第一次全国对口援疆工作会议召开，中央决定全国19个省市以全覆盖方式对口支援新疆12个地（州）的82个县（市）以及兵团12个师。③

（2）教育支援

从维护民族团结的立场出发，中央政府坚持优先发展少数民族教育，通过特殊扶持政策，大力推动少数民族教育事业发展。从20世纪50年代开始，国家实行高等学校招生对少数民族考生的照顾政策，此后又提出按比例录取的优惠政策，并对少数民族考生实行单独命题考试、单划分数线录取等政策。④ 为使边远地区少数民族学生能够接受更高水平的教育，中央政府做出了在内地为西藏、新疆办学培养人才的重大战略决策。截止2014年，全国共有21个省市办有西藏班（校），已累计为西藏培养了大中专毕业生3.2万余人。⑤ 20世纪80年代开始，国家推动新疆与内地百余所高校实施协作计划，招生规模由最初的800人扩大到目前的6800人。截至2014年，累计招收少数民族学生5.4万人，为新疆培养输送了本、专科毕业生2.1万人。2000年启动内地新疆高中班人才培养工程，累计招生7万人，3.8万余名学生已毕业，其中95%的毕业生升入内地发达省（市）区高校。2011年开办内地新疆中职班，累计招生1.32万人。⑥ 在发展少数民族教育中，国家坚持用本民族语言文字进行教学，在少数民族学生中大力推进“双语”教学。实践证明，双语教学对维护民族团结，促进共同繁荣发展有着重要意义。

---

① 《中国的民族政策与各民族共同繁荣发展》（白皮书），国务院新闻办公室网站，http://www.scio.gov.cn/zfbps/ndhf/2009/Document。

② 《民族区域自治制度在西藏的成功实践》（白皮书），国务院新闻办公室网站，http://www.scio.gov.cn/zfbps/32832/Document。

③ 《新疆各民族平等团结发展的历史见证》（白皮书），国务院新闻办公室网站，http://www.scio.gov.cn/zfbps/32832/Document。

④ 《新疆的发展与进步》（白皮书），国务院新闻办公室网站，http://www.scio.gov.cn/zfbps/ndhf/2009/Document。

⑤ 《民族区域自治制度在西藏的成功实践》（白皮书），国务院新闻办公室网站，http://www.scio.gov.cn/zfbps/32832/Document。

⑥ 《新疆各民族平等团结发展的历史见证》（白皮书），国务院新闻办公室网站，http://www.scio.gov.cn/zfbps/32832/Document。

（3）财政金融支持

改革开放以来，国家在财政金融等领域不断加大对边疆的支持力度。1980 年至 1988 年，中央财政对 5 个自治区和少数民族较为集中的贵州、云南、青海等省实行年递增 10%的定额补助制度。1994 年，国家进行分税制改革，对民族地区实行政策性转移支付。[①] 1952 年到 2014 年，中央政府对西藏的各项财政补助累计达 6480.8 亿元，占西藏地方公共财政支出的 92.8%。[②] 2010 年至 2014 年，国家对新疆的财政补助总额达到 10616.5 亿元，为 1955 年至 2009 年国家对新疆各项财政补助总额 6301.5 亿元的 1.68 倍。截至 2014 年年底，19 个援疆省市共拨付援疆资金 536 亿元，实施援疆项目 4906 个，围绕城乡居民住房改善、人才培养、就业、卫生、基层组织建设等实施了一大批民生工程，使老百姓得到"看得到、摸得着"的实惠，大大提高了新疆科、教、文、卫、"三农"等领域的发展水平。[③] 引导和鼓励企业到新疆投资，加大财政投入和金融支持。

此外，国家还通过设立各种专项资金支持民族地区加快发展。中央政府于 1951 年设立少数民族发展教育补助费，1955 年设立民族地区补助费，1964 年设立民族自治地方机动金，1977 年设立边境建设事业补助费，1980 年设立支援经济不发达地区发展资金，1992 年设立少数民族发展资金……[④]

（4）产业援助

为优化新疆产业结构布局，中央政府把东南沿海较发达地区的一些企业、工厂搬迁至新疆，从内地调进工程技术人员充实到新疆初建的骨干企业中去，并选送大量少数民族工人到内地企业进修实习，在很短的时间内为新疆培养了一支工程技术骨干队伍。

（5）干部人才支援

改革开放前，国家调动和鼓励内地知识分子和专业技术人员到边疆工作，支援边疆建设，鼓励和安置复转军人留在边疆，铸就了一代艰苦创业、扎根边疆的建设者，为边疆的经济社会发展、屯垦戍边和国防安全做出了巨大贡献。改革开放后，国家不断选派干部和专业人才到西藏、新疆和民族边远地区工作，这一批批援藏、援疆和支边干部，与当地各族干部、群众一起，为加强民族团结、维护社会稳定

---

① 《中国的民族政策与各民族共同繁荣发展》(白皮书)，国务院新闻办公室网站，http://www.scio.gov.cn/zfbps/ndhf/2009/Document。

② 《民族区域自治制度在西藏的成功实践》(白皮书)，国务院新闻办公室网站，http://www.scio.gov.cn/zfbps/32832/Document。

③ 《新疆各民族平等团结发展的历史见证》(白皮书)，国务院新闻办公室网站，http://www.scio.gov.cn/zfbps/32832/Document。

④ 《中国的民族政策与各民族共同繁荣发展》(白皮书)，国务院新闻办公室网站，http://www.scio.gov.cn/zfbps/ndhf/2009/Document。

和国家统一，促进民主改革和经济发展做出了应有的贡献。从1996年开始，国家以选派援疆干部模式专门援助新疆发展，至2014年，共选派8批11000多名干部人才到新疆工作。2004年启动"博士服务团"选派工作，至2014年共选派11批81名博士到新疆工作。国家还实施了一系列人才培养政策，选派少数民族干部到中央国家机关和经济相对发达地区挂职锻炼。[①]

（6）优先安排建设项目

新中国成立初期，国家把民族地区的基础设施建设摆上了十分突出的位置。在"一五"计划（1953—1957年）期间，国家新建8条铁路干线，其中有5条建在民族地区或直接与民族地区相联结，包括兰新铁路、包兰铁路等。[②] 同时，"一五"计划期间，国家把156个大型建设项目中的40个项目安排在了民族地区，如内蒙古包头钢铁基地、新疆克拉玛依油田、云南个旧锡业公司等。

（7）西部大开发战略的实施

2000年实施西部大开发战略以来，国家把加快发展民族地区作为西部大开发的首要任务。国家为此采取了许多照顾措施，包括加大对民族地区的财政投入和金融支持、优先在民族地区安排资源开发和深加工项目、对输出自然资源的民族自治地方给予一定的利益补偿、引导和鼓励经济发达地区的企业到民族地区投资等。目前，"5个自治区、30个自治州、120个自治县全部纳入西部大开发范围或者参照享受西部大开发的有关优惠政策。"[③]西部大开发的成果包括建成了"西气东输""西电东送"等一批重点工程，修建了一批机场、高速公路、水利枢纽等基础设施项目。而青藏铁路的建成，从根本上改变了西藏交通落后的状况。

（8）兴边战略

1979年，国家制定实施《边疆建设规划（草案）》，提出在8年内安排边疆建设资金400亿元。1992年，国家实施沿边开放战略，确立13个对外开放城市和241个一类开放口岸，设立14个边境技术合作区。1996年，国务院制定促进边境贸易发展和对外经济合作的优惠政策。1999年，国家实施旨在振兴边境、富裕边民的兴边富民行动。2005年，国家制定并实施《兴边富民行动"十一五"规划》。2009年，国家决定推进兴边富民行动覆盖全国所有边境县和新疆生产建设兵团边境团场。[④]

---

① 《新疆各民族平等团结发展的历史见证》(白皮书)，国务院新闻办公室网站，http://www.scio.gov.cn/zfbps/32832/Document。

② 《中国的民族政策与各民族共同繁荣发展》(白皮书)，国务院新闻办公室网站，http://www.scio.gov.cn/zfbps/ndhf/2009/Document。

③ 同上。

④ 同上。

(9) 脱贫扶贫措施

向中西部地区重点倾斜是中国扶贫开发的一项重要战略举措。在扶贫开发中,我国采取东部较发达省市对口支持西部省、自治区发展的方式。据有关部门统计,到 1994 年,少数民族贫困地区主要分布在中国的西部,涉及 5 个自治区、20 个自治州、49 个自治县。[①] 多年来,国家采取一系列政策措施解决少数民族地区的贫困问题,在政策、措施方面给予了重点倾斜和特殊照顾:

一是扩大对少数民族地区的扶持范围。1986 年国家重点扶持贫困县标准为 1985 年农民人均收入低于 150 元,而民族自治地方县的标准则放宽到低于 200 元。1994 年确定国家重点扶持贫困县时,也对少数民族地区给予了特殊照顾,在全国 592 个国家重点扶持贫困县中,少数民族贫困县有 257 个,占 43.4%。[②]

二是扶贫资金的分配重点向西藏等五个自治区以及云南、贵州、青海等少数民族人口较多的西部边疆省份倾斜,而且还专门安排了“少数民族发展资金”等专项资金,解决少数民族和民族地区的特殊困难和问题。[③]

(10) 政策扶持力度加大

近年来,国家进一步加大对少数民族和民族地区的扶持力度。2005 年,中央做出《关于进一步加强民族工作加快少数民族和民族地区经济社会发展的决定》。[④] 2007 年,国务院出台《关于进一步促进新疆经济社会发展的若干意见》,对加快新疆经济社会发展,进一步提高新疆各族人民生活水平做出了重大战略部署。2008 年以来,国家又陆续制定出台了促进宁夏、青海等省(自治区)、云南边疆地区经济社会发展的一系列优惠政策措施,增加投入,加强基础设施建设,发展特色优势产业,推动社会事业发展,促进少数民族和民族地区经济社会加快发展。[⑤]

5. 教育事业发展

2013 年,全国财政教育经费支出共计 23869.3 亿元,其中边疆省区共计 4527.5 亿元,占比 18.97%,其中,广西占比 2.49%、云南 2.76%、西藏 0.35%、新疆 1.93%、甘肃 1.51%、内蒙古 2.11%、黑龙江 2.03%、吉林 1.80%、辽宁 3.27%、海南 0.73%。在各边疆省区中,2009—2011 年教育经费支出最多是辽宁省,2011 年教育经费支出达到 780.94 亿元;同一时期,教育经费支出最少的是西藏自治区,2011 年教育经费支出仅为 82.6 亿元。因各边疆省区教育资源集中度

---

① 《中国的农村扶贫开发》(白皮书),国务院新闻办公室网站,http://www.scio.gov.cn/zfbps/ndhf/2001/Document。

② 同上。

③ 同上。

④ 《中国的民族政策与各民族共同繁荣发展》(白皮书),国务院新闻办公室网站,http://www.scio.gov.cn/zfbps/ndhf/2009/Document。

⑤ 同上。

不同，教育经费支出的年均增长率比单纯的支出绝对值更能反映地方政府对教育事业的重视程度。从表6看，边疆省区中，甘肃省和黑龙江省的教育经费增长率一直低于全国平均水平；内蒙古自治和广西壮族自治区教育经费增长率维持较高增长速度，2011年有所下降；其余省区均保持不低于自身经济增长率的教育经费增长率。值得注意的是，西藏自治区2011年教育经费支出出现较大增幅，超过2010年近10个百分点。

表6 边疆省区2010—2011年教育经费增长率列表

年份	广西	云南	西藏	新疆	甘肃	内蒙古	黑龙江	吉林	辽宁	海南	全国
2010	27.6%	21.1%	10.9%	23.5%	12.5%	30.0%	16.1%	14.6%	16.7%	21.0%	18.5%
2011	20.2%	23.4%	24.7%	26.0%	16.1%	21.6%	19.5%	24.6%	25.1%	21.8%	22.0%

数据来源：据国家统计局数据整理。

2013年，全国普通高等学校共计2491所，其中边疆省区共计545所，占比21.88%，其中，广西占比2.81%、云南2.69%、西藏0.24%、新疆1.65%、甘肃1.69%、内蒙古1.97%、黑龙江3.21%、吉林2.33%、辽宁4.62%、海南0.68%。边疆省区中，普通高等学校最多的辽宁省共计115所；西藏最少，为6所。（见表7）

表7 边疆省区2009—2013年普通高等学校数量列表(所)

年份	广西	云南	西藏	新疆	甘肃	内蒙古	黑龙江	吉林	辽宁	海南
2009	68	61	6	37	39	41	78	55	107	17
2010	70	61	6	37	40	44	79	56	112	17
2011	70	64	6	37	42	47	78	57	112	17
2012	70	66	6	39	42	48	79	57	112	17
2013	70	67	6	41	42	49	80	58	115	17

数据来源：据国家统计局数据整理。

2013年，全国普通高等学校在校生共计2468.07万人，其中边疆省区共计481.64万人，占比19.51%，其中，广西占比2.66%、云南2.22%、西藏0.14%、新疆1.13%、甘肃1.79%、内蒙古1.62%、黑龙江2.91%、吉林2.43%、辽宁3.92%、海南0.70%。边疆省区中，普通高校在校生数量最多的是辽宁省，2013年为96.8万人；最少的为西藏自治区，仅为3.36万人。（见表8）

表 8　边疆省区 2009—2013 年普通高校在校生数量列表(万人)

年份	广西	云南	西藏	新疆	甘肃	内蒙古	黑龙江	吉林	辽宁	海南
2009	52.83	39.36	3.03	24.16	36.15	35.19	70.89	53.10	85.25	14.21
2010	56.75	43.90	3.11	25.12	38.15	37.14	71.91	54.44	88.02	15.08
2011	60.01	48.76	3.24	25.87	40.53	38.44	71.00	56.28	90.22	15.67
2012	62.92	51.22	3.35	26.87	43.11	39.14	70.45	57.90	93.41	16.83
2013	65.61	54.86	3.36	27.84	44.30	39.92	71.79	59.95	96.80	17.21

数据来源:据国家统计局数据整理。

2013 年,全国普通高中学校共计 13352 所,其中边疆省区共计 3133 所,占比 23.46%,其中,广西占比 3.39%、云南 3.30%、西藏 0.22%、新疆 2.74%、甘肃 3.21%、内蒙古 2.07%、黑龙江 2.84%、吉林 1.82%、辽宁 3.12%、海南 0.76%。边疆省区中,普通高中数量最多的是广西,2013 年为 453 所;最少的西藏自治区,仅为 29 所。(见表 9)

表 9　边疆省区 2009—2013 年普通高中学校数量列表(所)

年份	广西	云南	西藏	新疆	甘肃	内蒙古	黑龙江	吉林	辽宁	海南
2009	478	457	24	413	463	306	430	262	426	108
2010	463	451	29	385	452	289	416	257	419	107
2011	446	444	30	368	436	279	411	248	422	102
2012	450	444	30	366	445	272	398	244	417	103
2013	453	440	29	366	428	277	379	243	416	102

数据来源:据国家统计局数据整理。

2013 年,全国普通高中毕业生共计 798.98 万人,其中边疆省区共计 163.30 万人,占比 20.44%,其中,广西占比 3.03%、云南 2.63%、西藏 0.18%、新疆 1.75%、甘肃 2.71%、内蒙古 2.02%、黑龙江 2.58%、吉林 1.97%、辽宁 2.90%、海南 0.67%。(见表 10)

表 10　边疆省区 2009—2013 年普通高中学校毕业生数量列表(万人)

年份	广西	云南	西藏	新疆	甘肃	内蒙古	黑龙江	吉林	辽宁	海南
2009	23.66	18.38	1.33	13.73	19.23	18.31	20.66	16.88	24.88	5.13
2010	23.90	18.44	1.22	13.57	19.50	17.48	19.55	15.22	22.61	5.06
2011	23.84	19.23	1.32	12.95	20.22	16.81	20.43	15.53	23.38	5.15
2012	23.75	19.62	1.33	13.51	21.36	16.13	20.63	15.43	23.80	5.26
2013	24.19	21.00	1.47	13.98	21.65	16.16	20.61	15.71	23.16	5.37

数据来源:据国家统计局数据整理。

2013年,全国普通高中专任教师共计163万人,其中边疆省区共计33.78万人,占比23%,其中,广西占比2.87%、云南2.90%、西藏0.24%、新疆2.15%、甘肃2.61%、内蒙古2.03%、黑龙江2.58%、吉林1.69%、辽宁2.96%、海南0.70%。(见表11)

表11 边疆省区2009—2013年普通高中教师数量列表(万人)

年份	广西	云南	西藏	新疆	甘肃	内蒙古	黑龙江	吉林	辽宁	海南
2009	4.15	3.97	0.27	2.94	3.65	3.11	4.01	2.76	4.36	0.91
2010	4.21	4.12	0.32	3.02	3.75	3.16	4.07	2.76	4.47	0.95
2011	4.31	4.29	0.34	3.13	3.86	3.13	4.17	2.76	4.60	0.99
2012	4.46	4.12	0.37	3.24	4.05	3.22	4.26	2.78	4.73	1.09
2013	4.68	4.73	0.39	3.50	4.25	3.31	4.20	2.75	4.83	1.14

数据来源:据国家统计局数据整理。

6. 文化产业发展

文化产业是文化软实力的延伸和有形承载体,也是文化软实力的最好展现。党的十七届五中全会明确提出"推动文化产业成为国民经济支柱性产业",将文化产业提升到前所未有的战略高度。近年来,各边疆省区把加快文化产业发展作为提升区域核心竞争力的重要途径,将文化"软实力"转化为经济社会发展的"硬支撑"。特色文化资源是边疆民族地区发展文化产业的优势。

(1) 文化产业法人概况

2013年,全国文化产业法人数量共计230544个,其中边疆省区共计37854个,占比16.4%,其中,广西占比2.9%、云南2.4%、西藏0.2%、新疆1.3%、甘肃1.4%、内蒙古1.3%、黑龙江1.7%、吉林1.2%、辽宁3.5%、海南0.6%。(见表12,图4)

表12 边疆省区2010—2013年文化产业法人数量列表(个)

年份	广西	云南	西藏	新疆	甘肃	内蒙古	黑龙江	吉林	辽宁	海南
2010	3005	2561	169	1141	1226	1801	1793	1572	3782	662
2011	3180	2809	172	1161	1283	1837	1856	1599	3867	712
2012	3489	3393	173	1224	1775	1900	2026	1844	4880	832
2013	6665	5432	363	2925	3331	3104	3988	2736	7967	1343

数据来源:据国家统计局数据整理。

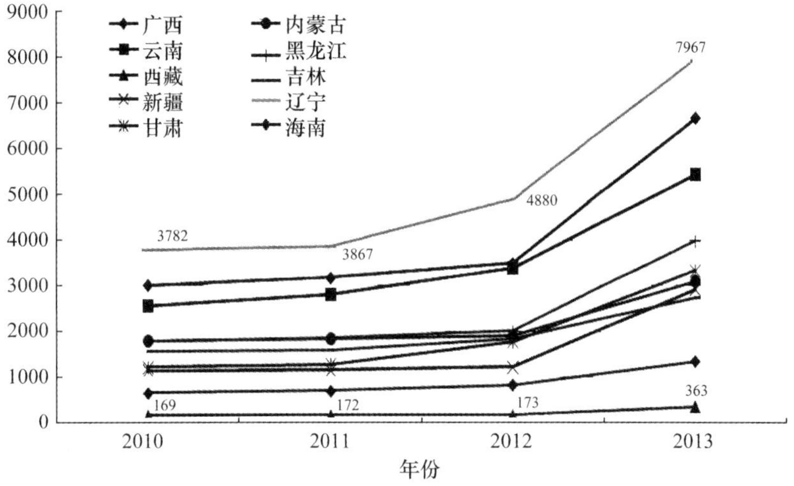

图 4 边疆省区 2010—2013 年文化产业法人数量增长趋势图

(2) 文化产业就业人口

2013 年,全国文化产业城镇单位就业人数共计 147 万人,其中,边疆省区 31.37 万人,占比 21.3%,其中广西 2.3%、云南 2.4%、西藏 0.4%、新疆 2.0%、甘肃 1.7%、内蒙古 2.4%、黑龙江 3.1%、吉林 2.4%、辽宁 3.8%、海南 0.9%。(见表 13,图 5)

表 13 边疆省区 2010—2013 年城镇文化产业就业人数列表(万人)

年份	广西	云南	西藏	新疆	甘肃	内蒙古	黑龙江	吉林	辽宁	海南
2009	3.12	3.48	0.61	2.57	2.50	3.28	3.88	3.67	5.40	1.37
2010	3.20	3.60	0.60	2.70	2.80	3.30	3.90	3.70	5.10	1.20
2011	3.34	3.44	0.65	3.22	2.47	3.26	4.11	3.72	5.24	1.23
2012	3.29	3.36	0.60	2.95	2.57	3.28	4.24	3.64	5.05	1.12
2013	3.32	3.47	0.66	2.96	2.51	3.48	4.57	3.60	5.54	1.26

数据来源:据国家统计局数据整理。

(3) 文化产业固定投资概况

2013 年,全国文化产业全社会固定投资共计 5231.11 亿元,其中,边疆省区 1154.5 亿元,占比 18.1%,其中广西 2.0%、云南 2.3%、西藏 0.3%、新疆 0.9%、甘肃 1.9%、内蒙古 2.0%、黑龙江 1.8%、吉林 1.5%、辽宁 4.4%、海南 0.9%。(见表 14,图 6)

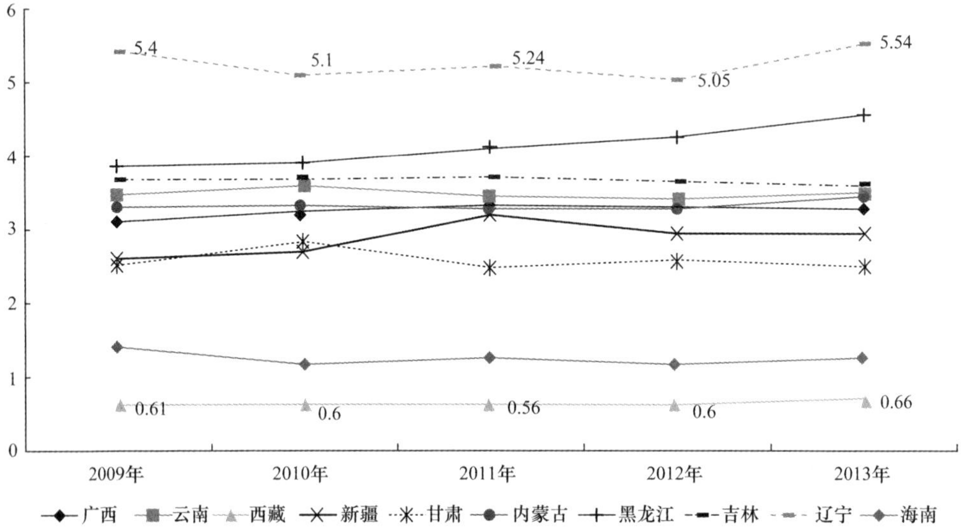

图 5 边疆省区 2009—2013 年城镇文化产业就业人数增长趋势图(万人)

表 14 边疆省区 2010—2013 年文化产业固定投资列表(亿元)

年份	广西	云南	西藏	新疆	甘肃	内蒙古	黑龙江	吉林	辽宁	海南
2009	105.7	50.5	4.9	13.0	20.1	79.3	22.5	37.2	132.2	66.7
2010	103.6	50.8	6.9	17.2	27.0	117.6	41.0	83.1	186.6	41.6
2011	94.3	100.5	11.7	15.9	36.1	71.4	63.8	72.8	184.3	46.2
2012	113.0	114.3	14.1	33.0	52.6	125.7	135.7	83.4	282.6	20.2
2013	127.7	147.8	21.4	60.2	121.0	127.6	114.6	92.8	280.7	60.6

数据来源:据国家统计局数据整理。

(4) 文化产业城镇单位就业人员工资

2013 年,全国文化产业城镇单位就业人员工资共计 867.80 亿元,其中,边疆省区 137.48 亿元,占比 15.8%,其中广西 1.5%、云南 1.7%、西藏 0.5%、新疆 1.7%、甘肃 1.1%、内蒙古 2.1%、黑龙江 2.1%、吉林 1.6%、辽宁 3.0%、海南 0.6%。(见表 15,图 7)

表 15 边疆省区 2009—2013 年文化产业城镇就业人员工资列表(亿元)

年份	广西	云南	西藏	新疆	甘肃	内蒙古	黑龙江	吉林	辽宁	海南
2009	9.89	7.73	2.95	7.14	6.36	10.60	10.90	9.29	18.90	3.41
2010	10.20	8.80	3.10	8.60	8.10	12.50	11.80	10.00	18.60	3.40
2011	10.58	10.97	3.55	12.19	7.08	14.43	13.26	11.41	21.28	4.15
2012	11.79	12.08	3.41	13.18	9.07	16.37	15.34	12.41	21.94	3.94
2013	13.16	14.43	4.09	15.00	9.87	18.19	17.87	13.61	25.80	5.46

数据来源:据国家统计局数据整理。

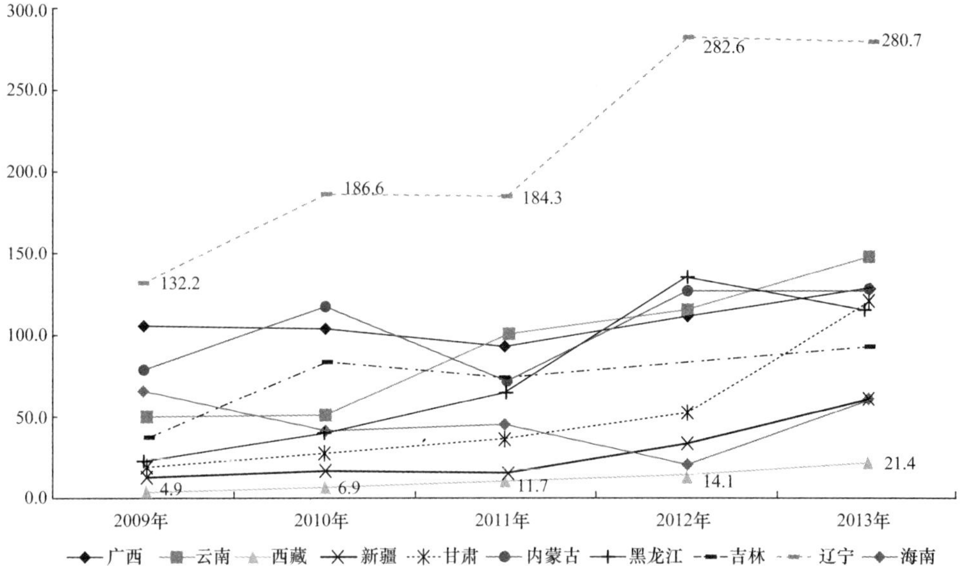

图 6　边疆省区 2009—2013 年文化产业固定投资趋势图(亿元)

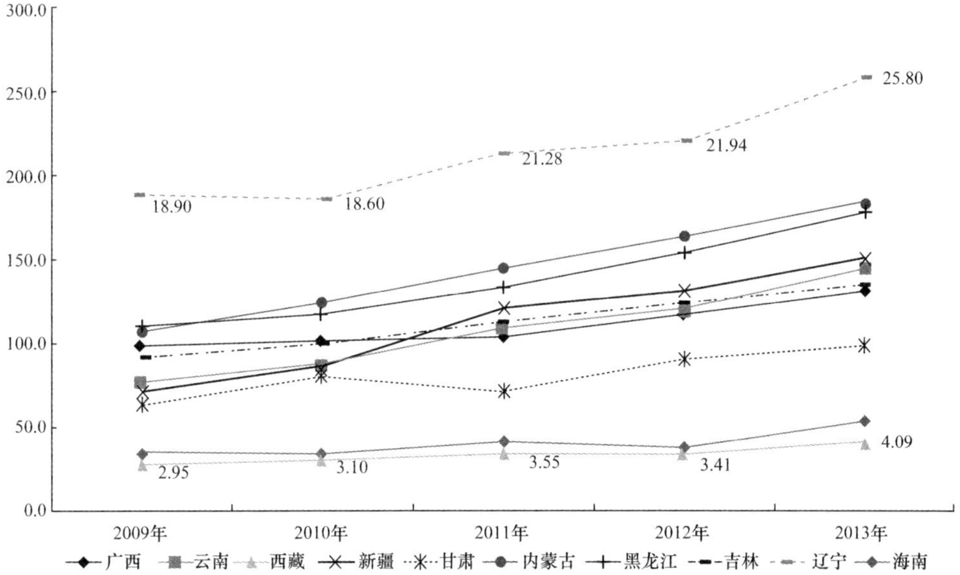

图 7　边疆省区 2009—2013 年文化产业城镇就业人员工资增长趋势图(亿元)

(5) 文化产业城镇单位就业人员平均工资

2013 年,全国文化产业城镇单位就业人员平均工资为 59336 元,边疆省区中,

只有西藏超过平均线，为 62046 元，最低的吉林省仅为 25159 元。（见表 16，图 8）

表 16　边疆省区 2009—2013 年文化产业城镇单位就业人员平均工资列表（元）

年份	广西	云南	西藏	新疆	甘肃	内蒙古	黑龙江	吉林	辽宁	海南	全国
2009	31565	22377	48258	28027	26946	32545	28140	25159	34781	25196	37755
2010	32141	24834	50858	32609	28769	37805	29827	26684	36478	29492	41428
2011	31609	32058	55133	38062	28503	44326	32918	30467	40272	34700	47878
2012	36314	35997	57178	45049	35478	49701	36117	34017	43515	35410	53558
2013	40389	41914	62046	50951	39989	52312	39644	37367	46818	43622	59336

数据来源：据国家统计局数据整。

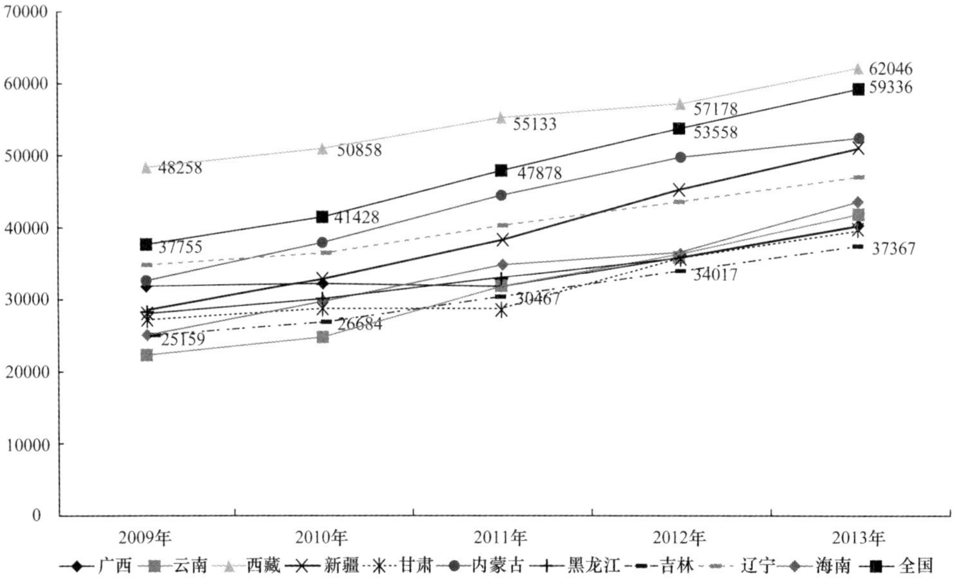

图 8　边疆省区 2009—2013 年文化产业城镇单位就业人员平均工资增长趋势图（元）

（6）地方财政文化教育与传媒支出

2013 年，全国文化教育与传媒支出共计 2339.94 亿元，其中，边疆省区 582.31 亿元，占比 24.9%，其中广西 2.1%、云南 2.6%、西藏 1.0%、新疆 3.2%、甘肃 2.6%、内蒙古 3.8%、黑龙江 2.2%、吉林 2.4%、辽宁 4.1%、海南 0.9%。（见表 17，图 9）

表 17　边疆省区 2010—2013 年文化教育与传媒支出列表(亿元)

年份	广西	云南	西藏	新疆	甘肃	内蒙古	黑龙江	吉林	辽宁	海南
2009	29.27	32.38	13.36	33.34	24.50	47.33	33.46	29.36	76.25	9.75
2010	32.77	35.53	12.48	33.92	29.78	52.96	39.50	32.93	56.76	11.61
2011	37.48	45.34	18.91	47.70	33.07	68.78	44.94	44.25	68.60	16.60
2012	45.52	62.06	24.18	68.23	49.87	87.21	47.27	47.48	79.25	19.85
2013	49.85	61.35	22.51	74.63	59.76	88.05	52.37	56.55	95.34	21.90

数据来源:据国家统计局数据整理。

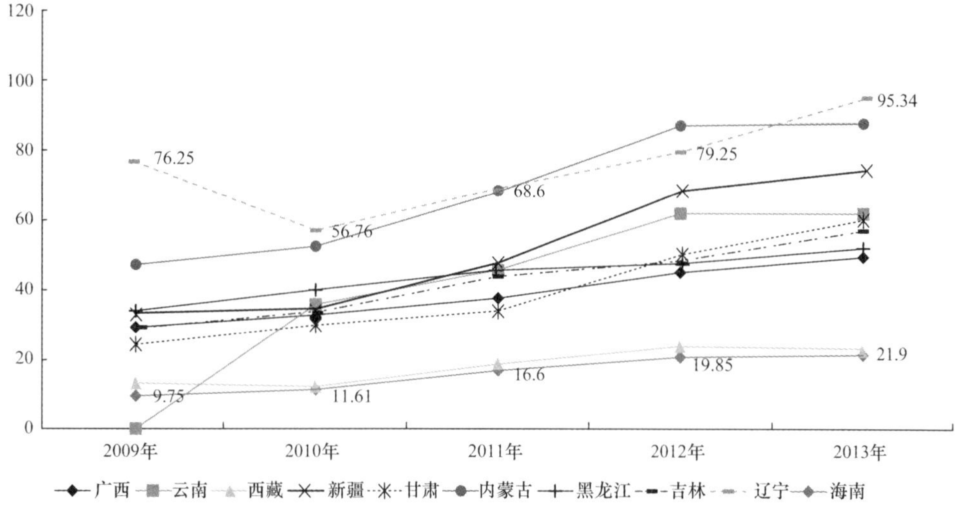

图 9　边疆省区 2009—2013 年文化教育与传媒支出趋势图(亿元)

(三) 中国边疆治理文化软实力建设面临的问题

当前,中国文化软实力面临多种问题,如中国对于传统文化的宣传和推介处于“原生态”状态,优秀的文化传统资源优势并未充分转化成为强大的现实生产力;文艺演出、语言文化、图书出版等文化领域面临着“文化赤字”;对于中国文化形象的认知存在一定的偏差,忽视了对传统文化资源的创新和改造。同样,中国边疆治理文化软实力建设也面临着类似的问题。

1. 边疆形势变得更加复杂

随着经济社会的快速发展,中国的内外环境都发生了根本性改变。一方面,国家由全面建设时期转变为全面发展时期,将不同区域结合起来谋划,已成为国家整体发展的迫切要求;另一方面,当代世界的国家疆域形态已经发生了深刻改变,利益边疆、战略边疆等新形态边疆概念的出现,使边疆和国家利益维护变得更加复杂。因此,中国有必要在一个更大和更加广阔的地理空间范围内来谋划国家发展:首先,将边疆与核心区或内地发展结合起来,作为一个整体对待并谋划发展;同时,要将陆地边疆与海洋边疆结合起来,将平面的边疆与空中边疆、底土边疆结合起来,凸显边疆的立体结构;再次,要确立中国的利益边疆、战略边疆,进而将领土边疆与这些新形态边疆结合起来,形成一个全方位的、立体化的边疆结构。①

2. 边疆治理短板开始显现

历史上的边疆治理大多围绕着核心区治理展开,边疆的治理水平和发展程度总是低于核心区。新中国成立后,中国边疆治理得到重视,但受制于各种主客观因素,中国边疆治理总体上处于滞后状态。这种状况不仅制约了国家整体实力的提升,而且还可能引发更多的问题:一是不利于国家领土主权的巩固;二是不能有效地维护中国的海外利益,限制了中国影响力的生成和发挥;三是影响了国家地缘政治战略的实施,不利于中国全球战略的构建。因此,从国家发展总体战略的角度来看,边疆已经成为国家发展的战略短板,其中,边疆民族团结和融合政策是我国边疆治理的关键与核心。

3. 边疆文化软实力建设目标不够明确

中国边疆治理的目标:一是在安全上构建良好的边邻关系,增强边疆地区的安全防护和缓冲能力;二是在政治上使边疆地区保持民族国家认同,增强民族内部团结,保持国家和领土统一,构建良好的中国周边安全环境;三是在经济上使边疆地区社会经济水平和人民生活水平普遍提高,经济发展的内生性动力和可持续性能力增强,对外成为中国全方位开放的前沿阵地;四是在文化上促进多样性民族文化和谐共存和繁荣发展,增强文化向心力。

中国边疆治理文化软实力建设应当服务于中国边疆治理的最终目标。当前,边疆地区的文化软实力建设往往为"文化"而"文化",为"产业"而"产业",缺乏明确的战略目标性,这就造成表面上文化繁荣发展,实则对边疆治理支撑有限的尴尬局面。

4. 边疆文化软实力建设路径效率不高

中国边疆治理亟须一个现代化过程,中国边疆治理文化软实力的发展也面临同样的问题。

观念上的改变已经开始,但仍非常缓慢,边疆地区地方政府将"输血"逻辑转变为"造血"逻辑需要一个过程,这其中牵涉众多的现实利益问题。同样的,我们一直强调,要关注发展的内生性和可持续性,但发展资源的匮乏和改革性力量不

① 周平:《强化边疆治理,补齐战略短板》,《光明日报》2015年6月10日第13版。

足，只能让这一要求停留在口号上。观念上的落后是真正的落后，同样的，中国边疆治理文化软实力的现代化提升需要的是现代化的发展理念。

教育事业和文化产业作为边疆地区文化软实力建设有形的两大载体，长期面临落后的思想观念和体制机制的束缚，即便文化软实力建设已经被提升至国家文化安全战略的层面，但具体措施的落地依旧困难重重。文化体制改革的滞后将导致稀缺资源的低效使用和浪费。

总而言之，中国边疆文化软实力的建设面临众多问题，中国边疆治理文化软实力的现代化提升，需要从观念、发展路径和载体建设，以及高效的机制化运作方面做出大的改变。

四、高效推动中国边疆治理文化软实力建设

中国边疆治理文化软实力建设的核心问题，在于如何加强爱国主义教育，维护民族团结，增进社会和谐，对内增强凝聚力，对外显示亲和力，在此基础上促进边疆地区的和谐稳定与繁荣发展。

2014 年中央民族工作会议指出，“支持民族地区加快经济社会发展，是中央的一项基本方针。要紧紧围绕全面建成小康社会目标，顺应各族群众新期盼，发挥民族地区特殊优势，加大各方面支持力度，提高自我发展能力，释放发展潜力。大力传承和弘扬民族文化，为民族地区发展提供强大精神动力。加强边疆地区新型工业化、新型城镇化和农业现代化建设，不断释放多民族地区发展潜力。”①

鉴于文化软实力对边疆治理和中国整体发展的极端重要性，有必要在思想认识、政策制度、组织体系、路径载体和资源保障等方面形成中国边疆治理文化软实力现代化体系建设的高效推动机制。

（一）统一思想认识

要高效推动中国边疆治理文化软实力建设，必须形成统一的思想认识：

——中国边疆治理文化软实力建设是“多元一体”民族文化现代化的重要机遇。

——中国边疆治理文化软实力建设是国家文化安全的重要内容。因边疆地区的地缘政治特性，边疆治理文化软实力的发展外向性更加明显，对中国文化安全“堤坝”的支撑作用更加明显。

——中国边疆治理文化软实力建设是构建中国周边安全环境的基础性内容。中国周边安全环境的构建的首要前提是“睦邻”，边疆地区是“睦邻”的最前沿，边疆地区的跨界沟通现实优势，使得中国边疆治理文化软实力建设成为中国周边安

① 人民网：http://opinion.people.com.cn/n/2014/0929/c1003-25755820.html。

全环境构建的重要前提和基础支撑。

——中国边疆治理文化软实力建设是"一带一路"战略实施的重要保证。"一带一路"战略实施带来的重大变化，是边疆地区从改革开放的边缘地带转变为改革开放的最前沿。各类政策资源和市场资源要素开始向边疆地区集中，边疆地区成为中国"走出去"的国内基地，这一角色转变倒逼中国边疆治理的现代化进程，为文化软实力建设提供了提升机会，也提出了更高的要求。中国边疆治理文化软实力建设的好与不好，直接关系到中国国家形象的好坏，关系到"一带一路"战略是否能够顺利推进，最终关系到"中国梦"和中华民族全面振兴的进程。

——边疆发展必须坚持"开放、合作"理念。中国是"一带一路"的发起国和倡导国，但不可能是唯一的推动国和完成国，该构想的实现需要丝绸之路沿线国家的共同努力和合作。[①] "一带一路"战略架构下，要实现中国边疆少数民族地区的发展与现代化及共同繁荣，必须全面对外开放与合作。边疆地区的对外开放优势显著，既符合当今时代提升文化软实力的潮流，也是边疆各民族繁荣发展的客观要求和迫切愿望。

（二）完善体系建设

构建和完善中国特色的边疆治理文化软实力体系，并大力推动其现代化进程。

1. 营造内外环境

中国边疆治理文化软实力发展应当从广视野和系统性出发，根据边疆地区面临的内外情势，确定具体发展策略和战略，营造有利于文化软实力发展的内外环境：一是重视中国边疆治理文化软实力发展的"大内环境"，即其所依托的"小内环境"和"小外环境"[②]建设，以及各领域、各环节和各要素之间的相互影响；二是充分利用"大内环境"，即国家和边疆地区经济、政治、社会等领域的有利条件，大力推动边疆治理文化软实力建设。

2. 组织体系建设

——建立联合机构。由各边疆省区联合成立中国边疆治理文化软实力建设推进委员会，各省区设立分会，各市设立办事处，各边疆县设立联络点。在中国边疆治理文化软实力建设推进委员会及各级机构领导下，界定具体工作内容，统一协调边疆省区的文化软实力建设。

---

① 邢广程：《丝绸之路的历史价值与当代启示》，《光明日报》2014年10月20日第11版。

② 参见张国祚：《中国文化软实力研究论纲》。"小内环境"：一是指学术领域的队伍状况、学术思潮、学术成果、学术活动、意识形态管理，二是指文化产业的产品规划、产品创作、生产流程、组织管理、市场营销，三是指文化事业宏观布局、微观管理、主题设计、导向把握、人才培养等。"小外环境"是指国家是否重视学术领域、文化产业领域、文化事业领域，以及针对这三个领域所出台的法律法规和政策是否配套合理。

——建立联合智库。建立半官半民的中国边疆治理文化软实力研究院，挂靠于中国边疆治理文化软实力建设推进委员会，在国家文化战略、边疆治理文化软实力发展战略、项目研究和落地、文化产业发展等方面进行着力，为中国边疆治理文化软实力建设推进委员会的领导协调工作提供政策建议支撑。

——设立项目基金。设立中国边疆治理文化软实力发展基金，官民共建，以市场化方式运作，重点支持中国边疆治理文化软实力软硬课题的研究和落地；支持相应的区域和国际交流合作项目；培育若干民族文化品牌。

——建立宣传推广平台。建立中国边疆文化网，作为宣传推广平台，对边疆地区的经济社会发展及民俗文化等进行重点宣传，使国内和国际社会更多了解中国边疆地区的风土人情和人文社会。不排除该平台进行市场运作，如旅游宣传推介、民族特色商品网络交易等。在中国边疆治理文化软实力建设推进委员会领导下，与中国边疆治理文化软实力研究院和中国边疆治理文化软实力发展基金合作，筹建中国边疆文化软实力发展论坛和中国边疆文化研究杂志，作为边疆文化软实力宣传推广的重要载体。

3. 构建理论体系

在完善组织机构建设的基础上，应当形成从政策制度、路径载体到理论体系的更为完善的现代化的中国边疆治理文化软实力内容体系。

构建中国特色边疆治理文化软实力理论体系是中国特色理论体系建设的重要内容和有机组成部分。其理论体系构建主要包含以下几方面的内容：

——将社会主义核心价值观与边疆治理文化进行理论和实践结合。边疆治理文化软实力建设需要正确的价值观导向，在社会主义核心价值观下构建中国边疆治理的文化软实力理论体系，既保证了软实力建设的政治正确性，也保证了文化多样性与核心价值体系一元性的和谐统一。

——对中国传统文化精华文化基因的深入挖掘。中国传统文化中“许多精华具有跨越时空、超越国度、蕴含当代价值和普世意义的文化基因。”[①]如果结合当代中国发展和当代中国边疆治理实践对中国传统文化进行相应解读，赋予其新的时代内涵，其便成为中国边疆治理文化软实力的巨大正能量。

——对边疆治理文化软实力建设历史经验、教训的梳理总结。首先，该项工作应重点挖掘“夏夷”文化的共通融合点，服务于“多元一体”文化的调和；其次，研究其他国家和地区的边疆治理文化软实力历史实践，总结经验教训为我所用。

——对边疆治理文化软实力建设当前实践及新形势的分析。重点关注当前边疆治理文化软实力建设面临的新问题、新挑战，并提供现实对策。

---

① 张国祚：《中国文化软实力研究论纲》，社会科学文献出版社 2015 年版，第 89 页。

——在前两项工作的基础上开展理论化总结和研究范式构建等工作,并将其重新应用于对历史经验教训梳理总结和现实对策等的研究中去,在应用和实践中检验并完善该理论体系。

(三)优化路径载体

中国边疆治理文化软实力建设的高效推进需要抓住重点路径和载体,集中投入资源,提高其产出效率。

1. 加强边疆治理意识形态教育

中国文化软实力建设的核心内容之一,是要"牢牢把握意识形态工作的领导权、管理权和话语权。"[①]为此,在中国边疆治理文化软实力建设中,"要强调意识形态工作的战略地位和意义,强调党员、干部要树立远大的理想信念,强调党员党性和人民性的统一,同时,要敢抓敢管,勇于亮剑。"[②]

此外,加强边疆治理意识形态教育还应当强化社会主义核心价值观在民族和地区发展中的作用。"核心价值观是文化软实力的灵魂和精髓,能否自觉培育和践行充满正能量的核心价值观是判断文化软实力强弱的根本标准。"[③]以充满正能量的社会主义核心价值观凝聚和团结边疆各族人民,在国家、社会和个人三个层面营造"富强、民主、文明、和谐、自由、平等、公正、法治、爱国、敬业、诚信、友善"的边疆发展和边疆治理环境。

2. 贯彻国家的民族和宗教政策

民族政策上,强调民族平等和民族团结,采取切实可行的方法促进边疆地区发展:坚持在西部大开发和"一带一路"战略背景下发展边疆地区;坚持在发展过程中边疆地区各族民众普遍受惠;坚持在发展过程中大力培养并使用民族干部;坚持各省市对口支援边疆地区;坚持扶持和帮助民族地区文化事业的发展;坚持尊重民族风俗习惯和风俗改革自由。

宗教政策上,坚持宗教信仰自由,坚持"宗教信仰自由与依法治教及社会主义建设的统一,引导宗教爱国爱教,认同祖国、维护民族团结和国家统一,鼓励宗教代表人物参政议政。……弘扬宗教正文化力量,抑制宗教负文化能量"[④],提升中国边疆治理文化软实力。

3. 加强边疆地区干部队伍建设

多元文化的和谐发展,需要提高边疆地区的教育水平,培养高素质的少数民族干部和文化人才。边疆民族地区干部队伍的文化建设对其进行文化方面的教

① 张国祚:《中国文化软实力研究论纲》,社会科学文献出版社 2015 年版,第 108 页。
② 同上书,第 108—110 页。
③ 同上书,第 66 页。
④ 同上书,第 88—89 页。

育，使其了解、理解民族文化，融入民族社会，掌握现代文化的精华，能够灵活地运用现代文化解决社会转型中遇到的各种社会问题。在边疆民族地区运用文化元素解决社会问题有时比经济及其他手段更有效，更容易让人接受，更容易形成机制。

充分利用边疆民族文化与现代文化的优秀元素，发挥文化建设在预防和解决边疆民族社会问题中的引导、约束、化解和凝聚作用，提升边疆民族地区干部运用文化建设预防和解决民族社会实际问题的能力，是促进地区长治久安的重要良策，对于边疆民族社会发展、富民兴边大局具有重要的意义。通过文化建设的途径，实现文化自觉，促进多民族文化融合，用文化的智慧解决社会问题中的突出矛盾，是诸如经济等其他措施无法企及的。

在边疆干部队伍建设过程中，有必要树立一批边疆治理典型人物，将其对边疆地区发展做出的重大贡献通过各类宣传途径进行广泛宣传，提升全社会对边疆地区发展的关注度。

4. 精准扶贫解决发展困境

边疆地区经济发展水平的长期落后成为制约文化软实力发展的重要因素，改变边疆地区贫困局面的重要途径是进行“精准扶贫”。边疆地区的“精准扶贫”应根据边疆地区的实际情况，“要以更加明确的目标、更加有力的举措、更加有效的行动，深入实施精准扶贫、精准脱贫，项目安排和资金使用都要提高精准度，扶到点上、根上，让贫困群众真正得到实惠”①。为此，应在精准扶贫理念指导下，根据中央办公厅在 2013 年 25 号文《关于创新机制扎实推进农村扶贫开发工作的意见》和国务院扶贫办制定的《建立精准扶贫工作机制实施方案》，大力推进边疆地区的精准扶贫工作，重点在精准识别、精准扶持和精准考核三方面进行机制创新。

5. 大力推动文化产业繁荣发展

文化产业具有意识形态和商品的双重属性，同时具有社会效益和经济效益两个效益。文化产品中蕴含的意识形态取向可以影响人的思想观念、价值取向、情感亲疏和是非判断。文化产品意识形态导向正确与否，直接决定了其社会效益能量的正负。因此，在大力推动文化产业繁荣发展时，“必须始终把社会效益放在第一位。”②

——坚持文化产业的价值正确性。以文化产业发展推动中国边疆治理，必须坚持文化产品意识形态的正确性。充满正能量的文化产业可以有效促进边疆地区的民族团结、经济发展，进而推动中国边疆治理的现代化。反之可能导致中国

① 《习近平在云南考察工作时强调：坚决打好扶贫开发攻坚战》，中国政府网，2015 年 1 月 21 日。

② 张国祚：《中国文化软实力研究论纲》，社会科学文献出版社 2015 年版，第 67 页。

边疆地区民族、宗教等各类矛盾的激化，弱化中国边疆治理的有效性。因此，在推动中国边疆地区文化产业发展过程中，既要保证整个文化产业的价值正确性，又要甄别具体文化产品是否具有正能量。

——推动边疆文化战略制定。文化软实力是重要国力，文化产业是产品附加值高的经济增长点和经济结构战略性调整的重要支点。中国正把文化产业列入国家战略，大力推动和扶植文化产业。“文化能为经济的发展提供良好和谐的环境。文化产业是经济社会发展到一定阶段的新型经济发展与增长的形态。”[①]在共建丝绸之路经济带的新形势下，我国边疆地区可通过打造和谐的民心工程，建立示范区，对于经济欠发达但文化资源丰富地区通过文化繁荣促进发展，深化文化、艺术、旅游等产业合作，共享丝绸之路精神财富。

——推动公共文化服务建设。维护边疆社会的和谐稳定团结需要强大的文化支撑和思想保证，丰富边疆少数民族的文化生活是增强文化认同、稳固边疆的有效方式。城市文化的骨架是由大型文化设施构成的，“十一五”以来，各边疆省区以基层特别是农村为重点，基本建成覆盖城乡的公共文化服务框架。未来边疆省区应继续推进民生文化工程建设，进一步增加边疆地区人民群众福祉。同时，应当挖掘并保护好边疆地区的文化，借助我国西部的文化软实力更有效地促进边疆民族地区的社会和谐。

——重点培育一批民族文化品牌。中国边疆各民族都有自己固定的传统节日和传统文体项目，其反映了各民族的社会、历史、经济、文化、宗教风俗等情况，是各民族传统文化的重要组成部分，也是重要的边疆民族文化软实力资源。边疆地区政府应当制定相应的文化发展战略和推动民族文化品牌形成的政策方案。如内蒙古自治区的乌审旗在全自治区率先提出建设民族文化大旗的战略，借助政府、企业和民间三支力量科学构筑文化产业和文化事业，打造了一批特色文化品牌，如马头琴文化、蒙古敖包之乡文化等，大力发展民族文化产业项目。伊犁州党委、政府在出台《关于坚持以现代文化为引领推动文化大发展大繁荣的实施意见》的同时，对各县市进行了差别化绩效考核，将文化产业发展作为考核指标，大力打造发展以旅游品牌为核心的文化软实力。

——发掘边疆历史遗产的文化价值。在“一带一路”战略实施背景下，“挖掘古代丝绸之路的历史文化价值，弘扬交流、融合、对话、合作和共赢的理念”[②]，有助于促进欧亚空间的繁荣发展与和平安宁。如“新疆应该充分挖掘古丝绸之路的灿

---

① 李永国、徐聪聪：《关于推动文化产业成为国民经济支柱产业的哲学思考》，《中国集体经济》2012年13期，第145页。

② 邢广程：《“丝绸之路经济带”与中国边疆安定和发展——以我国东北和西部边疆为视角》，转引自邢广程主编：《中国边疆学》(第二辑)，社会科学文献出版社2014年版，第7页。

烂文化价值和欧亚经济交流的历史价值，宣示在经济全球化条件下欧亚不同种族、不同信仰、不同文化背景的国家完全可以寻求共同发展的途径，共享互利共赢的区域合作成果”[①]。

——发挥“中国边疆治理文化软实力建设推进委员会”系统的机制性作用。应当充分利用“中国边疆治理文化软实力建设推进委员会”在国家和地方资源统筹等方面领导协调作用，利用“中国边疆治理文化软实力研究院”在国家文化战略、边疆治理文化软实力发展战略、项目研究和落地、文化产业发展等方面的智力支撑作用，利用“中国边疆治理文化软实力发展基金”在课题项目和民族文化品牌培育等方面的引导作用，利用“中国边疆文化网”“中国边疆文化软实力发展论坛”和“中国边疆文化研究”杂志等平台的文化宣传推广作用，高效推进“中国边疆文化软实力”建设进程，吸引全社会关注和全民参与热情。

（四）提高运作效率

在满足以上条件的同时，中国边疆治理文化软实力水平的提升最终要靠高效的机制运作保证。

——分工明确。中国边疆治理现代化是一个复杂的巨系统，既包含基础设施建设等硬件水平的提升，也包含边疆治理文化软实力的提升。在明确边疆治理文化软实力建设内容的基础上，应当明确各级机构负责的具体内容，明确牵头单位和协作单位，责权分明方能运作有序。

——严格考核。在明确具体分工的基础上，制定详尽的具有实操性的考核指标体系，层级考核与群众考核相结合，考核到位方能运作高效。

——赏罚分明。制定边疆治理文化软实力提升工程赏罚机制，涵盖从名誉奖罚、物质予夺到职务升降等各方面的奖惩措施，赏罚有据方有前进动力。

在国家治理过程中，资金等物质资源始终处于非饱和状态，在资源总量不变或提升幅度不大的前提下，提升资源运作效率是推动边疆治理文化软实力水平快速提升的最有效的路径。

五、结语：“一带一路”框架下文化软实力与中国边疆的开放发展

长期以来，由于历史和现实的种种原因，中国边疆地区在经济发展和社会文化发展方面处于落后状态。“一带一路”战略启动后，中国广大边疆地区转变为中国对外开放的前沿阵地。作为中国文化软实力外溢效应发挥的重要承载体，边疆文化软实力建设关系着中国边疆地区的开放发展和持久安全稳定，对中国周边安

① 邢广程：《“丝绸之路经济带”与中国边疆安定和发展——以我国东北和西部边疆为视角》，转引自邢广程：《中国边疆学》（第二辑），社会科学文献出版社 2014 年版，第 19 页。

全环境构建起着至关重要的作用。

“一带一路”战略的顺利实施及其全球性影响彰显了中国在国际议题设置方面的能力获得显著增强。这一战略议题的展开本身就是国家文化软实力的具体体现。当前,边疆地区文化软实力的提升应将边疆地区的对外开放、和平繁荣、社会文化发展三者结合起来,将其纳入“一带一路”的战略实施框架中,这是关系到边疆地区长治久安的大问题。

中国边疆治理文化软实力的建设和发展是一个长期性的复杂工程,必须依靠从中央到地方对各类资源的综合统筹和高效使用才能实现持续性发展。同时,边疆地区在地缘政治中的特殊性,决定了中国边疆治理文化软实力的提升必然是一个国际政治和国内政治交织在一起的复合议题,其同时具备了促进中国边疆地区开放发展,维护中国国家文化安全和构建中国周边安全环境的三重使命。近到“一带一路”战略的顺利实施,远至“两个一百年”目标、中国梦、中国和平崛起的全面实现,无一不包含文化软实力的同步提升,中国边疆治理文化软实力建设将极大提升边疆地区的全方位开放和可持续发展水平,并将为中华民族的全面振兴打下坚实的基础。

中国国际形象与文化软实力研究

冯　瑾　田德文*

摘要：国家形象既是国家文化软实力的重要表现和组成部分，也是提升国家文化软实力的基本内涵。本文以中国国际形象为核心概念，在系统阐释中国国际形象的历史与现状的基础上，运用翔实的国外民调数据概述海外公众对中国国际形象的认知情况，进而对2015年度国外媒体对我国热点事件的报道进行分析，有针对性地提出我国对外构建中国形象的对策建议。本文研究发现，近年来中国国家形象总体上呈现出稳步向好的趋势。但是，从具体层面上看，不同国家民众对中国国家形象的判断存在着较大差异。一些与中国外交关系发展良好的国家和地区，如非洲地区和俄罗斯的民众对中国的国家形象普遍给予较高评价；而日本等与中国外交方面存在摩擦的国家和地区则对中国国家形象持消极看法。积极采取一些营造国家形象的举措可以在短时间内迅速对国家形象产生影响。在这个过程中，应该特别注意加强文化交流的重要意义，改善中国国际形象，提升文化软实力是关键。

中国的"国家形象"在国际上的展示就是中国的"国际形象"。国家形象是国家文化软实力的重要表现和组成部分，是国家自我认知和国际体系中其他行为体对其认知的结合，二者之间往往存在着差距。改革开放以来，中国经济的快速增长吸引了世界目光。2008年金融危机爆发后，中国成为恢复全球经济发展的重要驱动力。与此同时，中国作为联合国安理会常任理事国，APEC、二十国集团成员国，上海合作组织发起国，积极参加国际事务讨论和决策，是解决伊朗核问题的重要参与者，还是常任理事国中派遣维和人员最多的国家，赢得了良好的国际声誉。然而，中国的快速发展引发一些国家的担忧，"中国威胁论""修昔底德陷阱"的声音不绝于耳，从而产生国际社会对中国国家形象的负面印象。欧盟委员会前主席、意大利前总理罗马诺·普罗迪曾提到，"中国是一个极其复杂的国家，它的形

* 冯瑾，中央编译局馆员，中国社会科学院研究生院博士研究生；田德文，中国社会科学院欧洲研究所研究员，社会文化研究室主任。

象因此也存在诸多矛盾之处。"[①]要消除这些矛盾,从主动的方面来说,需要我们对不断改善中国的国际形象给予高度重视,将其作为提升国家文化软实力的基本内涵。

一、中国国际形象的历史与现状

(一)中国国际形象的历史变迁

国家形象是在国家交往的过程中建构起来的。中国与西方交往历史由来已久,早在宋辽时期,辽代统治者便派遣使者出使中亚,向西域传递来自东方的问候。波斯学者、政治家尼扎姆·穆勒克(Nizam al-Mulk)在其著作《治国策》(On the Administration of the State)中就提到被称为契丹(Khita)的中国。随着欧洲和阿拉伯的探险家不断向东探索,他们逐渐从中亚地区得知中国的存在,试图去掀开东方这片神秘沃土的面纱,并将处在蒙古帝国控制之下的中国北部依据"Khita"的发音,称之为"Cathay"。拉施德丁·哈马丹尼(Rashi-al-DinHamadani)、伊本·白图泰(ibn Battuta)和马可波罗都曾用"Cathay"一词指代中国北方区域,而中国南部地区则广泛地被东南亚国家以及印度称为"China"。因此,在16世纪初期,当葡萄牙人抵达东南亚以及中国的珠江地区时,他们并不确定,此"China"究竟是否是马可·波罗所述的"Cathay"。直到16世纪末期,在利玛窦游历整个中国之后,他才意识到并逐渐确定,此"Cathay"确为彼"China"。历史上,马可·波罗、利玛窦等西方探险家、传教士以欧洲人的视角将在中国的所见所闻传回给欧洲社会,他们对中国文献的翻译和解读拉开了西方人塑造中国国家形象的大幕。

16世纪到18世纪,西方人通过宗教这个突破口打开通向中国的大门,进而深入感受中国物质的丰饶和儒家的文明。晚清时期,骄傲纵逸的贵族统治者将中国带入封建社会的末路。而与此同时,西方国家经历了文艺复兴和启蒙运动,对理性的追求呼之欲出,随之而来的工业革命和城市化发展更是极大地提振了西方国家的国力和军力。在被迫开放通商口岸之后,中国文明在面对西方洋炮和利器的攻击下不堪一击,凋敝沉沦。清政府支持义和团"扶清灭洋"的行为,更是激怒了西方国家,它们一方面利用媒体报道贬低中国,提高自身正义感;另一方面通过文学、艺术等手段丑化中国人的形象,制造"黄祸论"。至此,在这一阶段,中国在海外的国际形象形成了从"正面"到"负面"的转变。2015年,法国历史学家、法国共产党前中央委员米歇尔·马索受邀来华授课时指出,随着法国在海外殖民活动的扩张,特别是英法联军火烧圆明园,以及法国作为八国联军之一入侵中国,法国媒

① Romano Prodi, "CEIBS Chair Professor of EU-China Dialogue Romano Prodi speak on China's Image in the World", The link, vol. 1, http://www.ceibs.edu/link_c/archive/images/20110415/31335.pdf。

体对中国的报道和讨论逐渐增多,但当时社会舆论对中国的描述基本上构建的是一种虚伪、奇怪、悲惨的异国风情形象。①

在这一阶段,西方的文学和艺术领域也极力丑化中国人的形象,不断制造中国"黄祸论"。20 世纪初期,英国小说家萨克斯·罗默虚构了一位名为傅满楚(Fu Manchu)的中国人的丑恶形象,把他描述为西方世界的敌人,长着一副"撒旦的面孔,集东方人的阴谋诡计于一身"。② 可以说,国力衰败是当时中国国际形象走向负面的主要原因。但是,中国国家形象急剧恶化及"黄祸论"的出现则与西方国家的殖民行为有着直接关系,这种对中国国家形象的诋毁事实上都是服务于西方当局进行海外殖民统治的政治需要。

新中国成立之后,西方社会对中国国家形象的认识较之 19 世纪和 20 世纪初期阶段发生一些改变,但这种改变并没有向积极的方向进行大幅度调整,中国的国际形象并没有发生质的改变。傅满楚之后,另外一个被西方人熟知的中国人形象是陈查理(Charlie Chen)——20 世纪美国小说家创造的中国人物。陈查理这一人物深谙西方文化,遵从西方价值观,因此他的形象较之傅满楚,柔和、可爱了许多。然而,冷战加剧了人们对意识形态的敏感性,在美苏冷战期间,特别是 20 世纪 50 年代的中苏蜜月期中,西方对中国国家形象的认识并没有转向陈查理,而是在意识形态的判断标准下,依然认为中国是一种未知且不可预测的力量。共产主义中国在西方媒体的舆论中成为新一轮"黄祸论"的缘由,西方民众普遍担心中国会和苏联一道将共产主义体制推向全世界。此外,朝鲜战争的爆发以及大跃进和"文化大革命"等国内政治事件的发生进一步加重了西方世界对中国国家形象的负面判断,认为中国的国家形象充斥着未知、暴力与恐惧。

(二)当代中国的国际形象

改革开放以来,中国经济进入蓬勃发展的快速轨道中,特别是加入世界贸易组织以来,中国的对外贸易为经济增长注入强大活力,在短短三十余年中,一跃成为继美国之后的全球第二大经济体。随着中国经济的快速发展,中国对外交往也逐渐增多,涵盖政治、经济、文化、社会等诸多领域。中国成为国际社会中的重要力量,世界舞台上的热门议题。随着经济的高速发展,中国国家形象在新时期也被赋予了诸多新的内涵,更新了历史上的西方人眼中的中国国家形象。其中,既有正面的认知,也有负面的看法。以下,本文就选取几种具有代表性的当代海外中国观做一概述。

---

① 2015 年 10 月,米歇尔·马索对中央编译局进行访问,并就近现代法国主要社会思潮与国内学者进行交流。

② Sax Rohmer, *The Insidious Dr. Fu Manchu*, McBride, 1913, pp. 25—26.

1. 崛起的中国

美国布鲁金斯学会外交政策和全球经济和发展项目高级研究员杜大伟认为，尽管目前中国经济增速回落，经济模式处在调整阶段，但中国已经成为全球主要力量。中国的“一带一路”倡议与美国发起的“跨太平洋伙伴关系协定”看似冲突，实际上却并非没有互补之处：前者主要是加大对贸易和投资的“硬件”投入，这种投入是必要的，但对深化区域融合而言并不充分，后者则代表了降低贸易壁垒、开放贸易和投资服务等贸易和投资的“软件”，中美之间的积极合作有望使“中国作为地区和全球力量的崛起进入新的阶段”。[①]

一些学者和官员还认为，中国在全球治理方面也在进一步做出自己的贡献。欧盟外交政策高级代表哈维尔·索拉纳(Javier Solana)认为，尽管西方国家一直以来指责中国没有在国际贸易中严格遵守国际行为规范，没有履行作为全球力量应负起的责任，但是，随着中国倡议和引领的金砖国家开发银行、亚投行、丝路基金的建立以及一带一路国家战略的部署和实施，中国在全球治理中的表现已经发生变化，中国影响力的增长已经显现，影响力覆盖范围不仅包括发展中国家，也涉及到英国、澳大利亚、法国、德国等西方国家。[②]

还有学者从大国责任方面评价中国的崛起，英国国际战略研究所的中国问题专家亚历山大·尼尔(Alexander Neil)在接受《欧洲时报》的采访时谈到，中国已经以大国形态登上了国际舞台。中国的国际地位已经上升，中美关系已经成为“新兴大国关系”。[③] 因此，中国应当承担与中国地位相联系的全球语境下的责任。

事实上，近年来海外公众普遍存在对于中国在经济上力量不断增强的认知，认为中国经济主导作用增强的人数越来越多。美国皮尤研究中心分别在2008年(金融危机爆发之前)和2014年对20个国家民众心中的国际经济主导力量进行调查，结果显示，尽管大多数民众仍认为美国是国际经济的主导力量，但这一比率已从2008年的49%跌至40%，而认为中国是国际经济主导力量的民众则从19%上升至31%。此外，50%的民众认为中国终将会代替美国成为超级大国，这一比率较之2008年上升了9%。这种变化同样出现在欧洲国家中。2008年，中位数为44%的法国、德国、波兰、西班牙和英国民众认为美国是全球最大的经济力量，认同中国的这一比率只占到28%。2012年，认同美国的这一比率降至28%，而认为

① David Dollar, China's Rise as a Regional and Global Power Enters a New Phase, July 20, 2015, http://www.brookings.edu/blogs/order-from-chaos/posts/2015/07/20-china-aiib-one-belt-one-road-dollar。

② Javier Solana, China and Global Governance, Mar 3o, 2015, http://www.project-syndicate.org/commentary/china-multilateral-institutions-threaten-us-by-javier-solana-2015-03.

③ 欧洲时报:《英国智库成员尼尔:中国大国身份决定更多全球责任》, http://ouzhou.oushinet.com/britain/20151013/207851.html。

中国是全球最大经济力量的人口比率中位数则较之 2008 年翻了一番，达到 57%。尽管近两年这一比率有所下降，但大多数欧洲民众仍将中国视为最大的全球经济力量。①

2. 不完全的大国

2013 年，美国乔治·华盛顿大学政治学和国家关系学系教授沈大伟(David Shambaugh)在其新著《中国走向全球：不完全的大国》(China Goes Global: The Partial Power)中，将中国描述为"不完全的大国"。他认为，尽管中国作为全球第二大经济体，外汇储备居全球首位，已成为国际社会中一支重要的全球力量，但实际上中国只在某些领域——全球贸易模式、全球能源和商品市场、全球旅游业、全球奢侈品销售、全球房地产等方面才具有全球影响力，能够影响这些领域中的全球趋势。尽管中国存在并活跃于全球许多地区和领域，但尚不能影响这些地区和领域的行动者。他还进一步指出，中国在外交上通过不作为或消极行为来影响事件，并没有积极主动地解决全球问题；军事上，中国不能把军力投射到亚洲邻国地区之外，即使在亚洲地区内，中国的军力投射能力仍然有限。因此，中国的这种全球地位可概括为"有广度无深度、有存在无影响模式"。② 中国的声望是模糊不清的，中国短时间内还无法成为像美国那样的全球超级大国，"随着时间推移，中国或许能够获得这些特性，但目前中国仍然是一个不完全的大国"。③

同样，澳门大学公共管理系助理教授陈定定 2014 年 3 月在《外交官》杂志上发表文章认为，一个更加稳定和繁荣的世界需要一个更加积极和自信的中国，20 多年来中国一直遵守的"韬光养晦"战略正在发生变化，中国准备要在国际事务中发挥领导作用，世界也将会从中受益良多。这一变化已经在一些方面早已发生，如中国高层领导积极斡旋解决伊朗和朝鲜核问题，与其他金砖国家通力合作建立可与世界银行和国际货币基金组织相抗衡的自己的开发银行等等。这些变化已经逐渐开始改变国际格局，美国单枪匹马地为国际社会提供一个稳定秩序的日子已经一去不复返。然而，陈定定认为，中国并不能在所有议题领域均发挥主导作用。从目前来看，中国的实力和能力依然有限，并在很长一段时间内仍将如此。但是中国刻意开始在诸如扶贫、环境保护、东亚共同体建设、支援发展中国家以及国际人权保护等领域承担更多的领导责任。④

---

① 参见 Pew Research Center, Global Opposition to U. S. Surveillance and Drones, but Limited Harm to America'sImage, http://www. pewglobal. org/2014/07/14/global-opposition-to-u-s-surveillance-and-drones-but-limited-harm-to-americas-image/。

② David Shambaugh, China Goes Global: The Partial Power, Oxford University Press, 2013, p. 9.

③ Ibid., p. 10.

④ The Diplomat: The world needs China's leadership, http://thediplomat. com/2014/03/the-world-needs-chinas-leadership/.

3. 脆弱的中国：中国崩溃论

持中国是脆弱的学者认为，尽管中国经济成为世界经济增长的引擎，为世界经济的发展做出突出的贡献，然而出于政治体制和社会制度等方面的考虑，中国依然具有脆弱性，中国有可能陷入困境，甚至极度危险。

2005年，哈佛大学的罗德里克·麦克法夸尔(Roderick MacFarquhar)在"帘子后面：领导权、政治与政策"会议上的演讲时，提到中国的"政治体制是脆弱的"，"简而言之，虽然中国经济的进步确实令人印象深刻，但是其政治制度却处在系统性的危机中。北京展示给高级访问者的是巨大的实力，但这是一个脆弱的制度"。[①] 美国加州大学圣地亚哥分校全球冲突与合作研究所所长、知名中国问题专家谢淑丽(Susan L. Shirk)在其代表作《中国：脆弱的超级大国》(China: Fragile Superpower)一书中指出，"中国有可能是一个正在出现的超级大国，但同时它也是一个脆弱的超级大国。导致极大危险的恰恰是其内部的脆弱性，而非经济或军事实力"[②]，而这里的内部脆弱性就指的是政治体制。2015年3月，沈大伟在《华尔街日报》署名文章中一改他在自己的著作《中国共产党：收缩与调试》(China's Communist Party: Atrophy and Adaptation)中认为中国共产党的执政工具正在重新焕发光芒，中国不大可能会出现制度崩溃的观点，反而耸人听闻地抛出"中国崩溃论"，他写到，中国崩溃即将到来，"我们正在目睹它的最后阶段"，[③]引发学术界和社会舆论的热议。

牛津大学中国奖学金基金会主席谭宝信(Timothy Beardson)在其著作《奋斗的巨人：威胁中国未来的因素》(Stumbling Giant: The Threats to China's Future)中阐述了中国的这种脆弱性具有普遍性，因为所面临的威胁太广太大。他认为，中国目前面临着两个陷阱，一是中国取得经济突破的机会窗口十分有限，加之有可能出现的自满情绪导致中国不愿继续深度推进实质性改革，从而陷入中等收入陷阱；二是冲突陷阱，即在外来势力的影响下，身处民主转型边缘的政府面临国家重构的可能，[④]这些都将会使中国陷入困境之中。

4. 中国不稳定论

2015年9月，英国知名智库查塔姆研究所发布的研究报告《亚太力量平衡》对当今以及未来亚太地区的力量分布进行分析。文章认为，目前对亚太地区力量分

① 〔美〕沈大伟：《中国共产党：收缩与调适》，吕增奎，王新颖译，中央编译出版社2011年版，第38页。

② Susan, L. Shirk, China: Fragile Superpower, Oxford University Press, 2008, p. 6.

③ David Shambaugh, "The Coming Chinese Crackup", Mar 6, 2015 http://www.wsj.com/articles/the-coming-chinese-crack-up-1425659198.

④ Timothy Beardson, Stumbling Giant: The Threats to China's Future, Yale University Press, 2013, pp. 43—45.

析的主流解读，即中美两极化不能准确概括亚太地区力量分布的现状，也不能体现亚太地区未来的发展。因为这一说法只是基于对经济和安全问题的一种表面性判断，而非充分考虑了外交、文化、自然资源等因素。随着中国经济日益强大，情况愈加复杂，内部逐渐整合，中国社会经济变革的国内驱动力在数量上逐渐增多。中国的对外投资属性也发生了变化，从对国外自然资源的投资逐渐转向政府主导的对地区基础设施的投资或是中国企业的对外直接投资。中国领导层重点关注的“一带一路”战略、建立亚投行以及加入金砖国家的新发展银行都体现了这一层面的转变。此外，人民币也在过去 6 年中在国际上显示了它的存在，并被越来越多的非美元经济体用作结算货币。

然而，中国未来经济发展具有不确定性，中国的领导层将其称之为巨大的政策挑战。首先担忧的是经济增长的可持续性，包括房地产调控的风险、公司债和地方政府债的情况，以及影子银行带来的系统风险。其次，中国的快速发展带来环境极度恶化，空气、水土质量下降，食品和产品安全也出现问题，这些都成为部分民众对政府不满的主要原因。因此，中国领导层致力于提升产业链，促进创新质量，提高中国在国际劳动力分工中的地位，中国经济正处在变化之中。最后，中国区域经济平衡也处在变化之中。一些内陆城市经济增长速度不仅超过沿海城市，而且开始发展自身的跨区域经济合作。重庆、成都等城市经中亚通向欧洲的铁路将会改变中国和欧亚各邻国间贸易的空间结构。①

5. 中国威胁论

随着中国经济的崛起，20 世纪 90 年代末期开始，西方世界特别是美国再次提出新一轮“黄祸论”——中国威胁论，认为中国是对现有世界秩序，特别是美国国家安全的重大挑战。尽管中国一再强调和平崛起，永不称霸，但西方国家还是时有中国威胁论泛起。

2012 年，英国《金融时报》撰文称，美中关系存在危机的不稳定性，甚至可能爆发一场不可想象的冲突，美中面临着重蹈古希腊雅典和斯巴达关系，以及“一战”前英德关系的覆辙，陷入“修昔底德陷阱”②的危险。美国学者米尔斯·海默（John J. Mearsheimer）为代表的现实主义悲观派就曾明确指出，中国崛起是对美国安全的根本威胁。③ 自由主义学者约翰·伊肯伯里（G. John Ikenberry）同样持相同观

① Xenia Wickett, John Nilsson-Wright and Tim Summers, “The Asia-Pacific Power Balance: Beyond the US-China Narrative”. Research Paper, Chatham House, Sept. 201.

② Graham Allison, “Thucydide's Trap Has Been Sprung in the Pacific”, Financial Times, August 21, 2012.

③ John J. Mearsheimer, “The Gathering Storm: China's Challenge to U. S. Power in Asia”, Chinese Journal of International Politics, Vol. 3, No. 4, 2010, p. 382.

点，认为中国是21世纪世界秩序的“重大威胁和挑战”之一。[①] 宾夕法尼亚大学政治学教授金骏远(Avery Goldstein)等温和派的观点虽然认为中国实力超越美国依然还很遥远，但的确存在着迫在眉睫的现实威胁，即“美中两国将有可能会陷入一场可能升级为公开军事冲突的危机中”[②]，一旦陷入其中，那么这种危机可能像冷战期间的美苏危机一样危险，甚至更为危险。

2013年6月习近平主席与奥巴马总统的安纳格庄园会晤和2015年9月两位元首的白宫秋叙对中美两国构建新型大国关系无疑是一个及时、积极的信号，然而，一些鼓吹中国威胁论的机构依然一口咬定中国是挑战世界秩序的最大威胁。就在习近平主席访美之后不久，2015年10月，美国知名咨询机构兰德公司对外发布一份长达430页、题为《美中军事记分卡：力量、地理以及演变中的力量平衡(1996—2017)》(The U. S.-China Military Scorecard: Forces, Geography, and the Evolving Balance of Power, 1996—2017)的研究报告，该报告指出，它的关键发现在于“尽管中国实力落后于美国，但中国已具备对美国军事行动产生重大挑战的能力”[③]，进一步加剧了西方民众对“中国威胁”的担忧。

近年来的领土争端进一步加剧了一些国家对中国的担忧。2014年，美国皮尤研究中心对东亚、东南亚和南亚国家民众所做的一项调查显示，当被问及哪个国家是本国最大的威胁时，日本、菲律宾和越南这三个和中国有领土争端的国家都将中国视为最大的威胁国。而中国、巴基斯坦、马来西亚则将美国视为对自己国家最大的威胁。[④]

二、海外公众对中国国际形象的认知情况

(一) 英国广播电视公司(BBC)国家形象调查

英国广播电视公司最近一次对国家影响力排名调查是在2014年6月，也是自2005年它开启国家排名调查的第10年，BBC World Service继续委托GlobalScan公司和其战略伙伴PIPA就全球24个国家和地区的国家影响力进行调查，受访民众对受访国家的国家影响力进行“积极”或“消极”评价。

---

① G. John Ikenberry and Ann-Marie Slaughter, “Forging a World of Liberty under Law: US National Security in the 21st Century”, The Princeton Project Papers, p. 9., http://www.world-governance.org/IMG/pdf_080_Forging_a_world_of_liberty_under_law.pdf.

② Avery Goldstein, “China's Real and Present Danger: Now Is the Time for Washington to Worry”, Foreign Affairs, September/October 2013, p. 137.

③ RAND: The U. S.-China Military Scorecard: Forces, Geography, and the Evolving Balance of Power, 1996—2017, http://www.rand.org/pubs/research_reports/RR392.html.

④ 参见 Pew research center, Many in Asia Worry about Conflict with China, http://www.pewglobal.org/2014/07/14/global-opposition-to-u-s-surveillance-and-drones-but-limited-harm-to-americas-image/。

根据 BBC 的调查，2005 年以来，受访公众对中国影响力的积极评价一直稳步增长，但在 2012 年突然急剧下滑[①]，2013 年跌至最低水平。经历了两年国家影响力积极评价比率骤降之后，2014 年中国国家影响力排名得以稳定。2014 年 BBC 调查的结果显示，中国国家影响力积极评价比例为 42%，负面评价比例同为 42%，较之 2013 年积极评价 40%和负面评价 42%的比例略有上升。按照积极评价比例的数值大小对上榜的 17 个国家进行排名，中国与美国以 42%的积极评价率共享第 8 名的位置，排在中美之前的是德国、加拿大、英国、法国、日本、欧盟、巴西（参见表 1）。

表 1　BBC 调查的 2014 年各国国家形象排名（%）

排名	国家	喜欢	不喜欢	排名	国家	喜欢	不喜欢
(1)	德国	60	18	(2)	加拿大	57	15
(3)	英国	56	21	(4)	法国	50	22
(5)	日本	49	30	(6)	欧盟	47	27
(7)	巴西	45	26	(8)	美国	42	39
(9)	中国	42	42	(10)	南非	39	31
(11)	韩国	38	34	(12)	印度	38	36
(13)	俄罗斯	31	45	(14)	以色列	24	50
(15)	朝鲜	19	58	(16)	巴基斯坦	16	58
(17)	伊朗	16	60				

资料来源：http://downloads.bbc.co.uk/mediacentre/country-rating-poll.pdf。

从受访者地区分布看，对中国国家形象评价最高的地区在非洲，非洲国家对中国持积极看法者均在 65%以上，其中尼日利亚的这一比例高达 85%；拉丁美洲对中国国家形象的评价同样较高，秘鲁和巴西对中国的积极评价均高于 50%，消极评价则低于 30%；美国和加拿大的评价非常相似，消极评价比例高达 65%左右；欧洲国家对中国的评价差异较大，德国在 2014 年对中国的消极评价达到 2005 年以来的最高比例，即 76%的消极评价率，较 2013 年高出 9 个百分点，而英国对中国的积极评价比例则在 2014 年大幅提高 12 个百分点，达到 49%；在亚洲国家中，印度和日本对中国的消极评价较 2013 年分别增长了 8%和 9%，其中日本对中国的消极评价达到 2005 年以来的最高水平 73%，而积极评价又达到历史最低，仅为 3%。在受访的亚洲国家中，仅有韩国对中国评价略有提高，积极评价增长 9 个百

① BBC：BBC poll：Germany most popular country in the world，http://www.bbc.com/news/world-europe-22624104.

分点，达到32%，但消极评价依然高达56%。[①]

（二）盖洛普公司美国民众的外国国家形象调查

2015年，盖洛普公司（Gallup）对22个国家和地区的国家形象在美国民众中受欢迎程度进行调查。结果显示，加拿大是最受欢迎的国家，92%的受访者对加拿大国家形象给予积极评价。中国位列第13，44%的受访民众对中国的国家形象给予积极评价，而50%的受访人则对中国的国家形象给予负面评价（参见表2）。

表2　2015年盖洛普公司调查的各国国家形象排名（%）

排名	国家	喜欢	不喜欢	排名	国家	喜欢	不喜欢
（1）	加拿大	92	4	（2）	英国	90	6
（3）	法国	82	12	（4）	德国	81	13
（5）	日本	80	15	（6）	印度	71	21
（7）	以色列	70	24	（8）	约旦	57	28
（9）	墨西哥	55	41	（10）	乌克兰	52	36
（11）	埃及	49	41	（12）	古巴	46	48
（13）	中国	44	50	（14）	沙特阿拉伯	38	54
（15）	俄罗斯	24	70	（16）	巴勒斯坦	17	72
（17）	巴基斯坦	15	75	（18）	伊拉克	15	81
（19）	叙利亚	14	74	（20）	阿富汗	14	80
（21）	伊朗	11	84	（22）	朝鲜	9	87

资料来源：www. gallup. com/poll/1624/perceptions-foreign-countries. aspx。

盖洛普公司这一调查项目始于1972年，每年对受调查国家的国家形象在美国民众中进行调查。该项目的受调查国家数量逐年增加，1979年将中国列为受调查国家，自1996年起每年对中国国家形象的受欢迎程度进行调查。从表3中我们可以看出，与BBC调查结果相似，从总体上看，中国在美国民众中受欢迎程度逐步向好，受欢迎比例较之1990年代有所提高，2007年和2011年达到峰值。2012年起，美国民众表示“喜欢”中国的比例略有下降，但“非常喜欢”的比例则有明显提高，增长2至3个百分点。此外，2015年美国民众对中国国家形象的负面评价也有所下降，表示“不喜欢”和“非常不喜欢”中国的比例分别为34%和16%，较2014年都有下降。

① BBC：BBC World Service Poll，http://downloads. bbc. co. uk/mediacentre/country-rating-poll. pdf.

表 3 1979—2016 年盖勒普中国形象调查数据(%)

	非常喜欢	喜欢	不喜欢	非常不喜欢	没意见
2016 年 2 月	8	36	34	18	4
2015 年 2 月	8	36	34	16	5
2014 年 2 月	9	34	35	18	5
2013 年 2 月	8	35	35	17	5
2012 年 2 月	6	35	36	20	2
2011 年 2 月	6	41	37	13	3
2010 年 2 月	5	37	36	17	5
2009 年 2 月	5	36	34	17	7
2008 年 2 月	6	36	38	17	3
2007 年 2 月	7	41	32	15	6
2006 年 2 月	4	40	35	14	6
2005 年 2 月	5	42	35	12	6
2004 年 2 月	6	35	38	16	5
2003 年 2 月	6	39	34	12	9
2002 年 2 月	6	38	37	12	7
2001 年 2 月	5	40	31	17	7
2000 年 11 月	4	29	33	18	16
1999 年 2 月	8	31	34	16	11
1998 年 6 月	5	34	42	9	10
1997 年 6 月	5	28	36	14	17
1996 年 5 月	6	33	35	16	10
1994 年 2 月	4	36	38	15	7
1991 年 5 月	5	30	35	18	12
1989 年 8 月	5	29	32	22	12
1989 年 2 月	12	60	10	3	15
1985 年 2 月	5	33	35	16	11
1979 年 9 月	18	46	18	7	10

资料来源:http://www.gallup.com/poll/1624/perceptions-foreign-countries.aspx。

(三) 皮尤研究中心中国形象调查

2014 年,美国皮尤研究中心对 43 个国家的民众发起一项旨在评估中国国家形象的调查。结果显示,尽管各国民众对中国国家形象的评判具有很大差异性,但总体来说,多数受调查者对中国的国家形象还是持积极态度。同样,大多数国家的受调查者认为中国经济增长有益于世界。当然,也有一些国家的受调查者将不断强大的中国视为威胁。

在43个受访国家中，对中国国家形象持积极态度的中位数为49%，消极态度为32%。但如表4显示，美国和欧洲民众普遍对中国国家形象持消极态度。只有35%的美国民众表示喜欢中国，而55%的民众表示不喜欢中国。在表示不喜欢中国的调查者中，共和党人(65%)高于民主党人(53%)和独立人(51%)。2011年，有一半以上的美国民众对中国的国家形象持积极态度。此次调查结果显示，近年来中国的国家形象在美国民众中的评价愈加消极。在欧洲国家中，意大利、德国、波兰和西班牙都有一半或一半以上的民众表示不喜欢中国，法国是欧盟国家中唯一一个对中国国家形象总体持积极评价的国家。

亚洲国家对中国国家形象所持观点相差较大。2/3以上的穆斯林亚洲国家，如巴基斯坦、孟加拉国、马来西亚、印度尼西亚和信奉佛教的泰国民众对中国国家形象评价积极；2014年，韩国对中国国家的积极评价率也从2013年的46%增长为2014年的56%；而绝大多数日本和越南民众对中国持消极评价，菲律宾持消极评价的民众人数较之去年也有较大浮动的增长，而这三个国家都与中国存在领土纷争。

根据皮尤中心的统计，受调查者中，年轻人比年长者对中国的评价更为积极。在23个国家中，18到29岁年龄段的民众对中国国家形象的评价高于50岁以上的民众。在英国、墨西哥、美国和法国，年轻民众对中国国家形象持积极评价的比率较年长者高出20%。[①]

随着中国经济持续增长，中国与世界各国的经济联系愈加广泛。总体来说，在受访国家中，中位数为53%的民众认为中国发展有利于其自身国家的发展，中位数为27%的民众则对中国经济竞争力抱有担忧情绪(参见表4)。其中，大多数欧洲国家，特别是英国和希腊民众认为中国的发展有益于自身发展，而3/4的意大利民众则认为中国发展有害于意大利的经济发展。同样，大多数中国的邻国，如泰国、孟加拉国、马来西亚、巴基斯坦、韩国等国家的民众普遍认为他们得益于中国的经济发展，即使日本也有47%的民众对中国经济发展持积极态度，甚至2014年这一数字曾达到57%。

---

① 参见 Pew Research Center: Global opposition to U. S. Surveillance and Drones, but limited harm to America's Image: Many in Asia worry about conflict with China, http://www.pewglobal.org/2014/07/14/chapter-2-chinas-image/。

表 4　各国对中国国家形象/中国经济增长影响的评价(%)

		喜欢	不喜欢			喜欢	不喜欢
欧洲国家	俄罗斯	64/47	28/27	美洲国家	委内瑞拉	67/66	26/20
	乌克兰	64/40	21/16		智利	60/63	27/13
	法国	53/47	47/53		尼加拉瓜	58/74	19/13
	希腊	49/52	46/30		秘鲁	56/54	27/23
	英国	47/57	38/28		萨尔瓦多	48/54	25/26
	西班牙	39/44	55/46		巴西	44/39	44/41
	波兰	32/26	52/53		阿根廷	40/41	30/20
	德国	28/51	64/45		哥伦比亚	38/30	32/45
	意大利	26/14	70/75		美国	35/49	55/42
亚洲国家	巴基斯坦	78/62	3/8	中东和非洲国家	坦桑尼亚	77/77	10/10
	孟加拉国	77/70	22/22		肯尼亚	74/80	16/13
	马来西亚	74/69	17/8		塞内加尔	71/75	12/12
	泰国	72/75	17/14		尼日利亚	70/68	14/8
	印度尼西亚	66/55	25/28		突尼斯	64/66	21/18
	韩国	56/57	42/36		乌干达	61/66	18/22
	菲律宾	38/30	58/57		加纳	61/61	23/23
	印度	31/23	39/46		巴勒斯坦	61/53	29/22
	越南	16/21	78/71		黎巴嫩	53/64	44/27
	日本	7/47	91/39		以色列	49/62	50/21
					埃及	46/53	53/42
					南非	45/41	40/36
					约旦	35/58	63/37
					土耳其	21/24	68/57

资料来源:http://www.pewglobal.org/2014/07/14/chapter-2-chinas-image/。

(四) 中国国家形象全球调查报告

自 2012 年起,中国外文局对外传播研究中心每年定期发布《中国国家形象全球调查报告》(中英文版)。① 2014 年,中国外文局对外传播研究中心联合华通明略(MillWard Brown)、Lightspeed GMI 等合作开展第三次中国国家形象全球调查,调查所覆盖国家和地区达到 9 个,较 2013 年增加 2 个,受访民众共计 4500 人。与 BBC 和盖洛普公司调查问卷采取封闭式选项的方式不同,对外传播中心采取了打分方式对受访民众的中国国家形象观进行调查。调查结果显示,与 2013 年相比,2014 年中国国家形象正在被越来越多的受调查者认可,中国整体形象得分为

① 本部分数据资料全部来自《中国国家形象全球调查报告 2014》,详见中国发展门户网:http://cn.chinagate.cn/photonews/2015-03/18/content_35091383_8.htm。

5.8(总分10分),相比2013年高出0.8分。其中,俄罗斯民众对中国形象的打分最高,为7.6分;日本民众打分最低,仅为3.4分(参见图1)。此外,该项调查还对中国整体海外形象进行调查,结果显示,46%海外受访者对中国形象认同率最高的描述是“经济发展迅速,人民生活水平较高”;但是与此同时,45%的受访者也会认为中国是一个贫富差距较大的国家。

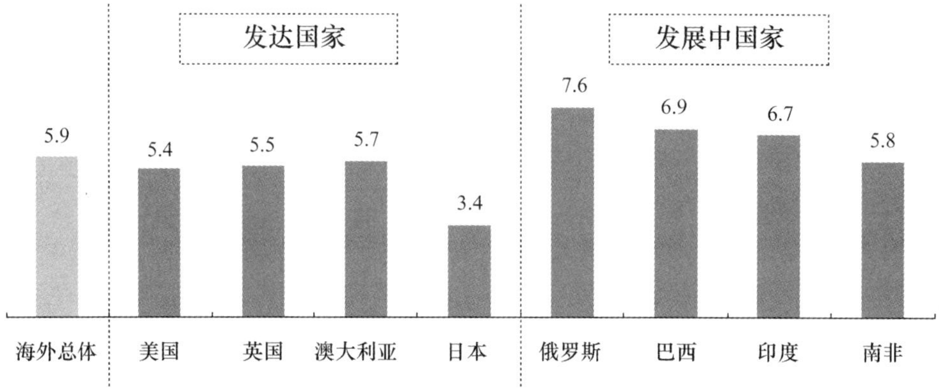

图1 国家外文局调查不同国家对中国国家形象的打分情况

资料来源:中国外文局等,中国国家形象全球调查报告2014,http://www.cssn.cn/zt/zt_xkzt/zt_zzxzt/zzxzt_zzcb/cbsj/201505/t20150513_1793625.shtml。

该项调查显示,经济上,多数受调查者对中国的未来发展形势持乐观态度。其中,20%的受访者认为中国将超过美国成为世界超级大国,37%的人认为中国经济会继续保持高速发展,20%的人认为中国经济会进入低速发展阶段,18%的人认为具有不确定性,只有6%的人认为中国经济会走向衰退。相比于发达国家,发展中国家对中国未来的发展更为看好。政治上,不论是发达国家还是发展中国家,对中国执政党的共同印象是:权力集中、有超强的组织动员能力、组织严密。发达国家中有45%的受访者认为中国执政党是贪腐严重的,发展中国家有26%(近三分之一)的受访者则会认为中国执政党是得到民众支持的。至于中国未来发展道路上面临的挑战,发达国家受访者认为排在首位的是打击国内腐败、社会不公等问题,为35%,其次是提高国内人民生活水平,为26%;发展中国家均有29%的受访者把提高国内人民生活水平和推动国内经济继续高速发展看作中国未来发展道路上的最大问题。不论是国内事务还是国际事务,中国领导人习近平的处理能力都得到了很高的评价。在进行调查的9个国家中,中国国家主席习近平的国内、国际事务处理能力认可度均排在第二位,仅次于2014年新当选的印度总理莫迪。

在对中国道路和模式的理解方面,发达国家和发展中国家有所不同。发达国家中,31%的受访者认为中国发展道路和模式"是中共领导的中央集权模式",23%的受访者认为该模式的核心是"国有经济占主体";与之不同的是,发展中国家中最多的人认为中国模式"是融合了中国历史文化和现实国情需要的一种创新",他们还认为它"是中国取得惊人发展成就的主要原因"。

在国际关系层面上,整体而言,国际社会认可中国经济的国际影响力,认同"中国经济发展推动了全球经济发展""本国从中国经济发展中获得了利益""中国乐于在经贸方面与本国开展合作,共享中国经济发展成果"。其中,"中国经济发展推动了全球经济发展"得到的认可最多。从各国的评价可以看出,发展中国家对中国经济影响力的认可度高于发达国家。与此相应,各国普遍看重与中国的外交关系且期待更好发展,平均有 65%的海外受访者很看重与中国的外交关系且对此抱以更好的期待。同时,多数民众认为中国应承担更多的国际责任,有 37%的海外受访者认为中国只在与自身利益相关的国际事务中表现积极,承担的国际责任还不够多。值得注意的是,这一观点在发展中国家和发达国家中都占较大比例。在消极的方面,"中国军事威胁论"在西方国家仍有一定市场。调查显示,在美国、英国、日本等西方国家,认为中国军力发展会对别国国土安全造成威胁的海外受访者平均比例为 35%。但另一方面,与以往相比,海外受访者更多地认可中国军力是稳定国际秩序和维护世界和平的重要力量,持这两种观点的海外受访者比例分别为 28%和 17%。

(五)小结

国家形象是国家软实力的重要组成部分和表现形式。本文选取国内外业已形成品牌的几个国家形象调查项目,从一定程度上反映中国国家形象在国际社会中的总体印象。尽管不同调查问卷对调查问题及选项答案设计具有一定差别,但通过对调查结果的横向比较,我们还是可以发现一些共同之处:

一是中国国家形象近些年总体上呈现出稳步向好的趋势。新中国成立以来,我国积极致力于构建良好的有利于中国发展的国家形象。新中国成立伊始,党和政府就非常注重发展与发展中国家的国家间关系,积极倡导南南对话。1955 年,周恩来总理在万隆会议上阐述中国不结盟、不称霸的外交政策原则,树立中国和平发展的国家形象。十八大以来,习近平总书记多次在不同场合强调要提高国家文化软实力。近年来,中国国家形象的整体稳定向好反映了党和国家对我国文化软实力和中国国家形象的高度重视,从一定程度上证实了我国实施的相关提高国家形象战略和政策的有效性。

二是从具体层面上看,我们发现不同国家民众对中国国家形象的判断存在着较大差异。一些与中国外交关系发展良好的国家和地区,如非洲地区和俄罗斯的民众对中国的国家形象普遍给予较高评价;而日本等与中国外交存在摩擦的国家和地区则对中国国家形象持消极看法。值得注意的是，当中国与特定国家外交关系升温时，当地公众对中国国家形象的评价也会出现明显提高。例如，2014—2015年，随着中英关系逐渐步入“黄金时代”、双方经贸合作日益紧密，英国对中国国家形象持积极态度的民众增长数量也非常明显。

三是国家形象突然的正面增长或负面回落通常都与影响国家形象的事件有关，换而言之，积极开展一些营造国家形象的举措或国际事件可以在短时间内迅速对国家形象产生影响。2011年1月，中国国家形象片亮相美国纽约时代广场，引起美国社会的普遍关注，产生积极反响。从随后开展的盖洛普国家形象调查的结果可以看出，2011年中国在美国民众中的国家形象有了较大幅度的提升。2015年中国驻英国大使多次参加BBC访谈节目，无论是与日本驻英大使进行辩论，还是就中国威胁论、中国军费等敏感问题接受采访，都在当地获得积极反响，相信也会在2016年国家形象的调查中有所体现。

四、2015年度外媒对我国国际活动的报道

2012年党的十八大召开以来，以习近平为总书记的新一届领导集体的治国理政方略得到国际社会的广泛关注，各国媒体进行了多角度的阐释。日本放送学会组织的“从中国梦看中国社会的深层问题”专题研讨会认为，中国梦提出的爱国主义是中国共产党面对各种社会问题时要求增强向心力的表现方式。法国《世纪报》记者、亚洲事务专员弗朗索瓦·布贡认为，对中国梦的大力宣传是为了“加强党内的和谐团结”。国外舆论界对中国关注的范围很广，重点涉及的问题包括：第一，如何看待中国经济的“新常态”？伦敦政治经济学院经济学教授柯成兴认为，应该以平常心来看待中国经济增长放缓，因为即使是新加坡、中国台湾、韩国等经济体也都经历了经济高速发展之后的经济衰退。① 美国企业公共政策研究所（简称“美国企业研究所”）研究员德里克·西瑟斯则认为，中国经济增速放缓是连续12年的不均衡发展、重复投资、国进民退、持续6年的经济泡沫、金融改革缓慢与银行不良贷款等问题累积的结果，中国在过去10年左右的时间内并没有进行改革。② 第二，如何看待中国的执政党建设？在这方面，海外学者和媒体关注的焦点是中国政府加大反腐败力度。哈萨克斯坦执政党“祖国之光”政治委员会委员、该党下属公共政策研究所所长努尔别克·萨亚萨特认为，中国领导人并不害怕“家丑外扬”，展示出严厉打击腐败的坚定决心。③ 美国佐治亚州立大学政治学教授魏

---

① FT中文网：中国经济放缓不可怕，http://www.ftchinese.com/story/001059580。

② Insight: Derek Scissors of AEI sees weakness in China's economy, http://insight.amcham-shanghai.org/derek-scissors-of-aei-sees-weakness-in-chinas-economy/。

③ 哈萨克国际通讯社：哈萨克斯坦执政党成员评中国反腐，http://inform.kz/chn/article/2735807。

德安认为，腐败与既得利益集团紧密相联，要推进改革就必须坚决反腐。[①] 日本《外交官》杂志副主编香农·蒂耶斯认为，尽管拿下了“大老虎”，但真正考验中国共产党的是能否清除低级别官员中的腐败现象。[②] 澳大利亚学者梅丽莎·泰勒则认为，中国反腐败的关键在于建立新的预防机制，规范人们的观念以逐渐适应反腐败的“新常态”。[③] 第三，关注中国提出的“一带一路”倡议。海外学者普遍认为，中国提出“一带一路”倡议的主要目的是缓解国内能源需求、促进经济发展和维护新疆稳定。美国杜克大学教授高柏认为，中国提出“21 世纪海上丝绸之路经济带”构想是针对美国“跨太平洋伙伴关系(TPP)”和“重返亚太战略”的对冲行动。[④] 很多学者认为，中国的“一带一路”倡议造成的国际影响可能对美国、俄罗斯、日本、韩国的利益构成挑战，同时中国实施“一带一路”构想相对相关国家的配套条件不完善，以及相关国家对这一构想心怀戒备等，应对这些不利因素，我们还没有做好充分的思想准备。

(一) 对习近平主席访英的报道

2015 年，习近平主席对英国的国事访问受到国内外学界、媒体和大众的广泛关注，英国皇室和政府也给予习近平主席超高规格的接待。大部分学者和媒体都对这次访问给予积极评价。英国《每日电讯报》对习近平访英进行了大量翔实的报道，并且还制作了一段“90 秒内看懂中英经济关系”的视频。英国广播电视公司评论认为，2015 年，受到股票市场暴跌、经济增长速度下滑以及天津滨海化学物爆炸事件的影响，历来以竞争力闻名的中国政府的名誉受到破坏，习近平本次访英之行旨在获得国际尊重，以期提高中国共产党在国内的支持率和实力。[⑤] YouGov 公司调查显示，英国民众对中国这个重要的贸易伙伴抱有较高的预期，期望中国能够在未来 20 年中超过欧洲成为英国最大的贸易伙伴。40％的受访者认为欧洲目前是英国最好的贸易伙伴，而仅有 22％的受访者认为欧洲是未来英国贸易伙伴的最佳选择，低于认为中国是最佳选择的 29％的比例。[⑥]

① 《美国学者魏德安：中国要推进改革必须反腐》，中国网，http://jiangsu.china.com.cn/html/finance/cjft/316948_1.html。

② 《日媒：反腐的真正挑战是拍苍蝇》，参考消息，http://china.cankaoxiaoxi.com/2014/0928/512538.shtml。

③ 《外国学者肯定反腐败和新常态》，央广网，http://news.cnr.cn/native/gd/20150306/t20150306_517912312.shtml。

④ 2015 年 12 月 14 日，美国杜克大学教授高柏赴武汉大学就“一带一路战略与中国向西开放”主题发表演讲。

⑤ XiJinping visit: UK-China ties “will be lifted to new height”, BBC, http://www.bbc.com/news/uk-34571436。

⑥ British public bullish on Chinese prospects, keen on closer partnership, Yougov, http://yougov.co.uk/news/2015/10/19/british-public-bullish-chinese-trade/.

查塔姆研究所中国问题专家凯利·布朗(Kerry Brown)对比了中国当今和十年前胡锦涛访英时的经济状况,高度评价中国经济在这期间的发展。布朗指出,2012年习近平执政以来,他所使用的新语言都会给人留下深刻印象,如中国与欧盟是“文明伙伴”,即使是中亚、中东和东南亚地区也被其“一带一路”的设想所吸引。布朗认为,中国强大的经济实力和投资能力吸引着许多国家的目光,英国也应尽力争取进一步扩大与中国的经贸关系。在他看来,鉴于中国正在力图构建新的经济结构以及解决环境和可持续发展问题,英国可以作为中国的智力伙伴,这也是双方可以跳出人权问题的一种合作定位。除此以外,布朗认为,目前英国大学生在大学期间选修汉语的人数每年只有350人左右,习近平主席此行可以鼓励更多的英国青年在大学学习汉语。[①]

然而,部分媒体和学者则对英国表现出的“低下”姿态极为不满,对中国抱有负面情绪。英国皇家联合服务研究院(Royal United Services Institute)的高级研究员乔希(Shashank Joshi)提到,中国倾向于向英方施加压力,尽管卡梅隆深谙此道,并自2012年会见达赖后极力讨好中国,但仍无法否认中国的迅速崛起为其他国家带来根本性问题。他认为,美国在亚洲的军事部署稳固了亚洲70年的繁荣和稳定,中国也是受益者之一,但当今,中国军事实力的不断增长威胁了这一地区的稳定。[②] 诺丁汉大学中国研究院讲师傅洛达(Andreas Fulda)博士在接受《华盛顿日报》采访时谈到,“英国政府对中国贸易的经济影响表现得过分乐观”“欧洲商务并没有同等互惠地进入中国市场,英国政府在这种情况下将自身经济向中国开放似乎不符合逻辑。”[③]总部位于华盛顿的安可顾问公司董事长、中国问题专家麦健陆(James McGregor)在BBC Radio 4的今日(Today)节目中指出,此次英国对习近平国事访问的接待过于热情,他说“如果你表现得像一只小狗,你想要的就是让主人给你一条狗链,中国不尊重溜须拍马的人,英国会为此付出代价。”[④]

(二)关于习近平主席访美的海外评论

美国国际战略研究中心中国商业和政治经济学项目主任甘思德(Scott Kennedy)积极评价了习近平主席2015年对美国的国事访问。他写到,在习近平主席访美之前,美国国内对中国经济增长下行普遍存在担忧情绪,对中国经济增长率的可信度以及中国能否真正进一步深化市场改革也存质疑。习近平主席访美期

---

① Kerry Brown, How China-UK Relations Have Evolved, June 16, 2015, https://www.chathamhouse.org/expert/comment/17921.

② Telegragh: The Queen praises ‘everlasting friendship’ between Britain and China, http://www.telegraph.co.uk/news/politics/11941937/Chinese-president-Xi-Jinping-begins-UK-visit.html。

③ 诺丁汉大学:Dr. Andreas Fulda quoted in The Washington Post on Xi's state visit to the UK, http://www.nottingham.ac.uk/chinese/news/articles/washington-post-fulda-21-10-2015.aspx。

④ BBC Radio 4: www.bbc.co.uk/programmes/b007x9vc/episodes/guide。

间，多次反复重申中国将会持续进行经济改革，对外国资本开放中国市场，不会将国家安全当作阻碍外商投资的借口。同时，习近平主席还肯定了布雷顿森林体系的重要性，推动亚投行与世界银行等多边发展体系的合作，并且从长期看，中国没有理由对人民币进行贬值。因此，此次访问在巩固两国经贸关系，提振美国方面对中国经济开放度和稳定性的信心取得了一定程度的进步。①

卡内基国际和平研究院高级研究员黄育川(Huang Yukon)认为，2015 年习近平对美国国事访问是当今世界两个主要力量的相互沟通，这两个主要力量各自有着自己的担心。尽管公众情绪绝大部分受到外交政策问题的影响，但事实上中美领导人的此次会晤主要取决于经济考量。中国经济下行从一定程度上阻碍了中国迈向发达国家的脚步，而美国则担心丢掉其主导世界经济的地位。他还在文中指出，根据购买力平价指数计算，中国已经成为全球最大的经济体。盖洛普调查数据也显示大多数美国人认为中国是引领世界经济的力量。但是中国则视美国为世界经济的绝对主导力量，事实也是如此。相比经济规模而言，一个国家处理外交政策和安全问题的能力取决于该国的人均 GDP。中国的人均 GDP 目前仅排在全球第 80 位，这也是中国不愿承担大国责任的原因。他在文中还强调，尽管这次会晤在两国共同关心的一些议题上取得了一些共识，但真正将中美分隔开的是双方信任的缺失。皮尤研究中心的调查显示，55%的美国人对中国持消极态度。而在亚洲国家中，84%的韩国人和 68%的日本人认同美国的国家形象，而对中国国家形象认同的这一数字，仅有 44%。基于缩小与世界经济主导国家的差距这一考虑，习近平主席对美国的国事访问意味着中美双方未来的紧张关系将会集中在技术转移和市场准入领域，汇率和贸易平衡方面的矛盾会有所减少。②

(三) 关于我国抗日战争胜利 70 周年阅兵仪式的海外评论

总体看来，海外对 70 周年阅兵仪式的评论主要集中在“9・3”阅兵之前，重点对西方领导人缺席原因以及中国此举的目的进行报道和分析：英国广播电视公司于 2015 年 9 月 1 日对 70 周年阅兵仪式主要检阅人员和装备进行报道后，还重点对西方领导人缺席阅兵式的原因进行分析，认为主要原因包括：其一，一些领导人考虑到紧张的中日关系以及亚太地区的军事紧张，不愿参加这场具有“民族主义”和“反日倾向”的集会；其二，普京的现身同样阻止了西方领导人参加阅兵式；其三，还有一些领导人将这场阅兵式视为一种中国对美国主导的后战争秩序不满的

① Scott Kennedy, Reviewing President Xi's State Visit, Oct 7, 2015 http://csis.org/files/attachments/ts151007_Kennedy.pdf。

② Yukon Huang, One Month Later: What Are the Long-Term Implications of Xi's U.S. Trip? Oct 23, 2015 http://carnegieendowment.org/2015/10/23/1-month-later-what-are-long-term-implications-of-xi-s-us-trip/ijt4。

表现，而事实上中国这个"被遗忘的盟国"帮助建立了后战争秩序。他们还认为，习近平的"中国梦"建立了一种新的更为包容的亚洲安全构架，是自1945年日本战败后美国主导的军事同盟体系的另外一种替代。[①]

法国《费加罗报》驻北京记者帕特里克·圣-保罗(Patrick Saint-Paul)于2015年3月发表题为《在中国，一次敏感的阅兵仪式》的文章指出，中国对西方首脑发出的纪念活动的邀请令西方领导人陷入困境：拒绝中方纪念第二次世界大战胜利70周年的活动邀请可能会得罪中国，中国目前是西方最重要的贸易伙伴之一，在国际事务中也发挥着举足轻重的作用；但接受邀请又可能会冒犯日本，并且难免会产生在天安门广场这个政治敏感场地见证甚至支持中国军事力量的不良影响。[②] 此外，一些媒体认为中国希望通过举行阅兵仪式来"恐吓"日本及其他周边国家，进而实现在领土争议地区的利益主张。《泰晤士报》早在2015年1月28日就刊文称中国将在9月3日为纪念日本投降而举行的阅兵纪念活动是向东京当局增长的军国主义倾向传达一个明确的警告。日本《读卖新闻》8月11日也指出，中方在阅兵式上展示军力包含着进一步向目前有争议领土进军的军事动向，这也是日本和西方不愿见到的。

五、中国的国际形象是如何变化的：以欧洲为例

改革开放以前，世界上多数国家实际上对中国所知甚少。可以说，目前世界各国的中国观，其实是在中国经济高速增长的过程中逐步形成的。中国的经济实力越强大，对于中国表示担忧的声音也就越多，这种观念的变化反过来又对中国与世界各国的关系造成消极的影响，需要我国采取措施加以有效应对。在这方面，2005—2015年中国和欧洲国家关系的变化过程是一个很好的个案，有利于我们比较深入地思考中国国际形象变化过程的原因、影响及应对措施。

改革开放以来，中国和欧洲国家之间的经贸关系日益紧密，目前已经互为最重要的国际贸易伙伴。根据中国商务部发布的数据，2014年中国与欧盟间货物贸易达4672亿欧元，其中欧盟自华进口增长8%，创3025亿欧元的历史新高；对华出口增长11%，为1647亿欧元，是十年前的三倍。中国仅次于美国成为欧盟第二大贸易伙伴，欧盟自中国进口占欧盟进口总额的18%，对中国出口所占比重为9.7%。[③] 中欧关系的这种高速发展，是在中国国际形象不断变化的过程中实现

① China parade to display past and future, BBC, http://www.bbc.com/news/world-asia-34105252。

② En Chine, une parade militaire sensible, Le FIGARO, http://www.lefigaro.fr/international/2015/03/29/01003-2015。

③ 参见中国商务部网站：http://www.mofcom.gov.cn/article/i/jyjl/m/201506/20150601025480.shtml。

的。改革开放之初,欧洲国家并没有将中国视为“威胁”,对华关系的主要政治理由是要将中国“接纳”到世界体系之中。但是,从2005年开始,欧洲人的中国观发生了明显的变化,中欧关系的发展出现了一种新的特点:在双方经贸关系和技术合作稳定发展,高层互访频繁,官方各层级、各领域的对话与协商机制正常运转的情况下,欧洲各国内部攻击中国的声音却程度不等地呈上升态势。在这种背景下,欧洲某些国家的政客和政府首脑迎合反华势力,先后做出了一些伤害中国人民感情、不利于中欧关系大局的事情。2006年10月,欧盟发布第六份对华政策文件,改变了以往不断提升中欧关系规格的基调,要求中国“承担更多责任”。在配套经贸文件中,更是明确地把中国定位为“竞争对手”。这说明,欧盟方面“中国观”的变化,已从部分成员国上升到整个欧盟层面。这种变化给中欧关系的健康发展带来了严重的负面影响。2008年,围绕着西藏“3·14”暴力事件和北京奥运会,欧洲出现了具有一定声势的反华风波。2008年年底,法国总统萨科奇执意以欧盟轮值主席国首脑的身份会见达赖喇嘛,使我国不得不推迟当年的中欧首脑峰会。2012年5月,英国首相卡梅伦不顾中方强烈反对会见达赖喇嘛,使得中英政治关系在此后几年中陷入低谷。由此可以看出,欧盟“中国观”的变化已经对中欧关系的健康发展造成了损害。

(一)“中国形象”在欧洲是如何变化的?

长期以来,欧盟与中国在相互之间的看法上存在严重的不对称性。改革开放后,我国政府对发展中欧关系给予高度重视,国内媒体对欧洲国家和中欧关系始终以正面报道为主,欧洲的艺术、体育、文学等文化产品在我国拥有较大影响。因此,我国民众对欧洲国家一直印象较好。相比之下,很多欧洲民众在西方中心论的影响下,缺乏深入了解中国的意愿,在意识形态上对我国存在较深偏见。在西方新闻观的支配下,欧洲媒体的对华报道充斥着各类负面信息和偏颇不实之词,在迎合欧洲公众的偏见牟取商业利益的同时,进一步误导公众对于中国和中欧关系的看法,在一定程度上形成有利于反华势力活动的舆论环境。但同时也应看到,在欧洲政界、商界和学界,尤其是较高层次的人士中,积极、理性地看待中欧关系则相对处于主流地位。在长期合作的过程中,欧洲的知华、亲华人士也在不断增加。没有这种观念上的基础,中欧关系不可能经历1995—2005年这长达十年的“蜜月期”。

2005年以后,欧洲媒体上损害“中国形象”的负面报道持续增加。在这种舆论氛围的影响下,欧洲民众对中国的主观评价迅速降低,形成了欧盟中国观调整的社会基础。这些负面报道主要集中在经济增长方式、人权问题、中非关系和环境保护等方面,但在这些论题的背后,冷战思维模式下的意识形态偏见都在作祟。

第一,攻击中国经济增长方式的主要论调是:指责中国政府有意压低劳工工资标准吸引外国资本，进而实施低价倾销。2005 年 10 月，两名法国记者出版了一本名为《中国是否会成为我们的噩梦》(La Chine sera-t-ellenotrecauchemar)的小册子。其主要观点是：中国政府与“国际大资本集团”共谋降低劳动力成本来倾销产品，压低中国工人的收入，造成西方工人大量失业，唯有大资本和中国政府得利，西方领导人则“拜倒在新的中国龙的脚下”。这种论调无视中国工人生活水平逐步提高的事实，不提价格低廉的中国商品给发达国家穷人带来的实惠，更不提中国市场给西方企业带来的巨大利润，作者以中下阶层利益代言人的面目出现，煽动公众对于中国经济增长的敌意，呼吁政府对华实施贸易保护主义。这种似是而非、哗众取宠的言论本来不值一驳，但在欧洲国家经济增长乏力、失业增加、民怨日重的背景下，其消极影响却不容低估。2016 年 5 月 12 日，欧洲议会在斯特拉斯堡以压倒性票数拒绝承认中国市场经济地位，呼吁欧盟采取反倾销措施。

第二，在人权问题上，近年来欧洲反华势力对中国政府的指责超出了政治、法治和宗教等传统领域，将矛头集中在攻击我国西藏、新疆等少数民族聚居地区人权状况方面，与境内外民族分裂分子默契配合、混淆视听。西藏“3・14”事件和新疆“7・5”事件后，欧洲媒体发布了很多歪曲事实的倾向性报道，将民族分裂势力制造的骚乱事件与中国的人权问题联系起来。这种做法不仅严重伤害了中国人民的感情，而且极大地损害了中国公众对欧洲国家的印象，对中欧关系的发展前景造成了消极影响。相比之下，由于达赖喇嘛在欧洲国家的活动能力较强，加之欧洲人将西藏视为世外桃源的“香格里拉情结”的作用，欧洲媒体对于“3・14”事件的歪曲报道给欧洲民众“中国观”带来的消极影响更大，直接造成了 2008 年欧洲国家的反华风波。

第三，欧洲媒体和政客对于中非关系的指责呈上升趋势。2008 年 5 月，欧洲议会通过决议称“中国政府对非洲一些专制政权无条件的支持导致这些国家的人权遭到侵犯”，同时指责中国和非洲的能源合作是在“掠夺能源”。进而，欧美学术界把中非合作上升到与西方实施“发展模式”竞争的高度大加炒作，进一步夸大了中欧非洲政策分歧的严重性。查尔斯・格兰特和卡特琳卡・巴施(Charles Grant，KatinkaBarysch)发表了题为《欧洲能和中国构筑一种新的世界秩序吗？》的文章，认为过去 50 年欧盟主要关注内部建设，未来几十年，欧盟将应对全球挑战，而中国的快速发展所带来的对于原材料和市场的扩张性需求，加上在民主、人权方面不认同西方的观念，特别是“中国模式”和“中国道路”在非洲等发展中国家的影响力，已经对欧洲的“软实力”构成了挑战。有人进一步提出，现在很多中等或低收入国家都到中国取经，伊朗、埃及、安哥拉、赞比亚、哈萨克斯坦、俄罗斯、印度、越南、巴西、委内瑞拉都派员到中国学习。全世界有相当一部分国家都在模仿中国：据世界银行统计，在 120 个发展中国家里，有 3000 多个学习中国模式的经济特区正在建设之中。这种情况使欧洲人感受自己的既得利益受到了很大的威胁。

第四,2009 年哥本哈根气候大会前后,“全球变暖”成为欧洲媒体攻击中国的新热点。长期以来,欧盟在气候变化问题政治化方面表现得非常积极。由于自身环保水平较高、在温室气体减排技术方面处于领先位置,欧盟自恃在应对气候变化方面坐拥道德和技术的双重优势,频频向中国发难。但是,此后在金融危机和欧债危机的背景下,欧洲国家舆论的重点转移到刺激经济增长、减少失业方面,在气候变化问题上对中国的攻击的声音有所减少。同时,中国政府采取多项措施,积极以负责任大国的姿态应对气候变化,对维护中国国际形象也起到了良好的效果。2015 年 11 月,世界气候变化大会在巴黎召开,中国国家主席习近平在大会开幕式上发表题为《携手构建合作共赢、公平合理的气候变化治理机制》的重要讲话,全面阐释了中国应对气候变化的理念,得到世界多数国家的认可。中法两国元首共同发表《中法元首气候变化联合声明》,法国总统奥朗德认为这是在治理全球气候变暖问题上跨出的“历史性”一步,“这让我相信,联合国气候大会或许能达成协议了”。[①]

当然,中国国际形象在欧洲发生变化的根本原因并不是由于欧洲媒体和政客的攻击,而是与我国近年来在国际舞台上的实力迅速增强有关,从一个侧面说明中国在欧洲人的心目中已经开始摆脱原来的边缘位置,走向公众关注的中心。2008 年,德国民调机构 Demoskopie Allensbach 受《法兰克福汇报》委托,曾经对德国公众对华态度进行了调查。当被问到“你认为哪个国家在 20～30 年后能够成为一个处于领导地位的经济强国”时,55%的受调查者选择了中国,比 2006 年的调查增加了 11 个百分点,而选择欧盟的只有 14%、美国 9%、印度 8%。但是,同时有 49%的受访者认为中国的经济增长对德国构成了威胁,只有 29%的人认为中国经济增长对德国而言是机遇。由此可见,中国国际形象的变化与中国经济政治实力的增强是一枚硬币的两面,不必惊慌失措,只需做好应对措施。

(二) 欧洲国家的“中国观”为什么会变化?

中国国际形象在欧洲国家的变化过程有着复杂的经济、政治和文化原因,对这些原因进行梳理,是我们进一步采取措施有效改善中国国际形象、提升中国软实力的前提。

第一,长期以来,欧洲舆论一直将中国视为全球化最大的受益者,反复鼓噪中国正在夺走他们在世界经济中的优势地位。在 2005—2015 这 10 年的时间里,欧洲人突然意识到长期积贫积弱的中国已经成为其强有力竞争者,从而产生了巨大

① 参见《中国支持巴黎气候大会 法媒欢呼中法在气候问题上牵手》,《环球时报》2015 年 11 月 3 日,http://world.huanqiu.com/exclusive/2015-11/7895750.html。

的心理落差。在欧洲媒体长期负面报道的影响下，很多欧洲人认为，中国经济发展的成就主要来源于违背世贸规则、侵犯知识产权、降低劳工工资标准、破坏环境和大规模的贸易倾销，这使得“恪守国际经济道德准则”的欧洲企业在与中国企业的竞争中处于不利地位。在金融危机和欧债危机背景下，欧洲国家的经济增长持续低迷，失业严重，购买力下降，社会福利减少，民众怨天尤人的心态日益严重。在抗议政府的同时，不少欧洲人在媒体的诱导下把怨气撒向外部世界。由于近年来中国商品大量进入欧洲市场，不少欧洲人就想当然地把本国的经济问题归咎于中国，媒体上充斥着关于欧洲资本大量流入中国、中国使用廉价劳动力、人民币估值过低、不重视保护环境、不尊重知识产权以及大量中国移民进入欧洲的报道。在这些似是而非的宣传蛊惑下，不少欧洲人对中国的偏见与恐惧与日俱增。也正是在这种心态的影响下，欧洲企业对华反倾销诉讼的数量不断增加，各类为中国产品量身定制的贸易壁垒层出不穷，此次欧洲议会拒绝承认中国“完全市场经济地位”的原因即在于此。

第二，在与中国的经济交往中，欧洲内部出现了“受益者”和“失意者”的分化。失意者通过游说政府对华施加压力，受益者在欧洲舆论环境中却声音微弱。例如，中德两国迅猛发展的经贸往来所带来的利益分配就呈现不均衡状态：有些产业从中德贸易中得利，有的产业则会受损，使得德国经济界对中德政治关系的态度发生了分化。2007 年默克尔会见达赖给中德关系造成了紧张局面，德国企业界就表现出了不同的态度。德国联邦工业协会（BDI）主席图曼（Thumann）敦促默克尔改善中德关系，在接受德国《金融时报》采访时说：“在这几周的不愉快之后，我们需要有一个建设性的对话。我相信，联邦政府会坚持以伙伴关系和相互尊敬为基础的中国政策的。”而德国联邦外贸协会（BGA）主席伯尔纳（Anton Boerner）则表达了对默克尔的支持，他接受《金融时报》采访时说：“我们对中国不能感到紧张，要显示我们的决心，我们没有理由对中国叩头，对中国的经济关系是长期的安排，已经稳定到足可以承受短时期内政治波动的程度。”德国的工业界和贸易界都同中国有密切的经济联系，之所以对默克尔会见达赖有不同的表态，是由于其在华利益不同。工业界担心中德冲突会使德国企业在中国的大项目招标中处于不利地位，而贸易界主要是从中国进口，在对华经济关系中处于相对比较有利的位置。

第三，欧盟中国观变化的政治原因。2005 年后，德国和法国政府首脑先后调整对华政策，试图通过对华施压来强化欧洲在世界政治、经济舞台上的优势地位。2005 年 10 月默克尔出任德国总理之后，明显降低中国在德国外交框架中的地位，重提“价值观外交”的概念，强调“德国的外交政策是建立在价值观基础上的，人权政策和经济利益的主张是一枚奖章的两个方面，绝不能把两者对立起来”。在国际舞台上，她主张强化跨大西洋关系，访美期间直言建立“欧美共同市场”以应对来自以中国为代表的亚洲新兴市场国家的挑战。在亚洲，她认为德国过去几年的政策重点过分集中于中国、强调经济利益而忽略了人权、民主和法治等，出访印度期间反复强调彼此有“共同的民主价值观”，要求德国各界“重新发现印度”。这种做法固然反映了德国在亚洲拓展活动空间的愿望，但在地缘政治层面上应该也有利用印度来平衡中国影响力的意味。同时，默克尔上台后还大搞环境外交，试图以此在国际舞台上提高德国的话语权。同期，法国总统萨科齐上台后也积极修复与美国的关系，大力修复在希拉克时代受损的法美关系，被国际舆论认定为“亲美派”。2007 年萨科齐访美后，法美两国恢复了军事交往，法国决定重返北约组织的军事一体化机构。法国外交上的“萨科齐主义”替代“戴高乐主义”，从根本上说是法国“大国梦”渐醒的表现。但是同时，萨科齐则努力强化法国在欧盟中的核心地位，进而将对中国采取比较强硬的政治态度作为提高自己在欧盟中地位的一张牌。2008 年 11 月，萨科奇以欧盟轮值主席国主席的身份，不顾中方强烈抗议会见了达赖，导致中欧政治关系陷入低谷。此后，萨科奇及其继任者奥朗德采取了多项措施修复中法关系，才使双方关系重归正轨。

第四，从根本上说，欧洲中国观的变化是欧洲人在意识形态偏见的长期影响下，对近年来中国政治、经济实力迅速增强做出“过激反应”的结果。一个拥有十几亿人口的大国，实行着与西方世界不同的政治体制，经济保持 30 年的高速发展，吸引了欧洲国家大量的投资，据说还占据了大量欧洲市场，所有这些都足以引发欧洲国家社会心理上的敌意和恐慌。炒作“危机”赚取眼球的欧洲媒体和别有用心的政客对这种社会情绪起到了推波助澜的作用，但客观地说，他们却并非始作俑者。欧洲人对全球化进程中外部世界的恐惧，才是“中国威胁论”在欧洲大行其道的根本原因。在全球化进程中，很多欧洲人都对自己生活方式的可持续性问题感到焦虑。中国实力的增强使欧洲各个阶层普遍感受到来自中国的压力，随即对这些真实的和想象的挑战做出了强烈的回应，决定了欧洲外交的基本架构。同时，欧洲长期以来对中国抱有意识形态上的偏见，他们认为，“中国道路”或“中国模式”的成功可能会使发展中国家对西方普世价值产生了怀疑，从而威胁到了欧洲赖以生存的“软实力”。在这种成见所造就的政治舆论和社会心理氛围中，欧洲形成了攻击中国“政治正确性”语境，对中国的现状处于“选择性失明”的状态。在欧洲的政治体制下，当反华成为一种政治资源的时候，自然会有政客和利益集团出来推波助澜。正因为如此，在欧洲才逐渐形成了不利于中欧关系健康发展的中国观转变。

（三）应对欧洲国家中国观的新思路

在我国改革开放的过程中，欧盟是我国重要的合作伙伴。中欧之间相距遥远，没有领土纠纷、没有历史遗留问题，多数西欧国家不存在“遏制”中国的政治野心与战略图谋，双方没有根本利害冲突。中欧之间在经贸方面合作的空间很大，双方经济结构的互补性较强，欧洲的资金、技术和市场对我国经济发展具有重要意义。同时，中欧双方在构建多极化世界格局方面有基本共识，可能在广泛的国际事务中保持合作关系。但必须看到，随着中国经济的快速发展，中欧之间产生政治经济摩擦的可能性也在不断增加。就观念层面而言，欧盟中国观的变化就可能给双方关系带来深远的影响。

从消极的方面看，欧盟对华观念中包含着一系列不利于双方关系健康发展的因素。第一，意识形态因素对于中欧关系的负面影响将是持久而深远的。欧盟国家都属于西方集团，在政治上深受冷战思维模式的影响，很难从根本上接受与信任社会主义中国。不仅如此，通过接触(engagement)战略对中国实行和平演变，在欧洲具有无可置疑的“政治正确性”。在这种背景下，欧洲反华势力在政府的默许甚至纵容下长期对华实施各种类型的渗透活动，甚至以言论和行动的方式煽动支持我国国内分裂势力，对我国国家安全构成了一定的威胁。第二，在欧洲中心论与种族优越感的影响下，很多欧洲人对中国缺乏了解，存在程度不等的偏见。“一些欧洲人总想按照自己的生活方式衡量中国人，觉得中国人缺乏修养，甚至粗鲁、野蛮。”这种社会心理与欧洲媒体大量对华负面报道互为因果，形成了不利于中欧关系健康发展的舆论环境。同时，在网络时代，欧洲的仇华、辱华事件极易引发我国民众的愤慨和反击，对我国国内稳定具有潜在的威胁。第三，在全球化时代，欧洲面临严峻挑战。在改革和调整的过程中，难免出现各种类型的“失意者”。由于欧洲媒体长期将中国描绘为全球化进程的最大受益者，这部分人可能产生仇视中国的非理性情绪，制造不利于我国的各种事端。这种情绪反映到政治层面，则可能给中欧关系造成危害。

但是，从积极的方面看，在中欧双方的共同努力下，欧盟中国观变化的消极影响是完全可控的。第一，目前中欧经贸关系发展基本稳定，双方建立了比较完善的政治合作机制，对中欧关系不利的观念变化主要集中在比较表面的政治层面，并未对双方的伙伴关系产生实质性的危害。以默克尔会见达赖为例，时任德国外交部部长的社民党联邦副主席施泰因·迈尔就曾指出，此举不过是一项想上报刊头条的“橱窗政策”而已，除了给中德关系制造一点麻烦之外没有任何实际意义。第二，在外交理念层面上，虽然德法领导人重提跨大西洋合作，但欧美关系仍然并非铁板一块。欧洲国家在政治体制和价值观念上与美国没有根本差别，双方在维护西方主导的世界政治经济秩序方面具有共同利益，它们之间的冲突不会突破这个底线。但在经济上，欧美之间的贸易冲突时有发生。在政治上，多数西欧国家不满美国的霸道作风，希望维护自己在国际舞台上的独立地位。在防务方面，多数西欧国家担心美国的霸权主义作风激化地区性冲突，损害自己的利益。因此，欧美之间的亲密程度也是有限度的，只能是在维护各自利益前提下的合作，欧洲依然是建构多极化世界格局的一种重要力量。目前，中国与欧洲主要国家之间的经济往来已经达到了足以影响其经济业绩的程度，多数欧洲国家不愿意承受与中国交恶带来的经济损失。因此，中欧之间的冲突完全可以被控制在理性的轨道内，通过对话与协商得到妥善的解决。

2014 年 3 月，习近平主席出访欧洲四国和欧盟总部期间，系统提出推动中欧全面战略伙伴关系发展的新理念，凸显和平、合作、交流互鉴和共促文明进步等四大外交主题，着力打造中欧之间和平、增长、改革、文明四大伙伴关系，进一步提升中欧关系的全球影响力。这些理念不仅为中欧关系发展注入新的活力，而且更新了中国外交的话语体系，提升了中国的软实力。习主席访欧是在国际形势发生深刻变化的背景下进行的。经过三十多年高速发展，中国经济总量已达世界第二，21 世纪中期实现中华民族伟大复兴目标的前景光明。形成鲜明对照的是，近年来多数发达国家经济增长持续低迷，欧洲尚未摆脱债务危机困扰，经济复苏乏力。在"国强必霸"传统观念的影响下，国际舞台上对中国崛起心怀忧惧者不在少数，形形色色的"中国威胁论"屡有泛起。因此，中国外交的当务之急是要减轻世界各国，尤其是欧美国家对中国实力增强的疑虑，为改革开放事业营造良好的国际环境。习主席访欧期间反复强调"中国梦"的核心追求在于和平与发展。他指出，新中国的和平外交政策植根于中华民族源远流长的"和文化"，崇尚和平、和睦、和谐自古以来就是中国人的主流价值理念，这就是为什么"中国历史上曾经长期是世界上最强大的国家之一，但没有留下殖民和侵略他国的记录"。同时，以共赢为目标，通过国际合作促进双方经济增长，是习主席访欧期间反复宣示的外交理念，强调"21 世纪是合作的世纪。心胸有多宽，合作舞台就有多广"。2014 年 4 月 2 日，中国政府发布第二份对欧政策文件，阐释未来十年对欧合作蓝图。第一份中国对欧政策文件是 2003 年发布的，对之后十年中欧关系发展起到重要推动作用。新文件凸显中欧关系未来发展的全面性，拟合作领域涵盖政治、经贸、城镇化、财政金融，工业、农业、交通、科技、信息技术，气候变化、能源、环保、水利、海洋，教育、文化、新闻出版、青年交流，社会、卫生、司法、行政等。在这些领域中，中欧双方都将开展平等对话、经验交流和项目合作，为充实中欧全面战略伙伴关系绘制了蓝图。

（四）应对欧洲国家中国形象变化的几点策略

应该看到，积极应对世界各国中国观的变化，应该是我国在相当长的一段时期内外交工作的重点，亟待建立更加全面有效的对策体系。在策略层面上，要消解中国国际形象变化对我国未来国际关系发展的消极影响，要依靠双方把利益冲突控制在一定范围之内。就中欧关系而言，既然双方认定中欧战略伙伴关系符合各自的长远利益，就应该为此而共同努力。我国政府应就此与欧洲国家进行开诚布公的磋商，建立健全双方在观念领域的合作机制，有效管控这方面的对双方关系可能产生的负面影响。

第一，长期而言，增强中欧文化交流，增进欧洲公众对我国的了解是根本出路。在欧洲，凡是到过中国的人，除了对华怀有深刻敌意或隶属特定利益集团者外，对中国的看法都会有些转变。由于资产阶级新闻观的作用，西方媒体以负面报道吸引眼球的偏好是无法改变的，也并非专门针对我国。这些报道之所以能对“中国形象”造成损害，与欧洲公众缺乏必要的直接经验有关。因此，除去在特定问题上更有针对性地对欧洲开展外宣工作之外，通过多种形式的文化交流活动直接让欧洲公众更加了解中国是非常重要的。近年来，我国先后在巴黎、伦敦、阿姆斯特丹、哥本哈根等地开展了春节文化活动，在冰岛、挪威、芬兰、西班牙、奥地利等国举办形式多样的艺术节、艺术周活动。长期来看，这些活动可能对于欧洲公众的社会心理产生潜移默化的影响。同时，在中欧文化交流方面，应合理运用商业化运营和政府搭建文化交流平台的双轨机制。这样不仅可以减少政府的相关支出，减少欧洲公众的抵触心理，效果往往也比政府主导为主要好。

第二，对欧洲媒体展开深入的研究工作，对那些拥有媒体、操作媒体的势力开展更有针对性的工作，从机制上研究中国威胁论和对华负面报道问题。可以考虑提供必要的便利条件，允许欧洲媒体对我国进行深入考察，范围不限于北京、上海、深圳等发达地区，应该鼓励他们亲眼看看中国落后地区的状况，全面展现中国，而不是只展现我国最好的一面。这种做法或许与我国传统文化中的面子观念存在冲突，但是客观展示自己，对于消除中国威胁论在欧洲国家的消极影响则具有重要意义，有助于化解欧洲人对中国的疑虑、担心和恐惧，更加全面地认识中国国情，为中国和平发展创造更加宽松的国际环境。

第三，客观认识中欧之间的意识形态差异，减少双方由于误读而产生的摩擦。欧洲人对我国的意识形态偏见是客观存在的，应用事实来说明我国选择社会主义制度的必然性与合理性，同时增强我们自己的道路自信、制度自信和理论自信，充分考虑中欧观念差异的作用，用欧洲人“听得懂”的方式“说明中国”，要开展深入的研究工作。法国汉学家魏柳南提出，中国要成为一个真正的全球性大国，不能只依靠经济和科技方面的硬实力，最重要的是“要影响人们的想象，给予人们梦想与期望”，在这方面我们还有很多工作要做。

第四，积极建构国际社会可以广泛接受的话语体系，提高我国的软实力，不能让世界的公众只谈论“中国制造”，而是要积极树立中国在国际舞台上的道德形象。在这方面，要讲好“中国故事”，向世界展示中国和平发展的形象，在国际舞台上发挥负责任大国作用。中国政府历来奉行和平共处原则，中国崛起不会对世界产生政治、军事等方面的威胁。中华文化中有很多关于“和”的典故，中华文化可以说就是以“和”为核心的文化。虽然说中国文化以“和”为价值追求并不一定能避免战争，西方以“权力”为价值追求，也未必没有达成平衡的和平时期。但是，就崛起中的大国而言，崇尚和平者对别国的威胁毕竟要小于追求霸权者，这种道理应该是西方受众可以接受的。

第五，对中欧关系中的观念差异持更加张弛有度的立场，对于欧洲媒体的负面报道和某些政客不负责任的言论，可以由我国的媒体和学者予以回击，尽量不用政府出面交涉，采取以多元化回应应对多元化挑战的方式，效果往往比政府出面澄清、抗议要好。同时，在坚决反对国内极端民族主义行为的同时，应允许民众以多种形式回击国外反华势力的挑衅和破坏。欧洲国家经常利用议会与政府、民间与官方的差别对我方施加压力，我国政府可考虑以同样方式予以回击。

六、改善中国国际形象，提升中国文化软实力

随着中国经济的崛起，经济大国地位的确立，特别是进入 21 世纪以来，党和政府愈加意识到文化软实力在国家发展中的重要性以及中国文化软实力与预期存在的差距。2011 年 10 月，党的十七届六中全会通过了《中共中央关于深化文化体制改革 推动社会主义文化大发展大繁荣若干重要问题的决定》，重点研究解决文化水平与综合国力不适应；文化发展与经济增长不适应；文化发展与国民素质要求不适应。党的十八大以来，习近平主席多次强调要提高国家文化软实力，这关系着“两个一百年”奋斗目标和中华民族伟大复兴中国梦的实现。

（一）关于中国国际形象和软实力的海外舆论

近年来，中国国家形象总体而言保持着积极良好的发展趋势，越来越多的海外学者和民众对中国国家形象持有积极态度。尽管孔子学院的建立曾一度在少数国家受到质疑和抵制，但仍有近 500 所孔子学院在 120 个国家传播着中华文化、承担着汉语教学任务。然而，近年来国际社会中仍存在着不利于中国国家形象发展的不和谐声音。一是部分西方政府和媒体继续秉承西方固有的“普世价值观”批判中国政治体制和人权问题。2012 年，英国首相卡梅伦会见达赖喇嘛，掀起西方对中国人权问题的关注。在分析西方领导人缺席 70 周年阅兵仪式的原因时，西方媒体再次抛出中国人权问题，影响了西方民众对中国国家形象的认知。二是西方一些具有知名度和影响力的中国问题学者唱空中国，影响了海外民众对中国国家形象的判断。一直被认为是温和派的美国著名中国问题学者沈大伟 2015 年在《华盛顿日报》上一改其以往观点，极力抨击中国政治体制，鼓吹中国崩溃论，引发学术界和社会的哗然。同年，沈大伟还在《中国的软实力攻势：寻求尊重》

(China's soft-power push: the search for respect)一文中,批判了中国文化软实力的战略部署,认为中国在用金钱购买全球形象。他指出,尽管中国在构建积极的国家形象方面"花费了数十亿美元,但其国家形象没有看到任何明显的改善。"[①]

2015 年,国外舆论界对中国软实力的相关问题进行了较多讨论。除前文提到的《中国的软实力攻势》一文外,美国《外交政策》杂志还刊发了该刊专栏作者戴维·弗兰西斯(David Francis)的报告《货币贬值表明中国软实力代价高昂》(Currency Devaluation Shows the High Cost of China's Soft Power),[②]美国《国家利益》(National Interest)杂志网站也发表了曾任菲律宾众议院政策咨询顾问的理查德·海德利安(Richard JavadHeydarian)的文章《中国的软实力泡沫将要破灭?》(Is China's Soft-Power Bubble about to Burst)[③],这些文章的共同点是认为中国正在以一种主动积极的"商业外交"模式施展自己的软实力。由于 2008 年金融危机严重损害了西方大国的经济基础,中国的"商业外交"演变为对"布雷顿森林体系"的全面挑战。由于对所谓"华盛顿共识"框架下的"结构调整项目"和世界银行与国际货币基金组织政策规定的不满,很多发展中国家都欢迎中国成为另一个可供选择的全球性债权国。在过去两年,中国通过对亚投行、金砖国家银行和"一带一路"的投资,展现了前所未有的大手笔,投资金额已经超过了当年美国重建西欧的"马歇尔计划"的资金总额。但是,这些作者都认为,随着中国经济增长放缓和目标国的态度变化,这种模式正在变得不可持续。在经济"新常态"背景下,中国将不得不重新评估自身的"软实力开支"。不仅如此,中国积极的"商业外交"还增加了外界对中国全球经济活动动机的担忧。

(二)关于海外中国研究现状的评估

海外中国研究在构建良好的中国国际形象,提升中国文化软实力方面是非常重要的。改革开放以来,随着中国经济的高速增长,国际影响不断扩大,海外中国研究也不断升温,出现了一大批在中国研究方面具有较强专业性的学术机构,其中包括美国的加州大学伯克利分校中国研究中心、密歇根大学中国研究中心、宾夕法尼亚大学当代中国研究中心、丹佛大学的美中合作研究中心、亚洲协会美中关系中心、威尔逊中心基辛格中美关系研究所、兰德公司亚太政策中心、布鲁金斯学会约翰·桑顿中国中心、美国战略与国际研究中心费和中国研究项目,英国的

---

① David Shambaugh, "China's Campaign to Enhance Its Soft Power", Foreign Affairs, July/August2015, http://www.foreignaffairs.com/articles/china/2015-06-16/china-s-soft-power-push。

② David Francis, Currency Devaluation Shows the High Cost of China's Soft Power, Foreign Policy, Aug. 11, 2015, http://foreignpolicy.com/2015/08/11/currency-devaluation-shows-the-high-cost-of-chinas-soft-power/。

③ Richard JavadHeydarian, Is China's soft-power Bubble about to burst?, The National Interest, Aug. 25, 2015, http://nationalinterest.org/feature/china's-soft-power-bubble-about-burst-13683。

查塔姆研究所、伦敦国际战略研究所、外交政策中心、皇家联合服务研究所、伦敦大学亚非学院、伦敦政治经济学院亚洲研究中心、杜伦大学当代中国研究所、白玫瑰东亚研究中心全英中国学研究所、利兹大学艺术学语言、文化和社会学院、谢菲尔德大学东亚研究学院、曼彻斯特大学中国研究中心、伦敦大学国王学院刘氏中国研究院、威斯敏斯特大学当代中国研究中心、诺丁汉大学当代中国学学院及中国政策研究所，法国的法国近代中国研究中心、法国国际研究中心、法国现代中国研究中心、法国国际关系研究院、法国中国学高等研究所，俄罗斯的俄罗斯科学院远东研究所、俄罗斯科学院东方学研究所、俄罗斯科学院东方学研究所圣彼得堡分所、莫斯科大学亚非学院、圣彼得堡国立大学东方系、远东国立大学东方学院，日本的日本当代中国学会、亚洲政经学会、中国研究所、日本中国学会、21 世纪中国总所、爱知大学国际中国学研究中心、科学技术振兴机构中国综合研究交流中心、庆应义塾大学东亚研究所、早稻田大学现代中国研究所，澳大利亚的悉尼大学中国研究中心、澳大利亚国立大学当代中国研究中心、澳大利亚国立大学中华全球研究中心，新加坡的新加坡国立大学东亚研究所、新加坡国立大学亚洲研究所、新加坡国立大学李光耀公共政策学院、拉惹勒南国际关系学院、连氏中国企业研究中心、新加坡国际事务研究所，新西兰的亚洲研究学会、新西兰当代中国研究中心等等。①

近年来，海外从事中国研究的学者增加很快。以日本的中国研究两大学术团体之一的亚洲政经学会为例，1953 年成立是只有 50 名学者参加，1983 年达到 500 人，2014 年则已超过 1300 人。现代中国学会会员在 1980 年代为 300 人左右，2014 年则超过 800 人。同时，海外中国研究者在各国外交决策中的作用逐渐提高，美国的中国问题专家在政府部门任职的情况尤为常见。例如，华盛顿大学教授、中国政治和外交问题专家沈大伟曾就职于美国国务院和国家安全委员会，密歇根大学中国政治问题专家李侃如曾出任克林顿政府的总统国家安全事务特别助理、美国国家安全委员会亚洲局资深主任。

海外中国问题专家在中国国际形象的建构过程中具有较强的影响力。每当其所在国与中国有重要交流或中国的一些问题成为热点的时候，在媒体上总能看到这些专家的各种观点和评论，他们在海外公众对华认知的形成过程中发挥着重要的引导作用，进而对各国政府对华决策具有较强的影响力。因此，做好海外中国问题专家的工作，应该是我国改善国际形象、提升文化软实力的重要方面。在这方面，可考虑在海外设立专门的中国研究机构和项目，培养从事中国研究的青年学者、促进双方学术机构之间的学术交流和人员往来，达到增进了解、加强互

---

① 赖海榕：《海外中国研究报告 2014》，中央编译出版社 2014 年版，第 313—314 页。

信,培育知华、亲华人士的目的。

文化交流是当今国际社会文明互动的基础。在这方面,海外的中国研究在深化对中国的认识和了解方面大有可为。目前,我国与世界各国之间的文化交流与合作主要是集中在文化艺术的交流展演层面上,在研究与学术方面的交流活动相对较少。文化艺术活动固然有利于加深双方之间的了解,但在加深思想与意识形态层面上的认知与认同程度方面力度仍然不够。鉴于改革开放以来我国与世界各国之间已经奠定了良好的文化交流与合作基础,积累了足够的经验,我国在文化外交战略上,应当注重加深学术与研究层面的交流与合作,提高国际社会对中国及其文化的认知与认同度。

同时,在推进中外文化交流活动的过程中,要特别注意减少以下几个问题的消极影响:第一,将“中国文化”视为一种商品,使中国文化所蕴含的价值观念遭受曲解。近年来,国内外有不少相关文化企业在中国文化热的大背景下应运而生,这些组织机构出于商业利益的需要,经常片面迎合海外文化消费群体的口味,曲解中国文化中的一些元素,比如太极、气功、中医、按摩、饮食,以及风水内容,使海外受众形成对于中国片面认识与误解。第二,将中国文化元素“异国情调化”,片面宣传中国民间文化中的一些习俗,尤其是少数民族的某些习俗,使中国在海外的文化形象蒙上一种与实际不相符的外衣。第三,应警惕某些所谓学术研究中对于中国文化价值观念的曲解。在这方面特别应当注意的是,很多在中国问题上意识形态色彩很重的海外汉学家和中国问题研究专家并没有意识到其自身存在的偏见,总是戴着有色眼镜看待中国,误导着各国民众对于中国的印象,这些学术机构或专家学者的观点经常被欧洲一些政要或媒体选择性利用,对中国的国际形象产生比较严重的消极影响。

(三)关于改善中国国家形象,提升文化软实力的对策建议

客观而言,中国在软实力建设方面也的确存在一些问题。目前,中国在全球120个国家建立了475个孔子学院教学中心。但是,这种做法在一些欧美国家遭到了批评,不少国家都有要求关闭孔子学院的声音。围绕着中国的海外投资项目,在非洲和拉丁美洲,也出现了不少负面评论,指责中国企业更加倾向雇佣本国公民,并由国有企业来承担海外项目,以及不重视环境保护等等。为了应对西方国家舆论对我国文化软实力建设方面的负面态度,提升国际社会对我国国家形象的正面评价,我们建议应当从如下几个方面积极塑造良好的中国国家形象。

第一,抓住西方反思民主体制的契机,积极宣传中国政治体制领域的发展成果。近年来,西方因推行“普世价值”而引发的政局动荡屡见不鲜。布什政府打着推行“自由和民主”的旗号发起伊拉克战争,直到今天都未能给伊拉克带来稳定和繁荣;泰国等实行普选的东南亚国家常遭遇政权更迭而引发国家动荡;就连民主摇篮的欧洲也能见到西方民主体制的短板——深陷主权债务危机的希腊因习惯高福利的民众拒绝接受欧洲的救助方案，迟迟不肯进行改革，使希腊一度陷入僵局。2014 年年初，英国《经济学人》杂志发表了题为《民主出了什么问题》的文章，尽管该文的根本写作目的仍然是为了论述西方民主体制的优越性，但仍引发了人们对西方民主失灵问题的思考。

与此同时，西方对中国政治体制的认识发生了一些主动性变化。2015 年 9 月美国斯坦福大学贝格鲁恩研究所举办了一场名为“后政党治理”的工作会议，提出这个主题的主办者认为，目前西方民主国家的治理出现了大问题。弗朗西斯·福山(Francis Fukuyama)在会中表示，美国的民主是一种否决式民主，造成政府失效、国会僵持、社会共识难以达成等问题。[①] 西方这种对自我民主体制的反思阶段正是我们应当广泛参与讨论的机遇期，应抓住机会着力宣传我国现代化治理、问责与参与体制建立所取得的成果。

第二，鼓励中国官员和学者以各种形式积极参加当地社会关于中国问题的讨论和交流。中国官员和学者应当广泛并直接参与当地社会对中国问题的讨论，了解西方对中国的关注视角，从这种直接交流中消除距离产生的不信任感和误解，更为快速地回应西方对我国的疑虑，打破西方媒体一言堂的垄断局面，加强我方话语分量，对于提升中国形象具有积极促进作用。

近年来，习近平主席近 20 次在访问国主要媒体发表署名文章，用生动的语言、温情的故事和当地谚语拉近与当地民众的距离，传递中国温度，塑造了中国友善、温和的国家形象。中国驻英国大使刘小明分别于 2014 年和 2015 年先后三次做客英国 BBC 广播公司《新闻之夜》节目。无论是与日本驻英大使的雄辩，还是就 70 周年阅兵仪式和习近平主席访英接受 BBC 的专访，刘小明大使都展现出中国和平崛起的信念，传递出中方维护主权领土完整和建立中英务实合作的坚定信心，消除了西方社会对中国的误解，受到当地社会的广泛好评，为习近平主席赴英进行国事访问奠定了良好的社会舆论基础。

第三，国家形象应当采取更为时尚鲜明、年轻人易于接受的“接地气”方式进行宣传。青年人代表着希望与未来，青年人心中对中国国家形象的认识对塑造中国国家形象至关重要。截至目前，中国每年会接受约 30 万海外学生来华学习，国家留学基金委向 2 万名海外学生提供奖学金。这些来华学习的青年人能够深度了解中国文化，与中国人民交朋友，对中国未来塑造良好的国家形象起到了有力的促进作用。

---

① 吴俊刚：多党政治的迷思，http://www.zaobao.com/forum/views/opinion/story20151021-539896/page/0/1。

2011年年初，在纽约时代广场上播放的中国国家形象宣传片《中国》——人物篇因其制作精良、内容细腻朴实吸引了世界媒体的关注。随后，成都、北京、江苏等多个省份和城市的形象片陆续亮相纽约时代广场，系统地塑造并提升了中国的国家形象。2005年10月27日，新华社在其官方推特上发布了《十三·五之歌》，用动画形式、说唱方式唱出中国"十三·五"话题。我们不难发现，《十三·五之歌》的制作与当下国外视频网站中点击量较高的知识普及类视频具有一些共同点，即采取友善、幽默的动画元素。这种方式避免了咄咄逼人的宣传模式和强烈的民族主义色彩，更容易为西方民众，特别是西方年轻人所接受，能够更为有效地传播中国文化、社会和政治现实，有利于改善并提高中国国家形象。

第四，重视应对气候变化这个全球性话题有利于提升中国国际形象。美国佩斯大学主办的刊物《全球亚洲杂志》在登载的《中国是负责任的发展中国家吗?》一文中指出，中国人希望能够维持正面形象，成为国际社会的合作伙伴。中国人所看重的"脸面"指的其实就是国家形象。中国不愿"丢掉脸面"，因此其行为便会有所克制。中国希望塑造自己负责任的大国形象，因此其气候变化政策的制定就要考虑到来自国际社会的压力。文章认为理解中国气候变化外交的关键点在于理解中国的双重属性。一方面，中国希望展现给国际社会"爱好和平、负责任"的形象，因此中国会非常慎重考虑气候变化问题。另一方面，中国自称为"发展中国家"，是全球气候变化的牺牲者，西方国家应对中国给予技术和资金支持。该文指出，自巴黎气候变化大会以来，中国在国际谈判中表现得愈加积极，愈加投入，愈加具有灵活性，"不同于退出《京都议定书》的美国和加拿大，中国参加气候变化对话不仅提升了中国的国家形象，而且还有助于世界多边主义的发展。"[①]

第五，文化交流是提高我国文化软实力的重要手段。根据"中国国家形象全球调查报告2014"的调查，孔子学院和中国文化中心在受调查国家中的认知度较低，但美誉度较高。在海外8国对孔子学院有所了解的960名受访者(占全部受访者的24%)中，平均有57%的受访者认可孔子学院和中国文化中心在他们国家的设立。评价较高的国家有巴西、印度和俄罗斯;评价较差的国家有日本、南非和英国。同时，海外民众认为我国有较强的科技创新能力。平均有64%的海外受访者对中国科技创新能力做出正面评价，其中俄罗斯、巴西、印度、南非这些发展中国家对中国科技创新能力的评价更高;在所有受访国中，日本民众最不认可中国的科技创新能力，仅有16%的受访者持正面看法。同时，该项调查显示，当地媒体仍

---

① SannaKopra, "Is China a Responsible Developing Country? Climate Change Diplomacy and National Image Building", Global Asia Journal, Paper 13, 2012, http://digitalcommons.pace.edu/global_asia_journal/13。

是海外民众了解中国的最主要渠道。海外受访者中，57%的人选择通过当地传统媒体获取有关中国的信息，40%的人通过当地新媒体进行了解。此外，当地的中国媒体和使用中国产品也是外国民众了解中国的重要渠道。选择通过这两种方式了解中国的受访者比例均超过 30%。海外民众最想通过中国媒体了解中国经济、文化、民生。调查显示，传统文化、经济、民生是海外民众最期望通过中国媒体来了解的信息。除此之外，发展中国家对中国科技领域的信息也有着十分浓厚的兴趣。[①]

① 《中国国家形象全球调查报告 2014》，详见中国发展门户网：http://cn.chinagate.cn/photonews/2015-03/18/content_35091383_8.htm。

“中国文化的影响对伊斯兰世界的辐射”调研报告

习近平总书记2013年9月7日在哈萨克斯坦提出建设“丝绸之路经济带”，2013年10月3日又在印度尼西亚提出共建“21世纪海上丝绸之路”的构想，2015年3月，中国在博鳌亚洲论坛上推出了“一带一路”路线图。为响应这一中国外交和对外经济合作领域的伟大战略部署，各省、自治区、直辖市和新华社等媒体纷纷行动起来，成立相关智库，开展研究和外事活动。清华大学李希光教授带领下的研究团队，于2015年3月至5月先后访问了巴基斯坦、阿拉伯联合酋长国、伊朗和土耳其。旅途中，充分感受到沿途人民的热情好客和对中国在整个亚欧大陆经济与社会发展中发挥更大作用的期待，但也发现中东各国的政府、学界和媒体总体对于“一带一路”知之甚少，这也反映出我们的国家文化软实力传播意识仍较为淡薄。

《“中国文化的影响对伊斯兰世界的辐射”调研报告》分别由“建设中华文化和伊斯兰文化共赢的‘一带一路’文明圈”“在中东地区宣传‘一带一路’的困难及对策”两篇报告组成。作者通过实地调研和一手访谈等方式，详细介绍了建设中华优秀文化离不开世界文化支撑，需要构建东西双向开放的“一带一路”文化圈和文明圈，加快文化改革发展，加强社会主义精神文明建设，建设社会主义文化强国。完善对外开放战略布局，推进双向开放，推进一带一路建设，构建广泛的利益共同体，推进同有关国家和地区多领域互利共赢的务实合作，推进国际产能和装备制造合作，打造陆海内外联动、东西双向开放的全面开放新格局。阐述了中国的“一带一路”倡议在中东地区反响有限的状况，并深入分析了中国对中东地区的外宣工作力度不足、西方媒体在中东占据主导地位、中国的中东政策难以满足部分中东国家领导层的核心诉求等三方面的原因。要在中东地区宣传和扩大“一带一路”倡议，就须着力加强多渠道的对外宣传，客观看待中东地区的反美反西方情绪，谨慎对待中东地区的领土争议和民族、教派矛盾，以巴基斯坦为突破口经营本地中国媒体，逐步调整对中东的政策。

建设中华文化和伊斯兰文化共赢的“一带一路”文明圈

——《“中国文化的影响对伊斯兰世界的辐射”调研报告》之一

李希光*

摘要:建设中华优秀文化离不开世界文化支撑,需要构建东西双向开放的“一带一路”文化圈和文明圈,加快文化改革发展,加强社会主义精神文明建设,建设社会主义文化强国。一带一路沿线共有64个国家,其中57个是伊斯兰国家。作者就如何在一带一路的伊斯兰国家里的文化软实力建设进行了深入思考,就古丝绸之路文明圈、东西双向开放与一带一路文明圈、制度性话语权与建设文化强国、一带一路文明圈与文化强国、文化共同体与价值共同体等方面进行了精辟的论述,并提出要建设中华文化就需要积极参与全球经济治理和公共产品供给,提高我国在全球经济治理中的制度性话语权,完善对外开放战略布局,推进双向开放,推进一带一路建设,构建广泛的利益共同体,推进同有关国家和地区多领域互利共赢的务实合作,推进国际产能和装备制造合作,打造陆海内外联动、东西双向开放的全面开放新格局。

一、古丝绸之路文明圈

早在1990年夏天,我作为联合国教科文组织“丝绸之路项目”的青年学者沿着丝绸之路一直走到今天,走过了沙漠路线、海上路线、草原路线,边走边写日记,整整25年。17年前调到清华大学做老师,开了一门“写在丝绸之路上的大篷车课堂”的研讨课,带着学生在丝绸之路沿途教学、上课、读书,直到今天共写了16年的笔记,并在今年年初将这些日记整理出版了长达1600页的书籍《写在亚洲

* 李希光,清华大学国际传播研究中心主任、联合国教科文组织媒介素养与跨文化对话教席负责人。

边地》。

丝绸之路究竟是什么？为什么叫丝绸之路？从张骞、安世高、法显、宋云、玄奘、慧超，这些丝绸之路的先行者和记录者，他们并不知道这条路叫“丝绸之路”，丝绸之路是一百多年前德国地理学家李希霍芬命名的。据《史记》记载，张骞及其使团出西域时，不仅到了位于今阿富汗的大夏古国，还到了位于大夏西南的今巴基斯坦的信德省。张骞通西域，打通了河西走廊，建立了西域都护府，张骞使团走过葱岭，来到了大夏和今天的巴基斯坦信德省。这是中国第一次把战略触角伸进中亚，并通过河西四郡和西域都护府控制了新疆，影响了位于今天的阿富汗和巴基斯坦这一带的中亚区域。通过亲善中亚，带来了大汉王朝的稳定和繁荣。

中国在丝绸之路上的第二次崛起是在唐朝。唐朝的中国，在丝绸之路上走得更远，治理和影响的范围更大。唐朝势力范围超越天山、帕米尔高原、兴都库什山和喀喇昆仑山，以库车为中心，设立了安西四镇，最西边的是在今天吉尔吉斯斯坦境内的碎叶城。郭沫若考证，那里是大诗人李白的出生地。唐朝大将军高仙芝率领远征军走过瓦罕走廊，征服了今天的克什米尔、阿富汗和乌兹别克斯坦这些地区。高仙芝的故事很有意义。2000 年前，亚历山大大帝受兴都库什山和喀喇昆仑山阻遏，虽然占领了阿富汗，但没能打进中国。近代，人们总是说阿富汗历来都是帝国的坟场，从沙俄到维多利亚时代的英国、到苏联红军，到“9·11”后的美国，帝国主义国家没有一个不是葬身阿富汗的。

中国在丝绸之路上的另一次伟大的崛起发生在清朝。“崖山之后无中国，明朝之后无华夏”这句话可能让中国人不快，但是，如果不是清朝收复新疆，重新获得中亚治理权，中国的版图也就是明朝大小。美国学界和日本学界常说南宋和明朝是中国最好的朝代，但是南宋和明朝多是被界定为单纯的汉族国家。明朝把中国西部边界定在嘉峪关，把敦煌划在了关外。到了清朝，乾隆收复新疆，并以“旧土新归”把西域命名为新疆。通往喀什，通往阿富汗、印度和克什米尔的瓦罕走廊、喀喇昆仑山口、墓士塔格山口，和通往乌兹别克斯坦安集延的乌鲁克恰口岸一直到 20 世纪初都是开放的。

从中国汉朝、唐朝和清朝在丝绸之路上的三次崛起，我把中国在丝绸之路崛起的这个椭圆形称之为“丝绸之路文明圈”。“丝绸之路文明圈”在地理上集中在中国边疆最西部——帕米尔高原地区。“帕米尔”在波斯语里的意思就是“世界屋脊”，这里是喜马拉雅山、喀喇昆仑山、昆仑山和兴都库什山聚首的地方。自古以来这个地方是丝绸之路必经之地。从地图上看，在中世纪亚洲的古代商道，密密麻麻的交通线、商道都集中在中国最西边的帕米尔地区。从中国在丝绸之路崛起过程看，张骞通西域，汉朝远征匈奴的多次战争发生在新疆帕米尔；唐朝丝路繁盛时期，最有名的远征丝绸之路的大将军高仙芝率军作战，主要的战争都发生在帕米尔及其周边地区，位于今天的克什米尔、阿富汗、乌兹别克斯坦。我的研究发现，“丝绸之路文明圈”是一个多个国家民族血脉相通的文明圈，是一个多个国家语言相通的文明圈，是一个多个国家共享信仰的文明圈，是一个多个国家有共同文化遗产的文明圈，是一个山水相连的文明圈，是一个历史上与中国有密切往来的文明圈，是一个山口、道路、口岸相通的文明圈，是一个在经济上与中国高度互补的文明圈。当然，今天这里很多地方还是未开发的、原生态的、世外桃源式的，例如位于巴基斯坦的喀喇昆仑山的罕萨地区、兴都库什山的斯瓦特地区和位于阿富汗、中国、巴基斯坦和塔吉克斯坦四国交接的瓦罕走廊地区。

班固所著《汉书·西域传》不仅报告了中亚、西亚和罗马的社会政治情报，还准确地记录了葱岭、兴都库什山、喀喇昆仑山和阿姆河的地理方位，记录了玉门关以西的新疆到今巴基斯坦的中巴走廊以及丝绸之路沿线古城至唐朝在新疆的管辖机构——都护治所多少里、至阳关多少里。这些信息都是前人用脚丈量出来的：“大夏本无大君长，城邑往往置小长，民弱畏战，故月氏徙来，皆臣畜之，共禀汉使者。有五翕侯：一曰休密翕侯，治和墨城，去都护二千八百四十一里，去阳关七千八百二里；二曰双靡翕侯，治双靡城，去都护三千七百四十一里，去阳关七千七百八十二里；三曰贵霜翕侯，治护澡城，去都护五千九百四十里，去阳关七千九百八十二里，四曰肸顿翕侯，治薄茅城，去都护五千九百六十二里，去阳关八千二百二里；五曰离附翕侯，治高附城，去都护六千四十一里，去阳关九千二百八十三里。凡五翕侯，皆属大月氏。”我在清华大学开一门课——《写在丝绸之路上的大篷车课堂》，这门课已经上了 16 年了，是学古人，带着学生在亚洲边地古丝绸之路边走、边读书、边上课、边写作。以下简单向大家报告一下 2015 年暑期我率领清华学生远征中巴经济走廊的故事。

中巴经济走廊从喀什到白沙瓦，这是中国最早出国留学所走的道路。习近平主席提出“一带一路”国家发展战略，“一带”指丝绸之路经济带，即从我们所在的西安出发，经由河西走廊，路过新疆、中亚、海湾地区，或经过乌兹别克斯坦、哈萨克斯坦等一直到达欧洲；“一路”就是 21 世纪海上丝绸之路，主要经过东南亚、缅甸、孟加拉、印度、斯里兰卡、巴基斯坦等进入地中海等海湾地区。“一带一路”沿途涉及众多国家，不可避免地面临一些问题，也给我们带来重大的历史机遇和挑战。我们发现，“一带一路”有一个节点，也就是“一带”和“一路”之间有个走廊，它是连接另外两条干线的地方，这个节点所在区域正是古代中国西域的制高点帕米尔地区。

2015 年暑期，我率领中巴文化走廊考察队来到喀喇昆仑山里的罕萨河谷的断崖考察。在这个高高的悬崖上面有块巨大岩石，上面有一处在古丝绸之路上唯一看到的一行汉字石刻——“大魏使谷魏龙今向迷密使去”。谷魏龙是谁？史书没有记载。但是短短的12个汉字包含着有关丝绸之路的大量历史地理和外交信息。《魏书》中“迷密国”的文字是:“迷密国,都迷密城,在者至拔西,去代一万一千六百里。正平元年,遣使献一峰黑橐驼。其国东有山,名郁悉满,山出金玉,亦多铁。”北魏时期,中国与西域和中亚来往密切,在佛教上,开凿的摩崖石窟深受包括犍陀螺在内的印度佛教艺术影响,其中有著名的莫高窟、云冈石窟、龙门石窟、麦积山石窟等。这些石窟寺有数以万计的佛像,成为世界艺术宝库。北魏时期的主要宗教是佛教和琐罗亚斯德教。这两种分别源自北印度和伊朗的宗教表明当时的中国与葱岭南部和西部国家有着密切文化交往。迷密国是粟特人国家,位于今天乌兹别克斯坦撒马尔罕附近。当丝绸之路开通贸易时,粟特人的国家成为丝路贸易中心。粟特人利用位于河中地区的位置,贸易不仅到了新疆的绿洲城市,还到了北魏的都城洛阳,成为丝路商人中最富有的人,迷密国附近的撒马尔罕最终成为中亚最富有和辉煌的大都市。北魏时,波斯萨珊王朝还遣使来华,此后直到西魏,信使往来不断。

从汉朝、唐朝和清朝中国在丝绸之路上的崛起看,中华民族的前三次复兴与中国的三次崛起都是围绕克什米尔、阿富汗、巴基斯坦、中国的新疆、乌兹别克斯坦、中亚和中东展开的。美国前国家安全助理布热津斯基以这个地区为中心,划了一个“椭圆形”,这个椭圆形内的国家正是欧亚大陆上石油及各种矿产资源丰富、伊斯兰原教旨主义兴盛、地缘战略位置重要,而政治宗教问题却极度复杂的地区。从中国的油气管道图来看,今天中国的大城市,从北京、天津、上海到香港,这些城市的天然气基本上都是来自于包括中亚五国在内的西气东输。通过四条线路将哈萨克斯坦的石油管线、土库曼斯坦的天然气管线,西气东输、西油东输,到达我们中国的沿海地区,而这些密密麻麻的管线与古代的丝绸之路基本上是重合的,古今中外所有历史地图的中心指向,正在“一带一路”的中心区,该地区石油及各种矿产资源丰富、地缘战略位置极其重要。

关于大丝绸之路文化圈的构想,就是通过研究古代丝绸之路的贸易和文化,发现大丝绸之路文化圈承载着多样的东方文化,包括两方面内容,一方面是宗教内容,一方面是文化内容。所谓宗教就是儒教、佛教、道教、回教、印度教、拜火教、萨满教、东正教,这都是现实存在的。所谓文化就是基于这些宗教上的中国文化、阿拉伯文化、印度文化、希腊文化、波斯文化、突厥文化、俄罗斯文化、蒙古文化。

二、“制度性话语权”与“建设文化强国”

从提高“制度性话语权”看,中国要建成一带一路经济带,需要建成一个拥有自己的文化圈、文明圈和文化势力范围的“文化强国”。

中国经济连续37年高速增长,人均GDP增长30倍。2014年的GDP增长速度尽管只有 7.4%，是 20 年来最低的，但是，其增长量等于半个印度或半个俄罗斯一年的 GDP。[①] 中国作为世界第二大经济体，如果不参与新规则制定，就很难争取主动。中国在世界银行、亚洲发展银行都没有发言权，美国有一票否决权。亚投行的出现，是中国开始撼动世界现有地缘政治经济格局的里程碑。而"一带一路"倡导的合作原则是"和平合作、开放包容、互学互鉴、互利共赢"的丝绸之路精神，倡导文明宽容，尊重各国发展道路和模式的选择，加强不同文明之间的对话。

中国要提高"制度性话语权"，首先要破解美国对中国的政治、思想和文化围堵。中国与一带一路沿线国家，特别是与周边国家历史上形成的紧密的命运共同体（如一直延续到近代的朝贡体系，笔者最近在喀喇昆仑山罕萨王宫里看到的民国 20 年喀什道尹为坎巨提供差颁布的公告）到了近代已基本解体，在一带一路国家，特别是周边国家没有自己的政治和文化势力范围。一方面，中国没有自己的军事盟国，在海外没有军事基地（唐朝在西域设有安西四郡），保护一带一路的安全畅通。美国依赖军队和在全球设立的 900 多个军事基地来保护美元的国际地位。中国的军费仅有美国六分之一，怎样在占全球陆地面积三分之二的一带一路沿线地区捍卫自己的公路、铁路、电站和其他基础设施中数以千亿美元计的投资呢？另一方面，在文化、思想和意识形态上，中国与一带一路国家，特别是周边国家失去了几千年来与日本、朝鲜、越南、泰国、缅甸那种"中国—边地"的两极文化结构，而美国在思想上和意识形态上却与中国的大多数周边国家形成了"美国—边缘"的两极文化结构。今天的美国对联合国和世界贸易组织等的兴趣越来越小，早已经把重点转向联盟建设，包括军事同盟（如美日同盟、北约等）和经济同盟（如 TPP）。美国为巩固其全球领导地位，通过颜色革命等手段，加快蚕食苏联解体后的欧亚大陆碎片化区域，许多"一带一路"沿线国家是美国的盟友或有美军基地，在政治外交、军事经济战略上对中国推进"一带一路"形成巨大障碍。美国领导的政治同盟是建立在二元对立的世界观上的。这种世界观把世界简单地分为民主国家和非民主国家，而这两者之间是区别对待的。一个国家如果是西方式民主国家，那就是"我类"；如果不是，那就是"异类"。

中国最终在一带一路上的崛起，必须是以一个文化强国的姿态崛起。历史上，每一个帝国崛起都有与它崛起相关的全球化地带和文化影响圈——治理的最远边疆、交通运输所能到达的最远边区、宗教文化所影响的最远边地、贸易所达的最远国家。亚历山大帝国的崛起：军事、文化艺术、佛教；贵霜帝国的崛起：军事、佛教文化艺术；波斯王朝的崛起：军事、驿道、贸易、拜火教；唐王朝的崛起：军事、贸易、丝绸、儒教、佛教；阿拉伯王朝的崛起：军事、贸易、伊斯兰教；成吉思汗的崛

① 姚树洁：《亚投行是中国撼动世界地缘政治的里程碑》，《人民论坛》2015 年第 12 期。

起:军事、驿道、贸易、佛教、道教、伊斯兰教。中国历史上有过两次伟大的崛起:汉朝和唐朝。在汉朝,张骞通西域,到大夏寻求恢复与月氏的军事联盟,波斯高僧安世高来中国传播佛教。随后,东晋第一位高僧法显经西域至天竺——白沙瓦和塔克西来学经;北魏又派出使臣谷魏龙经过罕萨,出使撒马尔罕。到了唐朝,更多的唐朝高僧经过瓦罕走廊、喀喇昆仑山,沿着印度河来到斯瓦特、白沙瓦和塔克西拉,求取佛教真经。

在"东西双向开放"的思路下,实施"文化强国"战略,标志着中国与周边国家和更远的国家建立一种新型的关系。从鸦片战争以后被动性地融入世界秩序,转入今天主动布局,将自身发展与塑造一个新的世界秩序结合到一起。"东西双向开放"下的"文化强国"建设的目标,不仅是中国与一带一路国家形成一个地缘政治合作体、地缘经济合作体,更大的目标是中国与一带一路国家形成命运共同体、安全共同体、利益共同体、文化共同体和价值共同体。

自古以来,从古代高僧、商队,到西方探险家,往来丝绸之路多走喀喇昆仑山和兴都库什山之间的瓦罕走廊。但是,除了法显、宋云、玄奘和斯坦因等中外旅行家留下的文字外,很难找到更多的文献资料。2015 年暑期带学生去阿姆河和帕米尔上课前,在家里的旧书箱里,翻出一本苏联时代的小说《朱拉》,这本小说写的是 20 世纪 20 年代帕米尔高原古商道上的故事。读到小说 156 页,看到吉尔吉斯斯坦老族长取出他用红宝石从喀什商人手中换来的《禹贡》寻求占卜,我困惑了。为什么中国商人要带《禹贡》去荒寂的葱岭西部做生意? 翻开《禹贡》,发现这部 2000 多年前的经典讲的是最古老的地缘政治、周边外交和软实力外交:天子所在都城外 500 里称甸服,靠征税治理;甸服外五百里称侯服,即内臣,靠分封诸侯实行政治控制;侯服外五百里为边疆地区,称绥服,即外臣,为少数民族边疆地区,靠教化和军事控制;绥服外五百里称要服,即朝贡国家,为周边国家,靠政治、军事和文化同盟治理;要服外五百里,为荒服,为蛮荒之地,古称戎狄蛮夷,让其放任自流的地方。包括中国、巴基斯坦、阿富汗、塔吉克斯坦、吉尔吉斯斯坦、伊朗、哈萨克斯坦、土库曼斯坦在内的古丝绸之路文明圈应该属于《禹贡》里描绘的绥服和要服地区,中国跟这个地区的关系维持需要强大的文化影响力。我带学生去阿姆河、天山西段、瓦罕走廊、帕米尔高原和喀喇昆仑山上课,发现帕米尔高原绝不是荒服之地。帕米尔高原不仅是天山、兴都库什山、昆仑山和喜马拉雅山的汇聚之处,更是丝绸之路上的中亚、西亚、南亚文化交通要道和十字路口。例如,古丝绸之路上的"河中地区"的母亲河阿姆河发源于帕米尔高原。两千多年来,该地区孕育了多个中亚王朝和汗国,如阿契美尼德、大夏、萨珊、萨曼、花剌子模、察合台、帖木儿、布哈拉和浩罕等。

建设一带一路文明圈,等于重塑中国地缘政治与地缘文明圈。丝绸之路不仅是商业通道，而且是人类社会交往的平台，多民族、多种族、多宗教、多文化在此交汇融合，丝绸之路不仅是一条“经济带”，也是一条“文化带”。新丝绸之路大国博弈的赢家，不仅是一带一路的经济领导者，而且是一带一路的文化引领者。

三、文化共同体与价值共同体

一带一路文明圈是多样、共存、包容、共赢，跟哥伦布发现新大陆的那种文化清洗和种族屠杀文化完全不一样。2500 多年来，贯通亚欧大陆的丝绸之路文化是基于沙漠、绿洲、草原、游牧、高原为生活基础的特色文化，丝绸之路上的那些古老民族、文化、宗教，今天仍旧存在。至今伊朗还有两万多拜火教信徒，伊朗议会里还保持着拜火教信徒的席位。丝绸之路文化崇尚自然、天人合一、热爱生活。比如北方草原图瓦人和蒙古人的呼麦、突厥人的沙漠绿洲歌舞等。

丝绸之路文化自古以来是多国共同维护、扶植的文化。例如，从伊斯坦布尔、大马士革、伊斯法罕、希瓦、布哈拉、撒马尔罕、安集延、奥什、喀什、和田，敦煌到西安，一条长达几千公里的商道。丝绸之路的欧亚陆路衰败不完全是海上丝绸之路开通导致的。19 世纪后半叶开始，由于英国与沙俄在中亚、西亚、南亚大国博弈，大国为了自身的利益，重新划分边界，在传统的丝绸之路的通道上，设置了人为的障碍。例如，英俄对瓦罕走廊边界的划分，把 2000 多年来的中国、印度、阿富汗、中亚和西亚的最大通道阻隔了。

按照习近平主席提出的一带一路建设的政策沟通、道路联通、贸易畅通、货币流通、民心相通的五通目标，[①]通过一带一路文明圈的投入与建设，争取与丝绸之路经济带国家建成命运共同体、安全共同体、利益共同体、文化共同体和价值共同体。中华文明是世界上唯一没有中断的文明，这是因为其核心是中正平和，崇尚自然，追求和谐，不走极端，不搞民族斗争和宗教战争，这是一个唯一能够团结丝绸之路不同文明、民族和宗教信仰的文化。

通过一带一路文明圈建设文化强国，不是宣传中国中心论。一带一路很多国家都很为自己民族的文化、宗教、建筑、艺术、历史、领袖和社会制度骄傲。但是，中国要清晰、独到地表述中国的核心价值观是什么，要让一带一路沿线国家看到的中国价值和中国梦，不是狭隘地局限在中国。中国在一带一路倡导的中国价值和中国梦应该是每个人都想实现和都能实现的。中国需要设计一个能给人留下记忆的核心价值，便于在一带一路国家中传播。孔夫子的价值观是“仁义礼智信”，毛泽东的价值观是“为人民服务”，一带一路上的中国价值观一定要简单易记。

中国丝路文化价值用汉字“和”“仁”二字概括，更容易被一带一路国家理解和

① 《结束中亚之行离开比什凯克，习近平主席回到北京》，《人民日报》2013 年 9 月 14 日。

记住。“和”可以概括个人世界观、家庭观、社会观、国家观和天下观最美好的一面，如和美、和睦、和谐、温和、祥和、和气等。“仁”是人与人之间、邻里间、民族间、宗教间、国家间最为高尚的价值观，如仁义、仁爱、仁政、一视同仁、宽仁大度、大仁大义等。“和”和“仁”不仅很好地表达了习近平主席有关新型国际关系的合作共赢的义利观，更可以创新性地翻译成简单易懂、朗朗上口的英文句子，便于对外传播。“和”根据其文字结构和字面意义，可以翻译成“Eat and let eat.”（自己吃，也让别人吃）；“仁”根据其文字结构和字面意义，可以翻译成“Live and let live”（自己活，也让别人活）。“和”和“仁”深刻表达了从周恩来提倡的“和平共处五项原则”和习近平提出的“命运共同体”。各国之间必须坚持合作共存、相互关爱、合作共赢、共同发展、共享发展成果，让一带一路成为沿途发展中国家共同富裕、共同繁荣的康庄大道。“和”“仁”还意味着，大国要尊重各国自主选择的社会制度和发展道路，反对大国为一己之私到别的国家和别的地区以各种借口制造对抗、制造冲突、制造流血、制造战争。

四、复杂化、精细化的一带一路文化战略

中国外交政策的目标是建立新型国际关系和新型大国关系。这也应该是一带一路文明圈的目标框架。我们今天看到的中东和中亚的局面是，美国—伊朗对抗、美国—叙利亚对抗、沙特—伊朗对抗、胡塞武装在也门的崛起、逊尼派—什叶派对抗、阿拉伯之春后的中东碎片化。面对这种复杂的局面，一带一路文明圈的建设应该是一种复杂化、差异化、精细化和国别化的文化大战略。

丝绸之路文化有其千年不变的共同文化。如商旅客栈文化、巴扎文化，但更要看到丝绸之路文化是多样化的文化。一带一路上的文化传播应该细致入微，一国一策，一对一交流、面对面交流、项目对项目交流，不可笼统地把一带一路上的文化分为中亚文化、西亚文化、南亚文化、中东文化等等。当今世界的战争与冲突，不仅有大国直接入侵引发的战争，如苏联、美国入侵阿富汗，或者大国的代理人战争，如也门内战，更要看到中亚文化、西亚文化、南亚文化、中东文化圈内的那些国家本身在文化宗教上也不是一家人，如西亚伊朗与土耳其的争斗、中亚乌兹别克斯坦与吉尔吉斯斯坦的争斗、南亚印巴的争斗、中东沙特与伊朗的霸权争夺等。

一带一路沿线很多国家处在全球最为严重的争端地带：战略枢纽地带、民族冲突地带、宗教重叠地带、能源密集地带。一带一路中东和中亚段的国家可细分为经济资源型国家、地缘政治型国家和多民族多宗教型国家。我们在一带一路文化建设上，既要关注经济资源富饶的伊斯兰国家，如沙特、伊朗、伊拉克、叙利亚、苏丹、也门、阿富汗、巴基斯坦等，也要看到在大国博弈中，其中的阿富汗、巴基斯

坦、伊拉克、也门的地缘政治资源的价值远远高于其经济资源的价值。一带一路经过的中东和中亚国家也不是单一民族或单一教派的伊斯兰国家，他们都是多民族、多教派的国家，如伊朗、伊拉克、土耳其、叙利亚、黎巴嫩、也门、沙特、巴基斯坦和阿富汗等。

从古丝绸之路地理分布看，沿线各个国家虽有自身的文明传统，但是这些国家在西方列强的侵略面前有过共同遭遇和命运，文化上也存在一定亲缘关系。包括中国、印度、巴基斯坦、伊朗、阿拉伯等在内的广大丝绸之路国家都是非西方文明国家，这些国家更强调文化的亲缘性和共同的历史命运。自古以来，这里都是大国博弈之地。近代，这里的国家和人民被迫应对强势入侵的西方文明，并在此过程中艰难地塑造新的国家认同、政治认同和文化认同。

由于一带一路在地理上夹在多种文明体系中，一带一路文明圈是一个独特的跨多种文化的文明体系。一带一路文明圈需要一个更具有包容性和普遍性的意识形态支撑，即政治和文化上的多极化，尊重历史和传统。一带一路文明圈不从单一的意识形态和宗教出发，不鼓励引发冲突和暴力的二元对立的意识形态。一带一路文明只有回归、复兴古丝绸之路多样化的文化，才会平等相待、相互尊重、和平共处，才不会发生文明的冲突，才能保证一带一路的安全畅通。比如用“民主国家”和“非民主国家”，把世界简单粗暴地撕裂成二元对立的单一认同社会，否定了历史的、地缘的和文化的共同性。中国需要通过一带一路文化圈的建设，形成一个与一带一路基础设施规划和贸易通道规划相适应的“一带一路文化共同体”。在这个文明圈内，最大限度地激发不同文化、不同国家、不同民族和部落的认同感、凝聚力、自尊心和创造力，整合丝绸之路文明圈内的文化资源，让一带一路的建设成果惠及丝绸之路文明圈的全体人民。

未来由中国这样一个以多元性、异质性、复杂性为特征的文化强国主导的一带一路文明圈应该是文化交融共生，不是西方文明上的同质性和排他性，不是二元对立和文明的冲突，而是如费孝通所言“各美其美，美美与共”上的共生、共存，既保持文化差异，又能在一个文化多样性的文明圈里和谐相处。

在一带一路文明圈建设中，要自觉防止我们在文化强国建设中搞一种新殖民主义文化，引发新的文明冲突。一带一路核心区是伊斯兰文明带，美国、英国和法国在这个地区用西方二元对立的排他性文化长期经营，但从塔利班、基地组织、阿拉伯之春到伊斯兰国，今天的伊斯兰世界与西方国家的文化对立及其表现为“恐战”与“反恐”的伊斯兰与西方国家的军事战争。中国要慎用西方的黑白分明、敌我分明的思想意识形态，避免重蹈美国为首的西方国家与伊斯兰世界的文明冲突覆辙。中国要用一种平等和包容的态度，跟一带一路国家进行近似或共性文化圈的探索，挖掘和讲述中国与文化圈内国家在文化、宗教上的密切交往和相互学习的故事，让中华文化与沿线国家近似的、共生的或共性的文化，创造性地进行大融通，共同营造一带一路文明圈。例如，文化上寻找合作可行的契合点，提出和实施文化上的共同和共通项目。比如配合一带一路上的经济走廊，设立内容丰富多样的丝路文化走廊，其中包括丝绸文化走廊、陶瓷文化走廊、巴扎文化走廊、商旅客栈文化走廊、伊斯兰建筑文化走廊、地毯文化走廊、天山文化走廊、帕米尔文化走廊、喀喇昆仑文化走廊、历史名城文化走廊、草原文化走廊、中国高僧西天经行处文化走廊等。

无论是搞文化强国项目，还是做一带一路的文化项目，政策制定者一定要接地气，不能只依教科书和媒体所给的角度来看世界，而要学习站在当地人的立场来了解他们所看到的世界。中国媒体在宣传报道一带一路时，需要一个谦卑的态度。一带一路上的很多国家，历史上多次被其他民族征服和同化，近代被西方国家殖民或半殖民。这些国家对外来民族在经济上文化上的突然涌入，是很敏感的，如蒙古、哈萨克斯坦、乌兹别克斯坦、阿富汗、土库曼斯坦、吉尔吉斯斯坦等。在一带一路文化传播中，要让当地人看到，一带一路不是来征服的、不是来殖民的，而是伟大的丝绸之路精神的复兴。我们需要学习古人法显、玄奘的精神，怀着谦卑的心态，去尊重、了解、传播各地文明，而不是盲目的自信自大。一带一路文化强国的基础是民众间的面对面交流，要从小的项目和小事做起。一带一路的很多国家的人民对中国提出的一带一路一无所知，中国要通过媒体报道、广告、论坛、茶道、气功、武术、养生、绘画、音乐会、美食节、时装节、体育比赛、现代艺术展、画展、摄影展、电影节、文物展、一带一路旅行写作大赛等不同的方式，讲真实的一带一路上的人的故事，而不是像当前的一带一路宣传，多是些没有人物故事的口号、概念。

例如，“9・11”之后美国入侵阿富汗，并强行把美式民主制度移植到阿富汗。但是，这个政权运行得不是很成功，政府领导人不敢远离喀布尔，最近连续两个大城市被塔利班攻下。阿富汗的知识分子分析，西方的政治体制不适合阿富汗的部落文化，总统任命各省省长，而老百姓却只听部落酋长的。结果总统和酋长互不承认，下边的老百姓更多的是跟着酋长走，而酋长跟塔利班又是分不开的。结果，美国打了14年战争，阿富汗政府也成立了多年，但是塔利班仍然控制着这个国家的近70%的人口和70%的土地。显然，武力强权是征服不了人心的。只有“一带一路”共商、共建、共享的互利共赢原则才能广受欢迎。

我们要强调的是一带一路文明的共同性和多样性。由于一带一路在地理上夹在多种文明体系中，一带一路文明圈是独特的跨多种文化的文明体系。我们分析一下新疆。新疆既是中亚的一部分，甚至跟西亚的伊朗有着密切的文化和血缘关系（塔吉克族），又是一个东亚国家（中华人民共和国）的一部分；新疆多个少数民族属于突厥语系，但是又属于不同民族，既有共享文化，也有不同文化，语言上既有相通处，也有不相通处。比如乌兹别克人可以懂得维吾尔语的大部分，但是哈萨克斯坦人只能懂维吾尔语的不到一半。塔吉克人如果跟维吾尔族族人不住在一块儿，他们基本听不懂维吾尔语。吉尔吉斯斯坦属于突厥语系，但在文化上、历史上跟维吾尔族和乌兹别克族又有严重的文化差异和民族矛盾。

因此，建设一带一路文明圈是多样性文明的回归，而不是追求单一文化认同，这就需要一个更具有包容性和普遍性的意识形态支撑，即政治和文化上的多极化，尊重历史和传统。汪晖讲得很好，就是在今天的世界上，很多的重重矛盾就来源于压抑、认同的内在多样性，或者与某种认同的单一性撕裂，由多样性构成的社会，从而破坏了社会的共同性基础。比如用民主国家和非民主国家把世界简单粗暴地撕裂成二元对立的单一认同社会，否定历史的地缘和文化的共同性。

中国在漫长历史上形成的家国天下、多元一体的复杂国家概念与欧洲民主国家概念相比，不是西方国家在排他性的价值共同体内的平等，而是如费孝通所讲的"各美其美，美美与共"意义上的平等，保持差异，又能保持统一，以公民社会和文化的同质性为基础的西方国家，同中国这样一个以多样性、异质性、复杂性为特征的文明国家相比，中华文明是一个包容儒教、佛教、伊斯兰教，让三者共存、共生和共赢的国家。这就是文化共生。

今年暑期，我带着学生在乌兹别克斯坦沿着古丝绸之路腹地走了三千公里，没有看到中国开展的丝绸之路文化项目。中国在一带一路的腹地也没有做针对普通民众的宣传工作，在丝绸之路最伟大的世界名城撒马尔罕没有一家中国餐馆。《一千零一夜》的阿拉丁是中国人，而今天人们在希瓦、布哈拉和撒马尔罕看不到任何中国元素。今天丝绸之路的旅行者在撒马尔罕看到的是日本和韩国做的丝绸之路文化项目，比如日本政府在撒马尔罕建了一个仿唐的桑皮纸作坊，作为旅游点；韩国政府资助撒马尔罕国家博物馆复原唐朝和高丽出使粟特国大型壁画。中国政府、企业和相关的专家学者，需要认真仔细地走到一带一路沿线国家实地调查研究，提出具体可行的、并与丝绸之路遗存文化密切相关的文化项目的意见建议报告，变考古学家的丝绸之路"死文化"为人民日常生活所需的丝绸之路"活文化"。

在中东地区宣传“一带一路”的困难及对策

——《“中国文化的影响对伊斯兰世界的辐射”调研报告》之二

孙力舟*

摘要：本文结合笔者在中东地区参加国际学术会议和实地考察的见闻，阐述了中国的“一带一路”倡议在中东地区反响有限的状况，并深入分析了中国对中东地区的外宣工作力度不足、西方媒体在中东占据主导地位、中国的中东政策难以满足部分中东国家领导层的核心诉求等三方面的原因。要在中东地区宣传和扩大“一带一路”倡议，就须着力加强多渠道的外宣，客观看待中东地区的反美反西方情绪，谨慎对待中东地区的领土争议和民族、教派矛盾，以巴基斯坦为突破口经营本地媒体，逐步调整对中东的政策。

引言

2013年下半年，习近平主席提出建设“丝绸之路经济带”和“21世纪海上丝绸之路”的构想。2015年3月，中国在博鳌亚洲论坛上推出了“一带一路”路线图。为响应这一中国外交和对外经济合作领域的伟大战略部署，各省、自治区、直辖市和新华社等媒体纷纷行动起来，成立相关智库，开展研究和外事活动。

然而，推进“一带一路”的困难和风险不应低估。清华大学李希光教授在接受《南风窗》杂志采访时，曾以“风暴眼”比喻“一带一路”的必经之地——中东中亚地区①。

---

* 孙力舟，清华大学国际传播研究中心课题研究员、西南政法大学世界与中国议程研究院副院长。

① 覃爱玲：《“一带一路”如何走过中东中亚风暴眼—清华大学国际传播中心主任李希光教授访谈》，《南风窗》2015年第8期，http://www.nfcmag.com/article/5494.html，2015年7月18日。

一般认为，中东的范围在地理上涵盖了大部分西亚地区，并包含部分北非地区[①]。中东蕴藏着占世界约70%的石油资源，作为世界最大能源进口国的中国，推进"一带一路"规划是绕不开中东的。在中东地区推进"一带一路"的第一步，就是让这一规划为各国政府、智库、商业界、媒体和普通民众广泛知晓，倾听他们的意见建议，不断地调整规划，让其变得更加可行。

笔者在课题组组长李希光带领下，于2015年3月至5月先后访问了巴基斯坦、阿拉伯联合酋长国、伊朗和土耳其。旅途中，我充分感受了沿途人民的热情好客和对中国在整个亚欧大陆经济与社会发展中发挥更大作用的期待，但也发现中东各国的政府、学界和媒体总体来看对于"一带一路"知之甚少。本文介绍了"一带一路"在中东反响有限的情况，对这一情况存在的原因做出分析，并提出了扩大"一带一路"在中东地区影响的简要建议。

一、"一带一路"在中东各国反响有限

在中国提出的"一带一路"规划包含的65国中，超过半数是伊斯兰国家，但总体看来，"一带一路"倡议在这些国家，特别是在从伊朗向西一直到摩洛哥的中东地区反响很有限。

2015年3月6日到8日，笔者参加了在巴基斯坦首都伊斯兰堡举行的伊斯兰合作组织(OIC)第六届智库论坛。该论坛由巴基斯坦参议院国防委员会主办，来自巴基斯坦、土耳其、伊朗、伊拉克、阿富汗、阿塞拜疆、马来西亚等约30个伊斯兰合作组织成员国和德国等西方国家的智库学者、大学教授参会。

2015年5月6日到9日，笔者在靠近叙利亚边境的土耳其哈塔伊省(Hatay)出席有20多个国家的官员和学者参加的土耳其重要智库——土耳其亚洲战略研究所(TASAM)组织的第三届中东问题国际研讨会。此外，我还访问了伊朗的德黑兰大学和伊玛目·萨迪克大学等学术机构和土耳其的伊斯坦布尔、伊朗的伊斯法罕和卡赞、阿联酋的阿布扎比等城市，与一些学者和企业家进行了交流。

这几个月参会交流的总体印象是，中东国家大约90%的政商学精英没有听说过"一带一路"的概念，在听说过"一带一路"的人里，也大约有90%只知道它是中国政府的倡议而不知其内涵。青年学生和一般公众基本上没有人听说过"一带一路"。

在伊斯兰合作组织智库论坛期间，李希光教授在巴基斯坦总统面前做了介绍

① 关于"中东"包含哪些国家，地理学界和国际政治学界都存在争议。本文所称"中东"，包括西亚的巴林、伊朗、伊拉克、以色列、约旦、科威特、黎巴嫩、阿曼、卡塔尔、沙特阿拉伯、叙利亚、阿拉伯联合酋长国、也门、巴勒斯坦、塞浦路斯、土耳其、阿塞拜疆、亚美尼亚、格鲁吉亚，以及北非的埃及、利比亚、突尼斯、阿尔及利亚和摩洛哥。

"一带一路"的主旨演讲,在场的各国官员和学者纷纷表示这是第一次听说"一带一路"。在位于土耳其南部的哈塔伊省安塔基亚市举行的中东问题国家会议上,50多位各国官员和学者做了关于中东地区国际关系、反恐、教派斗争、区域合作、水资源利用、可持续发展等问题的发言。在长达3天的会期里,竟然没有一个人在发言中提到"一带一路",仅有个别人谈到一些大国正打算建设"新丝绸之路"。在整个会议发言中,"中国"这个词仅出现五次,而且全部是从全球战略格局的变化的角度来说的,而没有谈到中国对中东的具体政策。在会议最后一天进行审议会议宣言的日程时,笔者提出建议,在会议宣言中加入配合中国的"一带一路"规划,在中东进行基础设施建设以改善民生的条文,也没有获得热情对待,会议主持人只是说"我们会考虑这一建议,看看它与本次会议的主题是否相关"。

二、中东各国对"一带一路"反响有限的原因

造成中东地区各国对"一带一路"反响有限的原因主要有两点:

1. 中国对中东地区的外宣工作力度不足

虽然伊斯兰教的先知穆罕默德早在1300多年前就说"学问即使远在中国,也应该前往探求",但中国与中东地区的人文交流仍然极为有限,中东各国懂中文的人极少。

2015年5月,笔者在伊朗的德黑兰、卡赞、伊斯法罕三个城市考察一周,只遇到一位懂汉语的伊朗人,他曾在我国台湾留学,在广东工作。同月,我在土耳其参加会议并游览五天,只遇到两位会讲汉语的土耳其人,其中一位是曾在北京工作的记者,另一位是带中国游客团队游览伊斯坦布尔大巴扎的导游。笔者两次在阿拉伯联合酋长国停留,2014年5月在迪拜,2015年3月在阿布扎比,总计三天的行程中没有遇到一个会讲汉语的阿联酋公民。在这几个国家,我也没有看到一份用中文出版的报纸或杂志,只是在土耳其的个别旅游景点有中文导向标识。

因此,向中东各国推介"一带一路"必须依靠各国精英能够理解的英文或法文,以及中东地区当地的阿拉伯文、波斯文、土耳其文、希伯来文、库尔德文等语言和文字。但是,我在中东几国的宾馆、机场、饭店收看的电视节目中,从来没有看到过中国电视台制作的节目,可见央视的英文、法文和阿拉伯文节目在中东地区的覆盖面极为有限。

中国派驻中东地区的记者也相对较少,很难满足向中国介绍中东和向中东宣传中国的需求。根据2015年5月笔者在德黑兰了解的情况,在人口约7700万的中东大国伊朗,中国常驻记者仅仅7人。

总体看来,中国对"一带一路"的外文介绍严重不足。从文字媒体来看,China Daily这样的国家级英文媒体都很难见到对"一带一路"的全面报道,博鳌会议上

通过的“一带一路”路线图没有英文版。笔者在准备 2015 年 5 月土耳其召开的会议时，专门花了几小时搜索中国官方对于“一带一路”的英文介绍，都没有得到满意的结果。

2. 西方媒体在中东地区占主导地位

英法等欧洲国家对于中东地区直接的殖民统治和“委任统治”“保护国”等控制方式早在几十年前就已经结束，美国也已经完成从伊拉克撤军，虽然有形的政治统治消亡了，但是无形的精神控制仍然存在。

在有关中东各国的国际新闻报道和中东各国对国外新闻的报道中，媒体主要引用美联社、路透社、法新社、BBC 等西方通讯社的信息源。卡塔尔半岛电视台等影响较大的本地媒体在重大国际问题的报道中也与西方主流媒体立场近似。此外，卫星电视接收器在我访问的各国（包括伊朗）很普及，甚至在偏远贫困的农村和山区也可见“大锅”覆盖在简陋的屋顶之上，当地民众在家里就可以收看西方电视台（如 CNN、BBC）的阿拉伯语、波斯语等本地语言的节目。

众所周知，西方媒体对于中国负面报道和评论较多，在包括中东地区的全世界虚构负面的中国形象，例如中国是个专制国家，对内侵犯人权，对外欺凌周边小国等，长此以往，中东各国民众对中国的认知受到影响。笔者在伊朗的大学做讲座交流时，就有学生提出民主、人权和“大跃进”引起饥荒等问题。

在对“一带一路”这样能够彰显中国对国际社会贡献的话题中，西方媒体一般会加以无视，甚至进行歪曲，将其解读为中国向中东扩张势力，企图控制这一地区的新殖民主义手段。这样，中东地区的人民就更难看到听到、读到对“一带一路”客观、正面的报道。

三、扩大“一带一路”在中东影响力的初步建议

中东地区对于中国的“一带一路”建设具有重要的经济和战略意义，无法绕开。针对上述三个原因，可以提出如下几方面政策建议。

1. 加强多渠道的外宣

（1）媒体方面。在中国面向中东地区的外文媒体，特别是网站上对“一带一路”的构想、初步成果做系统的、连续性的介绍，特别要本着“一国一策”的原则，结合各国国情，阐明这些计划能给大中东各国人民带来什么实实在在的利益，与当地国家的发展规划如何加以协调等问题。

（2）政府和学术交流方面。中国领导人在开斋节、古尔邦节、纳吾鲁孜节等中东地区传统节日致以正式的节日问候，在致辞中包含对“一带一路”命运共同体的介绍。

由政府宣传部门主持制作一带一路画册、宣传光盘向来华访问、会议的当地

政商学各界人士赠送外文(该国精英能阅读的文字,最好是该国法定文字)的版本。让到大中东各国出席会议、访学、孔子学院教学的中国学者携带这些画册和光盘加以赠送。

(3)企业方面。中国在大中东地区的企业很多,特别是承担的建设工程多。给中资公司配备讲述"一带一路"与其施工所在国家、地区关系的资料,特别是企业业务将如何改善当地民众生活的资料,便于其配合业务,向当地人民直接宣传。

2. 客观看待中东地区的反美反西方情绪

中东的伊斯兰国家中普遍存在反美反西方情绪,这是不争的事实。有趣的是,笔者在参会和调研中发现,长期被西方孤立和制裁的伊朗,反西方的情绪较弱,很多中产人士对西方的生活方式颇多憧憬;相反,作为美国几十年的北约盟友,长期申请加入欧盟的土耳其,其精英却有不小的反西方情绪。

在巴基斯坦举行的伊斯兰合作组织智库论坛中,土耳其多位大学和智库学者当着资助会议的德国阿登纳基金会代表的面,多次指责西方对穆斯林的歧视,制造"伊斯兰恐惧"。具体到西方对土耳其的政策,土耳其学者对于欧盟长期拒绝土耳其加入感到愤怒,认为欧盟是以人权为幌子,担心土耳其入盟会破坏欧盟的基督教属性。

此外,欧洲国家屡屡批评土耳其政府对边界管控不严,造成极端分子在欧洲进行恐怖袭击,并且从土耳其进入叙利亚和伊拉克加入"伊斯兰国"等恐怖组织。一些媒体甚至抨击土耳其政府放任极端主义坐大。

在前往土耳其参会的飞机上,认识了一位出生在英国、祖籍"自由克什米尔"(巴基斯坦对巴控克什米尔南部的称呼,其首府为穆扎法拉巴德)、目前在伊斯坦布尔从事与欧洲的穆斯林移民有关的研究工作的青年学者,他告诉笔者,举办会议的哈塔伊省不仅接近"伊斯兰国"的控制区,还是欧洲的极端分子进入"伊斯兰国"的最主要通道。据欧洲一些国家的政府估计,迄今已经有数千名来自欧盟的穆斯林少数族裔青年从哈塔伊省进入叙利亚,参加反对叙利亚政府的"圣战"。

笔者在会议期间与研究国际关系及伊斯兰文化的土耳其学者私下交流时,他们对西方政府和媒体的指责感到不满。"我们国家已经接受了二三百万来自叙利亚的难民,其中有28万就在哈塔伊省。联合国承诺的援助没有到位,北约和欧盟对于救济难民无所作为。西欧各国并未向我们通报他们怀疑的持本国护照进入土耳其的人员名单,我们怎么可能从大量的游客中筛选出可能的恐怖分子?"

相反,在笔者参加的两次伊斯兰世界的大规模会议中,与会学者在会上对中国都没有任何的批评。在笔者向土耳其学者提问中国对阿富汗政策的时候,对方的回答是"到目前为止,中国还是无辜的,没有做任何坏事"。即使在2015年7月土耳其发生激进民族主义者的反华游行期间,在土耳其做深度旅游的北大学生和朋友对笔者说，没有安全问题，遇到的土耳其人对中国人都很热情，中国游客也仍然很多。

在这种情况下，中国媒体对中东地区、对伊斯兰国家、对欧美的穆斯林少数族裔的报道，应该尽量避免大量直接编译欧美媒体，造成中国参加“反伊斯兰大合唱”的印象。而要增加中国人直接获取的信息和中东国家本国媒体的报道，避免陷入西方与伊斯兰的冲突之间，少树敌，多交友，让中东地区的政府和人民切实感觉到中国是值得信任的朋友，有利于“一带一路”在当地的进一步宣传和推进。

3. 谨慎对待中东地区的领土争议和民族、教派矛盾

中东地区是世界上存在大规模领土争议的少数地区之一。以色列与巴勒斯坦的约旦河西岸等地、以色列与叙利亚的戈兰高地、叙利亚与土耳其都有大片领土争议。

土耳其和叙利亚的共有边界线超过 500 英里，哈塔伊省的东、南两面都与叙利亚接壤，西边是地中海，只有北部连接土耳其内部，在地图上看像是土耳其向南伸出的一个葫芦形突出部。

这里在 16 世纪初到 20 世纪初属于奥斯曼帝国，1918 年第一次世界大战结束后沦为法国委任统治地，和叙利亚划为同一个行政区，1939 年哈塔伊被土耳其共和国占领。第二次世界大战之后独立的叙利亚一直要求土耳其归还这一地区，直到五六年前，在土耳其和叙利亚关系的蜜月期，叙利亚总统巴沙尔·阿萨德同意暂时搁置争议，但并没有放弃对哈塔伊省的领土要求。叙利亚内战打响后，土叙两国军队曾在这个省多次交火。

这个省在土耳其地图上被标为土耳其领土，在叙利亚地图上则被标示为叙利亚领土。类似这样的地区，中国政府、媒体和企业应避免对主权归属表态，并且慎重使用地图，防止因一言一行不妥引起对方的反感。

此外，中东的五大民族——阿拉伯人、土耳其人、波斯人、库尔德人、犹太人和亚述人、俾路支人等少数族裔之间，逊尼派、什叶派及较小的德鲁兹等教派之间，大多存在错综复杂的历史积怨和现实矛盾。中国媒体在宣传中需要避免将极端主义、恐怖主义与特定教派、民族关联，避免把生活习俗的不同用文明程度的差别加以解释。

4. 以巴基斯坦为突破口经营本地媒体

中国缺乏相关外语人才、熟悉中东事务专业人才的情况，将是长期制约中国在中东地区宣传和推进“一带一路”的瓶颈。这种困难状况，可以采取在巴基斯坦经营媒体的方式加以缓解。

在 2015 年 3 月于伊斯兰堡举行的伊斯兰合作组织智库会议之后，笔者访问了巴基斯坦国家科学技术大学(NUST)。在旁遮普省和信德省考察，与巴基斯坦银

行家、智库领袖、军队将军等精英人士进行了广泛深入的交流。2015年4月14—18日,李希光教授带领我们课题组参加了在海南岛举行的"一带一路"中巴经济走廊战略研讨会。经过与上百位巴基斯坦各行业人士的交流发现,在所有伊斯兰国家中,只有在巴基斯坦,知道"一带一路"的精英多一些,而且只有在巴基斯坦,主流精英愿意主动配合"一带一路"的推进。从音像媒体来看,笔者在近期出访的几个国家中,只有在巴基斯坦的某些宾馆可以看到中央电视台的英文频道。

巴基斯坦有约400万熟练掌握英语的人口,占全国总人口的约2%。巴基斯坦媒体劳动力成本较低,记者一个月平均工资只有约1000元人民币。巴基斯坦政府和民间都对华友好,法律又允许国外投资在本国开办媒体。巴基斯坦虽然不属于中东国家,但邻近中东,是一个伊斯兰国家,而且是个军力较强的、有威信的国家。巴基斯坦与大部分大中东国家风俗和心理接近,用巴基斯坦媒体做宣传有利于读者接受。中国可以在巴基斯坦寻找合作伙伴,用巴基斯坦的人力资源开设英文媒体,推进"一带一路"在整个大中东地区的宣传。

然而,中国在巴基斯坦经营"一带一路"相关的媒体,并不仅仅是新闻传播业界的事业,而是要求中国通过"中巴经济走廊建设",全面支持巴基斯坦,增强巴基斯坦政府的执政能力和国家的凝聚力。如果不能实现这一目标,中国在巴基斯坦建设的新闻机构,将可能成为极端分子攻击的目标。

目前,西起摩洛哥东到帕米尔的大中东地区动荡不安,阿富汗、伊拉克、利比亚、叙利亚的战火尚未熄灭,也门等国又爆发涉及十多个国家的武装冲突;美国实力有所衰退,但不甘心和平退出大中东,而是在沙特为首的逊尼派势力和伊朗为首的什叶派势力之间拉偏架,并联合印度在阿富汗和巴基斯坦利用部族分歧制造事端。

大中东地区的各种矛盾冲突,大多以直接间接的方式影响到巴基斯坦国内政局。近年来巴基斯坦国内宗教保守化倾向上升,恐怖袭击事件频发,大量劳动力不得不投入安保行业而没有进行生产创造财富,工业化进展缓慢和人口激增相伴带来严重的失业问题。如果放任这种趋势继续下去,不仅巴基斯坦这个中国的铁杆朋友会处于发生全局性动乱的危险之中,中国新疆的稳定也会受到威胁。

5. 逐步调整对中东的政策

中国总体国力的增强、对进口能源依赖的增加、"一带一路"规划的提出和中东地区局势的变化,都对中国现行中东政策提出了调整的要求。

中国对中东政策的调整,可以参考对巴基斯坦政策的成功范例。巴基斯坦首先是因为中国从20世纪60年代开始满足了其对抗印度的安全需求,才与中国发展包括经济合作在内的全方面合作的。中国可以在中东地区寻找政府和民众都对华友好的国家,特别是明确反对中国境内的暴力恐怖和分裂势力的国家,适当给予安全承诺,加大介入力度,满足一些国家的核心诉求,把“巴基斯坦模式”向西扩展。例如,叙利亚朋友告诉我,中国在安理会三次投票否决不利于叙利亚政府的提案,让亲政府的叙利亚民众认为中国是真正的朋友,是中国、俄罗斯、伊朗的支持,才让叙利亚避免重蹈利比亚和伊拉克山河破碎、恐怖分子横行的覆辙。因此,在内战结束后,只有中国、俄罗斯、伊朗能够参与叙利亚的重建。

当然,从长远来看,中国需要培养更多熟悉中东地区语言、文化、国情和国际关系的外交官、专家学者、商界精英和媒体行业人才,这样才能够制订更加科学的宣传策略,不断推进宣传工作力度。

论华侨华人及中国的文化软实力

骆克任　谢婷婷*

摘要：海外华侨华人作为中国的海外移民及其后裔，与祖(籍)国在亲缘乃至语言、价值观等文化基础上都有着共同的根基。本文从五部分对海外华侨华人和祖(籍)国在文化软实力的增长方面进行研究。首先，论述了华侨华人和中国文化软实力有着共生关系，指出中华传统伦理道德是海外华侨华人与中国的关系纽带，海外华侨华人是中华文化国际化的特殊力量，而海外华侨华人社会正是中外文化交流的成果。其次，华侨华人与中国在文化软实力的互动主要体现在三个层面：一是华侨华人"爱国爱乡"的精神道德品质，二是凝结海内外华侨华人的文化基因体——中华传统文化精华，三是华侨华人作为中国发展模式践行者的当代意义。此外，本文特别对海外华侨华人社会的"三宝"即华文学校、华文媒体和华人社团进行了详细阐述，由此具体延伸和体现中华文化在海外的传承和影响。再次，指出在互联网和人口国际化的时代，随着海外华侨华人社会的巨大变化，提升双方文化软实力必须关注侨情资讯和舆论引导。对此，本文从基于互联网层面的侨情大数据平台开发，以及观念层面的侨务公共外交进行了探讨。最后，本文以厦门集美区打造"最美侨乡"为典型案例，对于如何发挥地方优势、共同助推海外华侨华人和中国在文化软实力增长方面进行了实践探讨。

一、华侨华人与中国文化软实力的共生关系

作为中国的海外移民及其后裔，华侨华人与中国长期保持密切联系。当前华侨华人与中国的合作具有坚实的亲缘、语言基础，但是更为深刻的仍然还是表现在共同心理状态上(主要体现在价值观上)的文化基础。长期以来，一代又一代海外侨胞，秉承中华民族优秀传统，不忘祖国，不忘祖籍，不忘身上流淌的中华民族血液，热情支持中国革命、建设、改革事业，为中华民族发展壮大、促进祖国和平统

* 骆克任，华侨大学中国海外发展研究中心/华侨华人信息中心，主任，特聘教授，博士生导师；谢婷婷，华侨大学华侨华人研究院，讲师。

一大业、增进中国人民同各国人民的友好合作做出了重要贡献。

(一) 中华传统伦理道德是华侨华人与祖(籍)国的关系纽带

中华文明有着五千多年的悠久历史，是中华民族自强不息、发展壮大的强大精神力量。我们的同胞无论生活在哪里，身上都有鲜明的中华文化烙印，中华文化是中华儿女共同的精神基因，而中华传统伦理道德更是海外华侨华人与祖(籍)国的关系纽带。中华传统伦理道德十分强调“家、国、天下”观，看重个人的担当和责任，在此基础上中国人的理想可以用张载的横渠四句得到很好的概括：“为天地立心，为生民立命，为往圣继绝学，为万世开太平”。这种担当和责任感极强的道德观强调每一个人应对社会做出贡献，从而发展出个人的家国意识与浓厚的乡土情结。由此，中华传统伦理文化下的个人与国家结成了一种非常稳固的“情感”关系，而不像西方社会中的个体与国家是一种契约型的“理性”关系。此外，在强烈的宗亲意识维系中，更彰显中国乃至华人族群的关系和眷恋。这种宗亲意识十分重视家庭、家族、家乡，甚至个人价值的体现很大程度上需要得到家族、家乡的认可，所谓“富贵不返乡如锦衣夜行”的观念，迄今仍为很多华人尤其是老一辈华人所秉持。海外一些华侨社会依血缘、地缘、语缘而立帮结派，基本上就是其宗亲观念的放大。辛亥革命前，维新党人和革命党人在南洋的宣传活动，其成功之处也在于将华侨这种对家庭、宗族、家乡的认同引导到对中国的认同上。积极投身于祖国抗日运动的南洋侨领陈嘉庚、李清泉、邱元荣等，无一不是造福桑梓的热心人，他们在民族存亡之际奋起为国家民族命运而抗争，从而成为爱国主义的模范。至于中下层华侨，尤其处于社会底层的华侨，大多数不熟悉也是无力从事当地的社会、政治事务，在当地无恒产无地位，其移民的目的，主要是为了有朝一日衣锦还乡，在家国存亡之际，其对宗亲、家乡的关注，就更容易升华为对中国国家的认同了。[①] 这种基于同文同种和相近习俗乃至价值观，是世界华人之间的合作具有最深层次的伦理文化基础。诚如新加坡已故前总理李光耀所说的：“我们都是华人，我们共享由共同祖先和文化而产生的某些特征……因此，更容易沟通和信任，而沟通和信任是一切商业关系的基础。”[②]

在这种家国天下观的引领下，海外华侨华人往往怀有浓厚的祖国乡土情感，哪怕虽然身在国外，但仍顽强地保留着许多家乡的风俗习惯，经常汇款回乡，时刻关心祖国和家乡的建设，关注祖国和亲人的安危存亡，一旦祖国和家乡遭灾受难，他们都能够伸出援手。近代以来，每当中国发生重大灾害，华侨华人都做出强烈

---

① 庄国土：《华侨华人与中国的关系》，广东高等教育出版社 2001 年版，第 215 页。

② 庄国土：《东亚华人社会的形成和发展——华商网络、移民与一体化趋势》，厦门大学出版社 2009 年版，第 521 页。

反应。华侨华人与祖(籍)国的关系史,从某种意义上说,就是一部儿女热爱自己母亲的历史。虽然20世纪50年代中期以后,绝大多数华侨转籍为华人,与祖(籍)国的关系发生较大变化,但关心祖(籍)国情怀并未改变。无论是近代反帝反封建斗争、新民主主义革命,还是社会主义现代化建设,华侨华人对中华民族复兴和国家安危的关注都从未中断过。[①] 党和政府亦深知华侨华人对祖(籍)国的眷恋,抓住一切机会,向海内外炎黄子孙倡议,团结一致为中华民族复兴而贡献。邓小平同志在给《美洲华侨日报》题词中有这样的表述:愿你们为增进中美两国人民的友谊做出更大的努力。愿你们为祖国的社会主义建设,为台湾回归祖国、实现统一祖国大业,做出更多的贡献。[②] 有一年,邓小平在接见参加国庆活动的华侨华人时说:“大家回来多看一看,更多地了解国内情况,可以在国际上向你们熟悉的、提出这些问题的华裔和外国朋友作些解释。希望大家在为促进祖国的统一和现代化方面尽你们能够尽的力量,做出更多的贡献”。[③] 在《各民主党派和工商联是为社会主义服务的政治力量》一文中,邓小平指出:各民主党派和工商联在台湾同胞、港澳同胞和海外侨胞中有广泛的联系和影响,希望在促进台湾回归祖国的事业中,积极贡献力量。[④]

中华传统伦理道德在华侨华人与祖(籍)国关系中发挥着超稳定的桥梁纽带作用,从深层次结构上而言,是各级宣传部门、统战部门、文化部门、侨务部门开展中华文化国际化、提升中华文化软实力工作的基础。“大陆同胞,台湾、香港、澳门的同胞,还有海外华侨,大家都是中华民族子孙。我们要共同奋斗,实现祖国统一和民族振兴”“凡是中华民族子孙,都希望中国能统一,分裂状况是违背民族意志的”,[⑤]从中可以看出隐匿于其中的个人与国家之间的强烈情感关联。为了更好地将海外老一辈华侨华人对祖(籍)国传统伦理道德的执着同样在年轻一代华裔中得以传承,侨务部门开展了“海外华裔青少年中国寻根之旅”夏令营活动,在海外华侨华人社会中引起积极的反响。2010年在北京人民大会堂举行的“中国寻根之旅”夏令营开营仪式上,时任中共中央政治局常委、国家副主席习近平出席并讲话。习近平在发言中指出:中华民族历来有着浓厚的故乡故土观念,认祖归宗是中华儿女重要的文化品格;同世界其他国家的寻根热相比,生活在全球各地的中华儿女的寻根热情更高、寻根历史更早。海外中华儿女到中国寻根,说明大家对祖(籍)国有强烈的亲近感,都认识到自己血管中涌动的是中华血脉,都愿意传承

---

① 周南京:《华侨华人百科全书(总论卷)》,中国华侨出版社2002年版,第90—129页。

② 国务院侨务办公室、中共中央文献研究室:《邓小平论侨务》,中央文献出版社2000年版,第26页。

③ 同上书,第27页。

④ 同上。

⑤ 同上书,第28、29页。

和发扬历经数千年形成的中华文化;团结统一的中华民族是海内外中华儿女共同的"根";博大精深的中华文化是海内外中华儿女共同的"魂";实现中华民族伟大复兴是海内外中华儿女共同的"梦"。① 在 2014 年第七届世界华侨华人社团联谊大会上,中共中央总书记、国家主席习近平发表重要讲话强调:"团结统一的中华民族是海内外中华儿女共同的根,博大精深的中华文化是海内外中华儿女共同的魂,实现中华民族伟大复兴是海内外中华儿女共同的梦。共同的根让我们情深意长,共同的魂让我们心心相印,共同的梦让我们同心同德,我们一定能够共同书写中华民族发展的时代新篇章。"②可以说,中华传统伦理道德中对家、国、天下的担当和责任是连接海内外华人的精神纽带,是鼓舞和激励海内外中华民族子民一同奋勇前进实现中华民族伟大复兴的共同历史传承。

(二) 海外华侨华人是中华文化国际化的特殊力量

海外华侨华人社会规模庞大,历史悠久,是中华文化的海外载体,更是国际社会了解和接受中华文化的主要源泉之一。公元 6 世纪以后逐渐形成的东亚汉文化圈,是以中国为中心的传统东亚国际体系的基础,华人移民的贡献功不可没。尤其是 18—20 世纪中国人大规模移民东南亚,东南亚各地华人社区成为海外中华文化的主要承继和传播基地,是传统中国保持对东南亚地区影响力的主要原因。在 18—19 世纪,甚至是西方人了解中国社会和文化的重要来源地。华侨华人对中国文化软实力的历史贡献可谓居功甚伟。海外华侨华人虽然身在海外,他们对住在国的文化也会有不同程度的认同和融入,但"骨子"里始终流淌着绵延不断的中华传统文化血液。这种延绵不绝的文化情结,使他们永远无法忘却自己的祖籍文化渊源,自觉成为中华传统文化的传承者和传播者。例如,他们以中华民族传统节庆文化,如春节、元宵、端午、中秋以及舞狮、舞龙、赛龙舟等民俗节庆娱乐为媒介传播中华民族文化,参与者不再仅仅局限于华侨华人群体,也吸引了许多当地国民的参与,使中国民俗文化融入当地经济社会发展之中,展现出活生生的中华传统文化,大大增强了中华文化魅力和吸引力。同时,一些艺术产品,如中国电影、喜剧、杂技、舞蹈、民间艺术品等也借助华侨华人及其社团的桥梁纽带作用逐步走向世界,促进了中国与世界各国的文化交流,传播了中国优秀文化。尤其近年中国综合国力不断上升,中华文化元素在世界上受到越来越多的关注,一些原本限制华人传承中华文化(如禁止使用汉字、禁止举行与中国传统文化有关的活动)的国家也基本放宽、甚至取消了那些不合时宜的政策,这些国家基本也赞成华人作为自己国民的一部分,他们理应享有与他族群一样,传承中华文化的权

① 中央政府门户网站,http://www.gov.cn/ldhd/2010-07/25/content_1663626.htm。
② 人民网,http://pic.people.com.cn/n/2014/0607/c1016-25116878.html。

利。所以，在较多华人生活的国家纷纷把春节、中秋等传统佳节定为当地的法定节日。而且，随着中国综合国力的增强，华侨华人的文化自信得到了很大的提升，华侨华人也越来越把经济贸易活动与中国文化联系起来，更为积极且自觉、有意识地组织和参与到中华文化的传播工作中来。

海外华侨华人应是中华文化"走出去"的特殊力量。如前所述，在全球化进一步加深的21世纪，随着人口流动的开放性不断加大，海外华人作为住在国国民也逐步获得了在住在国进行中华文化传播较为宽松的社会环境，因此可以说在现在这个时期，海外华侨华人是推动中华文化国际化传播的重要载体和特殊力量，理应得到中国政府和社会各个方面的支持和重视。从某种程度上说，传播中华文化的海外华人是我们的异国"亲戚"，在作为他国国民应有的基本文化权利下，所进行的"文化本能"活动，海外华人这种活动对中国而言，不存在履行义务的关系。但作为特殊的"亲戚"和别国国民，由他们在当地国进行中华文化传承，同时我们作为他们的特殊"亲戚"，因他们熟悉自己国家的社会情况，我们可以在他们的要求和合作下，以遵守他们国家的法律制度、尊重他们国家的社会习俗为前提，[①]热情而又力所能及地协助他们传承中华文化，这样就可以大大减少由我国政府主导下的、仅以我们所想要达到的目标为主而缺少了对对象国法律、政治、社会、族群必要的了解，而进行文化传播可能带来的不利影响。

（三）华侨华人社会体现了中外文化交流的成果

在中华文化耳濡目染中成长起来的海外华侨，将家乡的生活方式、风俗习惯、文化教育等带到侨居地，成为侨居地多元文化不可分割的一部分，不仅促进了中华文化在海外的传承，也实现了中外文化的交融。从宗教、教育到传媒，再到生活习俗、文学艺术乃至中药的传播等方方面面，念旧、恋乡的海外华侨华人都试图在异国他乡重塑梦中家园的氛围，各地的中国城就是一个例证。总的来说，随着华侨华人在侨居地的生存繁衍，后代子孙的成长，华二代、三代乃至五代、六代虽然已经逐渐融入当地文化和习俗，但是许多华人家庭仍然非常注重对子女在中华文化方面的培养，这也是华文教育和华语学校能够在世界各地有华人的地方遍地开花的重要因素。随着中国改革开放的成就世人瞩目，国际地位日益显现，文化张力不断扩延，中国和中华文化也引起越来越多的关注，海外掀起了一轮轮的"中国热""汉语热"。与此同时，华人社会的大门也打开了，越来越多的华人摒弃了过客心态，展现出主人翁的姿态，与当地人一起学习、生活、工作，积极融入当地社会，成为当地社会的一分子，为当地发展做出了贡献，也促进了中外沟通交流。

---

① 作为海外华人，其文化传承需遵守其所在国的法律、尊重所在国习俗，而作为中国公民的海外华侨，他们进行与中国有关的文化活动，遵守当地国的法律、尊重所在国习俗就变得更为必要、重要。

据中国中医药学会联合会介绍，目前中医药文化已传播到世界160多个国家和地区。据中医业内估计，海外中医从业者总人数约在30万至50万之间。[①] 据国家汉办介绍，许多孔子学院的外方院长是由华人担任的，2009年美国64所孔子学院中就有45所的外方院长是由华人担任的。许多孔子学院的课堂更是直接设在了华侨华人开办的华文学校。侨务部门介绍，全球有几万所华文学校、几十万华文教师在传承中华文化，传播中华文明。中国社科院中国现代化研究中心提交的《中国现代化报告2009——文化现代化研究》显示，中国文化影响力指数位居世界第7，中国文化竞争力指数位居世界24位。[②] 如果把这些抽象的指数转换成海外实例，展现在我们面前的是一个个华侨华人担当着中华文化友好使者的鲜活身影：聂华苓早在20世纪70年代就把毛泽东诗词翻译介绍给世界人民；韩素音在中国改革开放之初把《第三次浪潮》介绍到中国，减少了中国发展进程中的弯路；黄锦波、靳羽西把改革开放的中国介绍给了美国人民和世界人民；张纯如的《南京大屠杀》改变了西方社会几十年对日本军国主义制造的这一历史惨案视而不见、充耳不闻的状况。还有把中国元素融进作品，介绍给世界的谭盾、姚迪雄、周龙……文化学者余秋雨说，今后，文化交流主要不是以国家话语、行政活动的方式，而是以有魅力的桥梁式人物为中心来展开的。[③] 如果我们再将获得诺贝尔奖的杨振宁、丁肇中、有"东方居里夫人"之称的吴健雄、被誉为"现代建筑大师"的贝聿铭、数学大家丘成桐、医学专家何大一、"光纤之父"高锟、生化学家钱永健等计入进来，则更增添了这座桥梁的魅力。因为进入世界一流水平的华人科学家、文学家、艺术家、建筑师、医生、教授越多，其本身就构成、体现、提升了中华民族的软实力。这就是为什么西方国家不断有人炒作"黄碟"案抹黑中国的同时，西方社会仍然认为没有华人学者的大学和研究所算不上是一流学府和研究机构。耶鲁大学校长理查德·莱文更是感慨地说："失去中国学生，耶鲁将黯然失色。"[④]

2010年意大利"中国文化年"活动组委会成员徐存松说："中国的文化在意大利将进行为时一年的展出，包括经贸科技成就展示、书籍书法作品展、文艺演出等各个方面，这对于帮助中国文化走出去肯定能起到很好的作用。我力争当好这个文化司机！"[⑤]正是有众多像徐存松这样的文化司机、文化使者的推动，中华民族的春节、元宵、端午、中秋以及舞狮、舞龙、赛龙舟等民俗节庆娱乐活动也逐渐成为华侨华人住在国的一道风景。中华民族的民俗节庆活动展示了中国文化的魅力，吸

① 《中医推广主要靠针灸》，《环球时报》2010年3月19日。

② 《中国现代化报告2009：文化现代化研究》，北京大学出版社2009年版。

③ 《中国处于"文化孤立"之中吗》，《环球时报》2006年10月9日。

④ 《巨款捐耶鲁，试探国人雅量》，《环球时报》2010年1月11日。

⑤ 于丽娜：《儒商·智业·仁心》，《人民日报海外版》2010年11月9日第6版。

引了当地民众的观看和参与,促进了文化交流和多元文化的融合,也促进了双边关系的发展。在伦敦,中国春节已成为一个盛大的节日。英国《旗帜晚报》刊文说,"中国的新年已成为伦敦文化不可或缺的部分,备受人民喜爱。虎年到来之际,成千上万的人涌向特拉法加广场,欣赏炫目的武术和杂技表演。"[①]时任英国首相布朗秀汉语,伦敦前市长约翰逊要狮头参与春节庆典活动,已成为伦敦唐人街的佳话。[②] 在荷兰,春节庙会已举办了10届,"春节是中荷两国民众共同的节日"成为节庆活动的口号;法国的春节活动已连续举办了21年;有的国家(或城市)还把春节定为公共(众)假日或法定假日。

海外华侨华人在当地传承中华文化,其含义已大为丰富。第一,海外华侨华人在当地传承中华文化,见证了世界文化的多样性发展,是世界文化多样性发展的必然结果,同时也促进了世界文化多样性的发展;第二,目前,海外华侨华人能在大多数住在国较为自由地传承中华文化,见证了这些国家社会、政治、文化的理性、宽容、开放的发展趋势;第三,海外华侨华人传承中华文化,是对海外华人适应当地社会、融入当地社会,并得以在当地社会生存和发展的见证;第四,海外华侨华人传承中华文化,是中国传统文化走向世界,和其他文化体系对话、交流的必要过程。

无论是欧美文化还是中国文化,它们与世界文化的关系都是个性与共性,个别与一般的关系。任何一种民族文化都不能代表世界文化。世界文化应当是由许许多多带有本民族特色的民族文化所组成的多元文化。同时,各民族文化中的优秀成分又具有一定的共性,即世界化成分,是可以相互欣赏、借鉴和吸收的。世界文化如果缺少了由世界人口五分之一以及五千年文化传统的中国参与,就不能称为完整的世界文化。世界文化需要中国,中华文化正在走向世界。[③] 要从提高国家软实力的战略高度,来正确认识和处理好文化建设中的世界性与民族性关系。文化的世界性不排斥民族性,文化的民族性可体现世界性。在对外文化交流和传播中,特别要注重文化的世界性或全人类性,坚持相互尊重、平等对待的原则,求同存异、取长补短、友好合作,寻找中华文化和世界文化的对接点和汇合点,增强中华文化的吸引力和感召力。[④]

---

① 环球网,http://oversea.huanqiu.com/political/2010-02/725989.html。
② 新浪网,http://news.sina.com.cn/o/2010-02-19/085117098384s.shtml。
③ 吴光远,《传统文化与世界化的接轨》,《哲学动态》1997年第5期。
④ 人民网,http://theory.people.com.cn/GB/11168927.html。

二、华侨华人与中国在文化软实力上的互动

数千年的积淀赋予了中华民族与中华文化以强大的生命力、感染力和影响力，即使是生活在海外的侨民也仍然或多或少保留和延续着中华传统文化中的某些元素，并且给自己的侨居国打上深深的中国印记。然而，海外华侨华人所传承的不仅仅有传统中国的文化灵魂，也同样担当着传播当代中国的时代精神的桥梁作用。海外华侨华人与祖(籍)国之间紧密的乡土、宗亲、血缘关系使得这个群体特殊的文化精神与中华文化软实力有着共生共进的关系。总的来看，海外华侨华人与中国在文化软实力的互动，主要体现在三个层面。

(一) 以“爱国爱乡”为核心的精神道德功能

华侨华人与中国在文化软实力的互动，首先体现在其以“爱国爱乡”为核心的精神道德品质上，将中华民族的认同与对乡土的眷恋融为一体，把海外华侨华人与中国大陆紧紧地联系在一起。更甚者，海外华侨华人对祖(籍)国的爱慕之情体现得远比国内民众更为浓烈和积极，正所谓“不出国不知自己爱国”。这种爱国爱乡的品质引领海外华侨华人在祖(籍)国命运的关键时刻往往倾其所有地资助中国，不管是在中国革命还是建设和改革中，海外华侨华人都做出了巨大贡献，而中国的改革开放从一开始正是从对海外华侨华人开放打开中国市场，引入海外华侨华人的资金、技术，也才有了现在改革开放的大发展，侨资在其中发挥的作用不可谓不大。

回首历史，对中华民族的认同与归属，对祖国和家乡的眷恋皆是凝聚华侨华人参与民族解放运动和社会主义建设的不竭动力。早在辛亥革命时期，孙中山先生成立的兴中会就得到了海外华侨的支持，其成员要占兴中会会员人数的78%；而1912年“中华民国”成立后，仅在辛亥这一年，南洋华侨就捐助了500～600万元的巨款；不少侨胞还亲自奔赴战场，为革命献出了宝贵的生命，轰动中外的黄花岗起义，殉难烈士中有三分之一以上都是华侨。[①] 在长达八年的抗日战争中，海外华侨华人用各种方式表达着对祖(籍)国的支持，为抗日救国做出重要贡献。[②] 新中国成立后，海外华侨华人对中国的支持和贡献从未停止。仅新中国成立后五年内，华侨回国参加新中国各项建设、求学和归国难侨的人数近18万，1950年到1957年，华侨在国内投资兴办的企业就达50多个。[③] 改革开放以来，海外华侨华人回祖(籍)国投资年年增长，有力地促进了中国的经济发展，增强了国家硬实力。

① 刘启强:《海外华侨对辛亥革命的贡献》,《广西社会主义学院学报》2003年第2期。
② 曹晋杰、王世谊:《试述海外华侨对抗日战争的贡献》,《江苏社会科学》1995年第5期。
③ 李敬煊、潜斌:《新中国解决归侨和侨眷粮食安全问题探析》,《南洋问题研究》2010年第4期。

由此可见，对祖国的归属与认同感已经成为凝聚华侨华人意志的一块巨大"磁石"，爱国爱乡的奉献情怀是他们服务桑梓，感恩祖先的动力。

此外，以爱国爱乡为核心的民族精神在海外华侨华人的域外生活中还通过与住在国文化的交流与融合实现了文化的创新和繁荣。文化是人类(种族、民族、社会群体)在历史发展过程中逐渐形成和积累的物质财富和精神财富，也包括行为准则、行为模式和生活方式，而其核心是价值观念。不同人群(族群)的这种传统价值观念，必然会代代相传，它可以被认为是一种"民族文化遗传基因"。今天民族性是文化存在的基础，而时代性是文化发展的动力。[①] 无疑，在中华民族崛起的今天，作为炎黄子孙重要组成部分的华侨华人，他们与中华民族有着"血浓于水"的联系，对中华民族的归属感和认同感空前强烈，骨子里流淌着中华文化的优良基因。首先，尽管华侨华人无不受到住在国文化的熏陶和影响，但他们始终把中华传统文化基因通过教育、社会行为等融入住在国文化养分之中，使中华民族文化在创新中更具活力和生命力。其次，由于中华文化具有较强的包容性和适应力，加上华侨华人得天独厚的条件，使他们有条件将母体文化植根在住在国现实生活的土壤里，实现文化融合与文化创新。再次，华侨华人在尊重其他民族文化的独立性和价值观的前提下，凭借其强烈的进取精神和深刻的自我批判精神，保持着中国文化的创造性特点。他们通过文化创新，不仅能促进中华民族文化的繁荣，使其焕发生机、历久弥新，也使中华民族的文化和住在国本土的民族文化在内涵上更加丰富，充满活力，成为构建中国及住在国的国家软实力的新元素。

(二) 以中华传统文化精华为内容的凝结作用

尽管海外华侨华人远离祖(籍)国，但由于中华文化所蕴含的民族精神、民族品质、民族优良传统等具有传承性，他们在接受异族文化的同时，骨子里丝毫没有懈怠对本民族文化的传承与创新。客观上讲，经过长期的延续和发展和受到各种因素的影响，加上代际和地域的差异，华侨华人对住在国的文化也会有不同程度的吸纳接受，这样必然会导致母体文化在多元文化碰撞融合的过程中有所消解，但中华文化的精神气质却始终根植于中华民族体内，深层次的文化基因会被绵延不断地传承下来。正是这种精神支撑着华侨华人在当地生存和发展，同时它常常转化为一种延绵不绝的文化情结。[②] 这种情结使得他们无法忘记自己祖(籍)国的文化记忆，自觉成为传承者和创新者。

海外华侨华人作为中国形象在海外的一类典型代表，常常会以其生活方式、

---

① 王焕芝:《华侨华人文化形成与发展的文化学解析》,《八桂侨刊》2007 年第 3 期。

② 陈正良、薛秀霞、何先光:《析海外华侨华人在推动中国软实力形成和发展过程中的作用》,《浙江学刊》2009 年第 6 期。

言行举止让住在国社会来感受中国、认知中国，构建起对中国的初步意象。首先，华侨华人是住在国社会行为主体的一部分，其言行举止比较容易为住在国的民众所认知，同时他们与祖（籍）国有着千丝万缕的联系，更加了解中国，所言所行无不打上中华文化的烙印，如此一来，华侨华人自然就成了外国民众了解中国、了解中国人的重要窗口。其次，华侨华人是住在国经济社会发展的长期推动者、贡献者，许多人在实践中硬实力大幅提升，他们的这种硬实力无不展示出中国人勤劳、勇敢、正直、善良的品质，这种“群体”品质正好是中华民族品质的重要符号，是中国形象的延伸。再次，随着中国国际地位的提高和许多国家政策的调整，华侨华人的经济、政治地位发生巨大变化，与政府机构和政府名流建立起广泛的社会网络，这为他们施加政治影响提供了广阔空间，其所作所为、一言一行都在有意识无意识地传播着中华民族炎黄子孙的良好形象。

不得不说，海外华侨华人爱国爱乡的精神道德品质使得他们即便在世界各地也牵念着家乡，而他们对中华传统文化“固执”的传承和传播，就像一块巨大的“磁铁”，把海外 6000 万华侨华人和祖（籍）国深深地连接在一起。这种基于中华传统文化精华而产生的民族精神气质具有强大的向心力和凝聚力，无论是居住在本土还是异国他乡，把海内外的中华民族子民都凝结在了一起，共同创造着中华民族的辉煌。

（三）华侨华人是中国发展模式的践行者

经过 30 多年的改革开放，中国已经走过了西方发达国家用了上百年才走完的路程，形成了独具特色的中国理念、中国道路，备受世界关注，成为世界许多发展中国家效仿的模式。如果说中华传统优秀文化是中国文化软实力中当仁不让的核心内涵之一，那么改革开放的文明成果、文化成就和思想结晶则是中国文化软实力的当代意义。这种模式在于积极参与全球化进程，同时保持自己的特色与自主性；实行渐进式的改革，维护政治社会稳定；以经济发展为核心，追求社会和自然的协调与可持续发展，兼顾效率与公平；走和平发展道路，做负责任的大国。① 中国模式既是中国和平发展的理念和路径，也是对中国和谐和可持续发展的一种阐释。海外华侨华人在一定程度上既是文化的承载者，又是祖（籍）国形象的代表。他们或长期或短期居住在国外，或业已归化为住在国国民这一特殊的背景，决定了他们是住在国社会了解中国的一扇窗户、一种途径。他们的一举一动、一言一行不仅仅是在释放个人的信息，而且还是在播散一个民族的信号。他们总是通过各种形式向世人展示中国发展道路、中国改革开放取得的成就，传播“和谐世界”先进理念，使中国模式更加深入人心，逐渐为世界尤其是发展中国家所认同。

① 许梅：《东南亚华人在中国软实力提升中的推动作用与制约因素》，《东南亚研究》2010 年第 6 期。

尽管华侨华人身处海外，但他们一直是中华民族复兴的参与者、谏言者、建设者、贡献者，对中国模式有着独特的见解和话语权，促进了中国发展模式在海外的传播。就以华商为例。众所周知，大多数华商对于住在国的经济、政治环境很了解，很多又见证了中国改革开放的发展历程，了解中国国情和发展模式的内涵，加上他们对中国政府的管理模式和中国市场环境的了解，已经在中国投资中积累了丰厚经验，创新了自己企业发展新模式。华侨华人在商业上取得了巨大成功必将会对住在国的政治、经济以及受众和消费群体产生影响。其次，由于受到中华文化的熏陶且在直接参与中国经济发展中积累了丰富经验，华侨华人常常会在经营和管理中将中国发展的文化理念植入到自己的企业精神之中，带到住在国，产生扩散效应。再次，华商的经营理念、经营模式和管理文化往往带有浓厚的中国模式文化特色，比如他们在企业管理中强调"和谐发展""以人为本"等等，都与中华民族文化价值观不无关系。可以说，今天世界上比较成功的华侨华人创办和经营的企业无不饱含着中华传统优秀文化的基因，他们在践行中华传统文化价值的过程中，把中国发展的新理念带到了世界，让世界更加了解中国。

三、海外传承和光大中华文化的三个重要载体

华文学校、华文媒体和华人社团是海外华侨华人社会的"三宝"，也是传承和光大中华文化的三个重要载体。其一，海外华文学校，普及华语知识，使中华文化薪火相传，对维系中华传统文化发挥了关键的作用。许多老一代华人移民对华文教育怀有一种特殊的感情，他们认识到只有语言、文字和共同的文化历史记忆才能起到"留根"作用。尽管在不少国家，过去因民族主义、文化沙文主义，对当地华人的华文教育采取管制、打压、取缔等非理性措施，造成了华人华文教育的严重断层，然而华人总是能设法通过其他形式传承华文教育，维系自己族群应享有的文化教育权利；尤其随着中国综合国力的日益提升，绝大多数国家改变了对中国及中华文化的认识，认为重视华文教育，既可以让当地华侨华人满足族群文化追求的需要，同时得以树立政府在尊重多元文化平等发展方面的良好形象，还可以通过华侨华人与中国进行经济、文化等方面的交流，让政府和社会享以实惠。其二，随着科技的不断发展，海外华文媒体几乎每时每刻都能向华人传播中国及世界发生的事情，同时还传播了与中国文化有关的文学、艺术、历史、政治、经济、医学、哲学、伦理、道德等。华文媒体的广泛、多样化存在，既是为了满足海外华人了解祖(籍)国的历史、现状与走向，沟通和凝聚海外华人群体，加强与当地社会的交流与联系，为华人在当地国更好地工作、生活提供帮助等，既起到了信息传播、舆论引导、桥梁沟通作用外，又发挥了将中国文化传承于海外社会的重要文化传播功能。其三是华人社团，海外华侨华人作为当地社会的特殊族群，其人数、教育、经济、文

化、社会地位一般处于相对弱势状态，为唤醒族群意识、加强团结、凝聚力量，更好地在当地国社会生存、发展，华侨华人纷纷依不同关系组织了以华人为主体的社会组织，主要类型有：宗族与姓氏团体、地域与方言团体、职工与商业团体、行业与专业团体、文化与娱乐团体、福利与互助团体、宗教团体及其他等。据统计，当前有近万个海外华人社团，若以其组合的纽带划分，基本还是以亲缘、地缘、业缘这三缘团体为主，其他诸如神缘、物缘等组织所占比例并不大，以世界性的华人社团为例，大致是：亲缘占 34%，地缘占 28%，业缘占 27%，神缘等其他占 11%左右。[①] 在经济全球化、信息现代化的当下，众多的海外华人社团虽直接或间接地主要与华人经济、政治、社会等显性的、功利的方面有关，这些方面实现与否甚至关联到社团存在、延续的必要性、可能性。不过，透过众多的海外华人社团的设立和发展过程，人们可以发现，中华文化的相关要素在社团活动的背后发挥了精神支柱的作用，因为这些华人的社团宗旨、社团义务、社团对外联系、社团成员交往等原则和规范，都或隐或显地体现了中华文化的世界观、人生观和价值观。

(一) 华文学校：中华文化的历史与传承

华文教育肩负着传承中华文化的使命，华文学校则是最有效落实这项使命的社会基础结构。华侨华人长期以来克服种种困难在各国兴办华文学校，在传播中华文化、帮助当地民众了解中国、增进民间友好、促进中外经济文化交流等方面，发挥着越来越大的作用。据估算，目前全球有约 20000 所华文学校。[②] 华文教育是维持华人族群认同的基础，国务院侨办以及中国华文教育基金会等有关部门长期以来大力支持海外华侨华人克服种种困难在各国兴办华文教育，在传播中华文化、帮助当地民众了解中国、增进民间友好、促进中外经济文化交流等方面，发挥着越来越大的作用。对侨居国而言，中华文化以其独特的魅力，也逐渐获得当地主流社会及其他族裔的理解、接受及应用。学好中文，对促进中华文化与各国优秀文化的交流、交融，增进中国与住在国的友谊也非常有益。

国务院侨办每年通过向海外输送中文教材、开设远程中文教育、培训华文师资、举办夏令营等方式支持海外华文教育，得到了海内外许多有识之士的支持。为解决华文教育师资短缺的问题，国务院侨办从 1987 年起向海外输送教师，已累计有 2000 多名教师在 11 个国家进行教学和培训，为当地培养了大量华文教师。同时还经常请海外华文教师到中国进行短期培训，组织中国专家学者到海外讲学，并在一些有条件的国家开展函授学历教育，培养高质量的华文教师。而且，国

---

① 郝时远：《世界华商经济年鉴(1999—2000)》，世界华商经济年鉴编辑委员会 2001 年版，第 68 页。

② 厦门大学王望波在《第三届中国侨务论坛》上发表的课题研究成果显示，海外有 19000 多所华文学校，与学界共识的两万所基本吻合。

务院侨办已向100多个国家和地区提供从幼儿园到初中的华文教材。2010年，国务院侨办完成了《海外华文教师培训教程》和《我与中国》系列教材的编辑出版工作；启动与《娃娃学华语》教材配套的华语小书童学习机研发；改编国内九年义务制教育教材，以满足海外个别国家华语学校的教学需求。

语言既是一个民族的灵魂所在，又是思维方式的表达，倡导和鼓励海外人士学习汉语言文化，可以帮助了解中国人的思维方式，加强东西方文化的交往，促进文明之间碰撞出人类智慧的火花。语言的传播能力具有不容低估的重要作用，民族语言推广是教育全球化的组成部分，是国家软实力建设的重要抓手。历史上英、法、德等国都为推广本民族语言文化建立了诸多非营利教育机构，并且通过持续不断的努力直接影响了全球的语言生态。而中国的和平崛起，应当更广泛地传播中华文化，尤其是中华文化兼容并包、和谐共荣的价值观。今后在海外传播中华文化要更多地面向海外汉语教育，充分挖掘语言的外交功能。随着中国综合国力不断增强，国际地位不断提升，世界各地掀起了学习中国语言，了解中国文化的热潮，世界范围内"汉语热"持续升温，目前全世界94个国家和地区开设了300多所孔子学院和300多所孔子课堂，全球学习汉语的人数已超过4000万人。[①] 另据统计，2011年，全球新增了36所孔子学院，新建了131个孔子课堂，学习汉语的人数比上年增加39%，有8000多名教师和志愿者奔赴100多个国家教授汉语。各国孔子学院参加汉语考试学生达11.7万人次，比2010年增长近2倍，网络孔子学院实现了45个语种版本上线，[②]汉语言文化的传播大大提升了中国文化软实力，孔子学院的作用固然重要，但庞大的海外华侨华人群体和社团组织的作用不可小觑，他们通过创办中文学校，举办汉语夏令营、出版汉语出版物等形式，为促进汉语言文化传播，推动海外汉语学习，促进信息的双向流动，扩展国人视野，增进海外对中华文化的认识和了解，传播了中国发展道路的新思想、新思维、新方式。仅以海外华文教育最为发达的马来西亚为例，早在2005年，全国建有华文小学1283所，在读学生60多万人，华文独立中学60所，在读学生6万多人，还有大专学校2所。[③] 进入新世纪后，东南亚、欧洲、美洲、澳洲等地区的华文教育也方兴未艾，海外华侨华人在其中发挥的作用不容小视。

（二）华文媒体：海外舆论的引导中介

华文媒体是华人社会重要信息传播媒介，主要包括华文报纸、华文期刊、华文网络、华文电视等，对华人和当地社会有着重大的影响，有助于促进中国与世界各

① 吴晶：《全球学习汉语人数超过4000万人》，《人民日报·海外版》2010年8月20日第4版。

② 王文乐：《孔子学院站在世界面前》，《神州学人》2012年第1期。

③ 张向前、朱琦环、吕少蓬：《世界华文教育发展趋势及影响研究》，《云南师范大学学报（对外汉语教学与研究版）》2005年第4期。

国之间的相互了解。随着中国综合国力和国际影响力逐年增强，世界各国越来越关注中国取得的伟大成就，但西方社会对中国的"妖魔化"也从未停止，继抛出"中国威胁论""中国崩溃论"后又抛出"中国独秀论""中国责任论"，要求中国承担更多与其发展水平不相适应的责任与义务。对此，遍布于世界各地的华文媒体，从其诞生的那一天起就担当起促进当地经济社会发展的重要使命，发挥着重要而且独特的作用。① 华侨华人凭借与中国大陆建立的稳定合作关系，使其不仅是中国战略转型的呼吁者、支持者，也是直接的参与者，发挥其"参照"和"建言"的独特作用。他们其中的大多数客观地向国际社会说明真相，不断消除外界对中国发展的疑虑和误解，塑造中国良好形象，提升国际话语体系中华文传播的影响力，在做强"声誉资本"中贡献了力量。

近年来，华文媒体资源有了突飞猛进式的增长。2009 年，全球各地仅华文报刊已达 500 多家。② 随着中国的崛起，世界各地华文媒体对中国的报道显著增加。这些报道不但是华侨华人了解中国的主要渠道，而且成为当地社会对中国认知的重要信息来源。如在马来西亚，现有华文报纸共 18 家，华文期刊 63 种，是海外拥有华文日报最多的国家。马来西亚华人约占全国总人口 24%，但 18 家华文报的日销售量超过马来文报和英文报。其中南洋报业集团属下的《南洋商报》报系和常青集团控制的《星洲日报》销量最大。③ 20 世纪 80 年代后期开始，马来西亚华文报纸对中国新闻的报道量逐渐上升。彭伟步先生在 2006 年 12 月 10—16 日，通过对马来西亚华文报纸中最具影响力之一的《星洲日报》的国际新闻版进行调查统计发现，该报对中国的新闻报道占了最大的比例，达到 36%，次之是新加坡、美国、阿拉伯国家和其他国家与地区。④

另外，即便如泰国这样非华文媒体并不太发达的国家，也建立了从华文报刊、华文电视台到华语电影及电视剧的系统华文传媒。当前泰国主要的 6 家华文媒体为：《世界日报》《京华中原联合日报》《星暹日报》《亚洲日报》《新中原报》《中华日报》，在种类数量和发行量都仅次于泰文报纸。此外，还有泰国中央中文电视台（TCCTV）、泰国国际中文电视台（TCI）两家中文电视台，其中泰国国际中文电视台作为泰国首家中文电视台于 2005 年 5 月 1 日开播，节目由新闻、纪录片、文艺三大板块构成，以中文会话、泰文字幕为主播出，同时也会有以泰文会话、中文字幕或潮州话、客家话等地方方言播出的节目。同年 12 月 18 日，泰国中央中文电视台开播。华文电视台的新闻节目以中国新闻、中泰交流活动新闻和当地侨团新闻为

① 颜春龙：《海外华文传媒与华人文化认同研究》，四川大学博士学位论文，2006 年。
② 任贵祥：《中国改革开放以来海外华文报刊研究》，《中共福建省委党校学报》2009 年第 8 期。
③ 吴妮：《东南亚华文报刊面对的挑战与机遇》，《传媒》2005 年第 5 期。
④ 彭伟步：《星洲日报研究》，复旦大学出版社 2008 年版。

主，而电视短片、纪录片节目将重点介绍中国的风景名胜、民俗风情、文化教育等，文艺节目将突出播放流行的影视剧。可以看出，泰国的中文电视台不仅仅只涉及中文，还包括中国其他各种文化元素在内，大大促进了华侨华人对中国的认同和中国文化在泰国本地的有效传播。从20世纪60年代开始，反映中国历史文化的电影和电视剧，在泰国民众中一直长盛不衰。从早期的进口港产武侠片，到后来泰国演员模仿中国武侠影视剧，中国武侠电影就影响了一代又一代泰国民众。如金庸的武侠小说《射雕英雄传》等就曾在泰国风靡一时，无论是大人还是小孩，都十分喜欢，至今影响犹存。近年来，由中国文化名著改编的影视剧在泰国也很受欢迎，如《三国演义》《水浒传》等经典电视剧。

海外华文媒体是华人华侨文化事业的重要组成部分，是支撑海外华人社会存在与延续的重要力量，是中国文化在海外传承与发展的象征。近年来，海外华文媒体在宣传中国政府的政策和执政理念时发挥着重要作用。从改革开放、和平崛起到和谐社会的建设，贯穿不同时代的中国社会经济发展理念在海外的传播，华文媒体在其中起着积极作用。

（三）华人社团：海外华人的族群纽带

早期来自中国各地移民为居住和谋生的方便，基于地缘、族源、神缘等因素，彼此结成团体，在异域守望相助，共谋生存和发展，社团遂以产生。社团之间的合纵连横，更大的华人组织也因此形成。19世纪末以后，中华民族主义热潮在海外华人社会中方兴未艾。[①] 关心关注中国国内发展的华人社团不断出现，且俨然成为华人社团主流。各帮各派之社团，几乎都不同程度卷入此热潮。20世纪初，中华总商会的成立是华人社团史上的里程碑，较大地改变了华人社团之间及其与中国的关系。各地华人社会陆续成立超地域、帮派、血缘的社团组织——中华总商会。海外各埠中华总商会的建立，需向清朝商部备案、核查，接受商部的章程和指导，而且总理、协理由会董公推，再由商部批准任命，接受清朝颁发的官防。各地中华总商会隐然凌驾于各种方言、地域、血缘的社团之上，协调各帮派利益，代表华人社会与当地政府和中国政府打交道。无论何种形式的华人社团其乡土意识和中国情结，一直是华侨华人聚合的最重要基础。

除新加坡以外，所有国家的华侨华人均属少数族群。华侨华人社会的构成，大体以社团作为族裔活动的主要范围，是华人之间互动的主要方式。华侨华人社团的类型依照其宗旨和功能，大体可分为宗族与姓氏团体、地域与方言团体、职工与商业团体、行业与专业团体、文化与娱乐团体、福利与互助团体、宗教团体及其

① 关于19世纪末到20世纪30年代华人社会民族主义兴起的研究，参见庄国土：《华侨华人与中国的关系》，广东高教出版社2001年版，第189—220页。

他等。在东南亚,大部分华侨华人均分属于某个社团,甚至加入一个以上的社团。尤其是当地侨领,通常是一个以上的重要华侨华人社团的领导。华侨华人社团不但是华侨华人社会的基础,担负传承华人文化、华文教育和维护华社公共利益的职责,而且推动当地国与中国友好关系的发展。

以马来西亚为例,马来西亚是华人社团较多的国家,在马来西亚三大民族中,华裔是拥有最多社团组织的族群。1969 年,马来西亚国内的华人社团为 3268 个,1975 年为 3582 个,1993 年为 5762 个。① 2001 年 6 月,在内政部注册的华人社团共有 7276 个,至 2006 年 7 月,马来西亚华侨华人 600 多万,华人社团数量约为 8000 多个,平均 700 多个华人就有一个社团。② 其中,1980 年以后成立的新华人社团大约在 3500～4000 个,比重约为 50%左右。③ 仅就马来西亚的数百个华人业缘社团而言,它们对促进中马两国经济的发展,增进两国人民友好关系,发挥了积极的作用。近年来,中马经贸关系飞速发展,马来西亚华人业缘社团在中马双边贸易与投资中发挥的重要作用主要表现在起、承、转、合四大方面。起是指发起、组织及安排商贸团体走访、考察中国,扮演发起者与组织者的角色。如马来西亚中华工商联合会与马中经济贸易总商会等业缘组织,就积极的发动会员参加考察团来华进行考察访问。承是指接待来自中国的代表,传达相关的信息,大力协助、安排中国贸易团到马访问,促成中国企业对马投资。转是指把获得的信息转化为供商家参考的资料,作为他们经商的依据。如马中经贸总商会、马来西亚厂商公会协助中国—东盟博览会秘书处,在古晋希尔顿酒店举行“第三届中国—东盟博览会古晋推介会”,讲述有关博览会详情,以供华商参考。④ 合是指在信息互通下,促进彼此合作的机会。马中经济贸易总商会、中华工商联合会等业缘华人社团全力支持中马两国的企业互相投资,让马来西亚更多的产品进入中国市场,协助马来西亚进口商寻找物美价廉的中国货源,并帮助中国企业到大马投资发展或寻找商机,它们积极引导或组织两国企业参加“马来西亚中国进出口商品展览会”“广交会”“中国—东盟展览会”等大型的交易会与展览会,促进双方贸易与投资的发展。⑤ 以“2007 中国广东—大马经济贸易合作交流会”为例,共签订各项合同金额累计达 63.35 亿美元(涉及马来西亚 25.70 亿美元)。⑥ 这其中,马来西亚中华工

---

① 廖小健:《今日马来西亚华人社团》,《侨园》1999 年第 6 期。

② 言路、齐进:《华团须勇于落实结盟策略》,(马)《星洲日报》2001 年 8 月 31 日。

③ 庄国土等著:《近 30 年来东亚华人社团的新变化》,厦门:厦门大学出版社 2010 年版,第 137—138 页。

④ 中国侨网,http://www.chinaqw.com/news/2006/0708/68/35726.shtml。

⑤ 中国侨网,http://www.chinaqw.com/news/2006/0708/68/35727.shtml。

⑥ 驻马来西亚使馆经商处,http://my.mofcom.gov.cn/article/jmxw/200802/20080205391827.shtml。

商联合会、马中经贸总商会等商会发挥了积极的推动与促进作用。同时,马来西亚华人业缘社团在交涉、争取放宽中马双边贸易与相互投资等诸多限制方面,做了大量的工作。1985年10月,按照时任首相马哈蒂尔的指示,马来西亚中华工商联合会与马中经贸总商会联合组成"马来西亚华巫商会高层代表团",赴北京访问,后与中国国际贸易促进会达成《中马经济合作协议》,这为后来两国政府签署中马双边贸易协定铺平了道路。马华商联会一直积极争取促使政府撤销商家访问中国的诸多限制。1990年9月,马来西亚政府最终取消了其国人访问中国的一切限制。① 马来西亚不少华人业缘社团支持祖(籍)国的统一,经常通报交流祖(籍)国形势,谴责台湾当局的"台独"行径。如2007年9月7日,马来西亚主要华人社团与《南洋商报》联合举办反"台独"座谈会,许多业缘社团领导如中华工商联合会总会长钟廷森、马中商务理事会主席李金友、马中经贸总商会会长杨天培纷纷发言,谴责陈水扁的"台独"行径。② 2008年3月15日,马来西亚逾百华人社团在中华大会堂举行盛大集会,声讨台湾当局"入联公投",马中经贸总商会会长杨天培等诸多业缘社团领导人参加集会并发言,表明支持中国统一的立场。③ 同时,业缘社团还积极动员华人社会支援祖(籍)国建设和募捐赈灾义款。每当中国发生严重的自然灾害,马来西亚华人民间团体都积极捐款赈灾。2008年2月中国南方部分地区发生雪灾,2008年5月四川汶川发生强烈地震,马来西亚中华工商联合会、马中商务理事会等业缘社团与马来西亚的金狮、绿野、完美、海鸥等企业集团联合举办大型赈灾晚会,为灾区筹得巨款。

社团作为制度化的群体形象,其影响力远高于由自由聚集而成的个体所传达的形象。海外华侨华人社团从基于宗乡关系的联谊互助到自觉地将松散的跨国网络制度化、从满足于个人或小群体在异国他乡谋生立足到刻意追求他们在住在国乃至国际大舞台上的群体效应,正在形成合力,不断增进当地国民众对中国和中国人民的了解,并在住在国民众中传播开放、和谐、友好的中华文化,凝聚民族意志,达成统一共识,展现出良好的政治效应和社会效应。例如,在两岸同胞共同开展"反独促统"的活动中,在积极为祖(籍)国经济社会发展做贡献中,在应对重大灾难实践中,遍及世界各国的华侨华人社团组织释放出旺盛的活力,折射出群体行为的魅力。

总的来说,海外华侨华人对中华文化的传承途径、传承策略、传承形式、传承内容、传承宗旨、传承目标等,在新的侨情、国情、世情大背景下,有必要进一步厘

① 石沧金:《马来西亚华人商会组织发展简析》,《江苏商论》2005年第11期。
② 国务院侨务办公室,http://www.gqb.gov.cn/news/2007/0912/1/6556.shtml。
③ 中新网,http://www.chinanews.com/hr/yzhrxw/news/2008/03-14/1192761.shtml。

清和重新审定。就海外华文学校而言，首先要处理好华文教育的实用价值与文化传承价值的关系。随着许多国家采取更多包容和多元的政策，且中国在国际上作用日益凸显，华文教育在很多国家获得了较好的发展机遇，这主要出于学好华文能与中国更好打交道的实用价值，但是，一个民族文化的内涵价值与固有魅力才是其长盛不衰的根本原因，所以不论是中国政府还是海外华人，又或是华人所在国家，尽管主体地位的不同可能会影响它们对一种文化价值的判断，但就一种文化代表的普世价值如何因应，它们的态度值得重视。其次面对华文教育存在的其他问题，同样应加进改善，如，很多华文学校所使用的来自中国大陆和港澳台的汉语教材，都无外乎有这样的特点，即"本土化"不够，教材程度过于艰深；内容上脱离当地华人的具体生活状况；宣教目的过于显露；教材内容陈旧，尽管几十年来华文教育发生了根本性的变化，但教材的内容却鲜见调整；一些国家华文教育师资数量不足、素质偏低，存在后继无人的局面，等等①。就海外华文媒体而言，首先要解决媒体自身的生存问题，其次是发展问题，最后才是做强、做大、做好的问题。比如，华文媒体可以增加当地主流语言印刷发行篇幅或汉语与当地语言对照发行，打破过去仅局限于华人社区自身框架之内发行的思路，这样，以中国为主题，以住在国的母语为传播载体，面向主流人群，根据当地人的习惯，讲述中国、澄清当地人对中国和中华文化解读的误区；加强与当地主流媒体的交流与合作，丰富与主流媒体的沟通渠道；加强与海峡两岸与港澳媒体的交流与整合，实现资金、资源、人才等多方面、多层次的共享共赢。就华人社团而言，首先要对社团组织和制度进行现代化建设，以祛除那些封闭、保守、落伍的规章制度，比如在社团领袖选定问题上，是否可以考虑摒除过去指定等一些陈旧操作制度，采用民主选举的办法，对当选者要求德才兼顾。另外，社团领导人不仅必须懂得如何妥善地协调华人社会内部的关系，还要具备善于同当地政府、当地社会进行沟通的才能，要具备地区性、全球性的战略眼光，有这样的社团领导，华人社团在传承中华文化时，就较有可能兼顾好其他族群和地域的优秀文化；②其次，对社团加以多元化和开放性改革，适时融入当地社会活动，关注其他族群的民生、福祉等社会事务，将中华民族的扶危济贫、恤养孤寡、造福桑梓等传统美德扩大至所居国社会，增加不同族群对中华文化的了解和认可；适应当地的社会习俗环境，遵守当地的法律、政治、经济政策制度，将中华文化与当地文化有机融合，树立海外华侨华人的新形象。

---

① 黄继东：《东南亚华文教育现状和出路》，《东南亚研究》2010 年第 1 期。

② 李明欢：《当代海外华人社团研究》，厦门大学出版社 1995 年版，第 414 页。

四、当代海外华侨华人资讯与舆论引导的实践

(一) 互联网+侨情大数据平台的开发

当代经济全球化带动着人口的国际流动,加之互联网的大发展,更是突破了人与人交往的时空限制,使得人际交往、信息传播和商务交易便捷无比,在很大程度上改变了人类的生活和交往方式,也同样为海外统战工作的广泛开展提供了便捷、廉价的新手段。从提升当代中国软实力的角度来看,中国共产党在革命中的三大法宝之一"统一战线"依然是重要的法宝,而海外华侨华人作为祖(籍)国血脉相连的一部分,自然是海外统战对象的最主要目标。正如前文所述,海外华侨华人是提升中国文化软实力的特殊力量,是中外文化交流的桥梁,是中国发展模式的代言人,对于中国文化软实力的建设有着特殊意义。

网络时代一个根本的社会趋势就是权力从精英向大众的转移。这并不是说国家外交权力的完全下放,而是在很大程度上外交政策的实现和传递必须通过"公众"这个中间变量,而中间变量的存在就意味着公众的行为可能会增强或削弱国家外交政策的传达效果。所以,在这种"点对点"技术时代,通过民众交流所传达的信息如果通过"和我相似的人"(people like me)来传播可能会达到最可信的效果。简单来说,就是如果能够提供信息给与目标群体"相似的人",通过这些与目标群体"相似的人"传递给目标群体(实际上所谓"相似的人"也就是目标群体的同伴或同类),就能取得特别有效的公共外交成果。从这个角度来说,海外华侨华人身在住在国,与当地民众之间有一定的交流和沟通,在某种程度上通过他们所传达的信息达成的效果更接近"相似的人"所传递信息的效果。因此,网络时代更需要充分发挥在海外的华侨华人群体在传播中华优秀文化、塑造中国正面形象和正确表述中国发展模式中的作用,这在网络信息时代往往能够起到关键的作用。美国是互联网技术发展最早和最先进的国家,因此,美国非常注意利用先进的信息技术和互联网与国外公众进行直接的沟通与交流,例如美国政府于 2002 年成立的"全球交流办公室",其目的就是要把"美国的故事"告知海外、塑造美国的形象。[①] 同时,美国的公共外交系统还在原来每天使用 15 种语言在专门的公共外交网站上宣传自己的基础上,增加多种语言加强信息传递的范围和能力,并专门招募和培训公共外交人员,以便他们能够熟练利用电脑和网络技术加强对外沟通和交流。[②]

---

① David Bollier, The Rise of Netpolitic: How the Internet is Changing International Politics and Diplomacy, The Aspen Institute, 2003, p. 19.

② Ibid., p. 20.

具体来看,技术手段的突破大大丰富了相关实践。专题网站、网路论坛、微博、微信、社交群落、社会娱乐等,均可借助网站成为平台,最大程度联络以海外华侨华人为主体的海外统战对象。调动民间积极性,扶植以联络海外为宗旨的国内非政府组织。相比党务和政府部门,非政府组织与海外沟通具有情感相近、相互熟悉、联络方便、不易引起当地国反感等优势,而现代互联网下的移动交互更容易凝聚中国海外新移民和年轻的华侨华人。

华侨和华人虽然法律身份不同,但均是中华民族的海外成员。随着华侨不断融入住在国,华侨华人日益共同构成住在国的族群之一,其社会、文化、民族身份在住在国难以区分,通常被视为一个整体。因此,从 20 世纪 80 年代迄今所倡导的"以爱国主义和祖国统一为旗帜的海外统一战线"的提法,似乎存在调整的必要,可以乡情作为工作出发点,以社团为工作渠道,达到统战对象的最大化。地缘、族缘、神缘是数千年中国宗法社会的支柱和情感的纽带,已成为中国传统文化的重要组成部分,是中国本土和海外同胞价值观的重要构成因素。无论其政治认同和意识形态如何,都不同程度上保有凝聚地缘、族缘、神缘纽带的乡情。因此,强调乡情应成为海外统战工作的出发点,以激发海外同胞的家乡情感,进而关注家乡所在的祖国。如今,华侨华人社会的社团数量已经过万,以地缘社团数量最多也最具影响力。以乡情为统战工作的出发点,以海外社团为渠道,最大程度联络和影响海外同胞。

具体实践上,华侨大学中国海外发展研究中心/华侨华人信息中心正是在此认识基础上而建立的一个大的华侨华人信息平台。华侨华人信息中心系统的主要工作包括建设全球华侨华人信息网络及全球华侨华人数据库。全球华侨华人信息网络以华侨华人为本,依靠互联网来为侨服务,以凝聚侨力。服务项目中的独特功能之一,是能够为海外所有有兴趣的华侨社团,特别是没有资金、技术建网站的中小社团提供免费、便捷的建网服务,而该网站的各类社交平台提供给华侨华人互动交流的机会,加上其他"人无我有、人有我优"的一些为侨特色服务的开展,可汇集和容纳海外大量的侨情信息,以及当地的安全和发展资讯,再使用网站垂直搜索功能,以大数据的方式进行信息萃取、整理和分析,从而能形成有价值的华侨华人信息资讯,为凝聚海外侨力,帮助侨胞更好地生存和发展提供有效的信息服务平台,同时也可以对侨务、外交、商业等各个领域相关部门进行相关决策提供及时准确的参考信息。

然而,为了顺应信息化和大数据时代的要求,提升华侨华人自身,以及住在国和中国的文化软实力,做到实时监控、预警也并不容易。如何获取准确、有用的信息,本身就是一个首要的重大挑战。

我国 6000 多万侨胞,分布在 198 个国家和地区,加上以每年 1000 万人次增长的走出去公民，形成中国庞大的海外同胞资源，而全球逾 2.5 万个公共外交类、地域同乡类、姓氏宗亲类等华侨华人社团组织，以及约 2 万所华语学校、数十万教师、数百万在校生，维系着华侨华人的民族特性及与祖(籍)国的情感联系。这些海外同胞不只是我们保护和服务的对象，更是海外信息工作的有生力量。特别是在构建海外信息网络上，他们是最大最可靠的信息来源，也是信息服务的主要参与者和受益者。

动员海外民众，团结各方力量，开创政府主导，民众参与的海外信息网络建设的新路子，是大数据时代下获取准确、有用信息的好办法。对此，三个方面的工作是很必要的。一是建设高效实用的信息收集网络和实时有效的动态数据库，以大数据来支撑文化软实力研究智库的建设。二是搭建强大的研究资讯平台，强化大数据分析。以大数据为基础，研究编制有关海外同胞生存与投资安全等方面的综合评价指数，进一步加强海内外各类信息分析、预警和报知。三是进行体制机制创新，探索可持续发展的市场运作道路。对此，当前可借用“走出去”战略和“一带一路”倡议的东风，把握“十三五”规划的契机，根据国家海外利益维护和拓展的急需，以及海外市场的吸引力，经过政府主导，努力促进“政、产、学、研、用”五位一体的协同创新，经过有责任感有实力，且有安全保障的牵头企业经过市场化的模块集成运作(纳入海内外现代服务业金融、保险、法律、人才、商贸、安保等专业大公司)，形成有可持续发展力的民间形式的大型现代服务咨询集团。

(二) 以侨务公共外交为切入，引导涉侨舆论

经过三十多年的改革开放和快速经济发展，中国日益受到世界的关注，而国家富强的标志不仅仅是经济实力的攀升，国家形象和声誉更是一个大国能够和平发展而不受到国际社会其他成员国家敌视的保障。同时，任何国家只要选择融入全球化进程，就无法回避来自全球媒体舆论、跨国公司和非政府组织的影响，也就必然要重视和加强公共外交，提升国家形象和声誉，这本质上也是对一个国家软实力的考验。从根本上说，公共外交所承担的使命是沟通不同的文明和文化裂痕，架起不同国家民众超越文明和文化隔阂的桥梁。华侨华人作为重要的跨国行为体，其在中国公共外交中的独特优势与重要作用受到全社会的广泛关注，党中央和国务院对此亦高度重视。2011 年中共十七届六中全会明确提出“支持海外侨胞积极开展中外人文交流”，同年国务院正式印发《国家侨务工作发展纲要(2011—2015 年)》首次提出“侨务公共外交”的概念，并将“拓展侨务公共外交”列为“十二五”侨务工作的主要任务之一。在其后召开的全国侨务工作会议上，国务委员戴秉国和时任国务院侨办主任李海峰又先后对此进行强调，侨务部门今后要重视“拓展侨务公共外交”，这也成为此次侨务工作会议的最大亮点[①]。2012 年党的十八大报告更明确提出要“扎实推进公共外交和人文交流”。这标志着公共外交作为总体外交的重要组成部分，被提升到国家发展的战略高度，意义重大。从根本上来说，公共外交的功能就在于沟通和交流，需要准确传达本国的意图、价值和理念，才有可能得到世界的了解和认同。

作为一个新兴的概念，“侨务公共外交”虽然尚未得到系统的理论阐释，但是相关学者对此也提出了一系列的局部解释，使其逐步清晰化。侨务公共外交是前任国侨办主任李海峰在 2011 年 10 月提出的新的侨务工作的方向与政策，引起了学界的广泛关注。国务院侨办副主任何亚非在不同场合都对侨务公共外交提出了看法，他认为“如何让世界顺利接受中国和平发展的理念和现实？侨务公共外交在这方面可以发挥十分重要和独特的作用。”对于侨务公共外交的优势，他觉得“侨务公共外交就是通过侨务渠道开展的公共外交。华侨华人既是侨务公共外交的受体，又是主体。侨务公共外交在影响华侨华人的同时，又通过华侨华人的媒介作用，向外国政府和民众传达和介绍中国基本国情、价值观念、发展道路、内外政策等信息，以消除误解，增进了解、促进合作，从而维护和实现国家的根本利益。”并且提出了开展侨务公共外交中应注意的九点意见。[②]

20 世纪 90 年代以来，信息技术获得了突飞猛进的发展，网络时代信息技术的普及不仅对社会生活和沟通模式产生了巨大的冲击和改变，大众借助网络这一新兴媒介得以越来越多地介入到国际政治和国内政治进程中来；同时，在这种独特的物质技术支持下，公众已经成为国际政策的重要参与者乃至游戏规则的制定者。这就意味着，已经不能简单地把公众视为外交的被动接受者了。实际上，全球化时代的许多诸如恐怖主义、气候安全、冲突、贫穷等问题不仅本身由人类自身行为导致，也的确可以通过人们改变自身的行为来逐步解决。除此之外，冷战两极体系的结束，跨国行为体的扩散和增加(包括诸如跨国组织、非政府组织和跨国公司等)，以及从市场营销中提取的所谓“区域品牌”(place branding)之类的理论模型等，和上面提到的网络时代的全球数字和实时技术的出现，都共同塑造了侨务公共外交得以开展的全球大环境。几千万华侨华人遍布世界各国，他们熟知住在国的情况，与住在国人民朝夕与共，最便于和世界人民话语互动开展公众外交。如果有千分之一的华侨华人在涉华问题上能够提醒身边的当地民众摘去“有色眼镜”，帮助他们理解、欣赏中国这幅“水墨画”；[③]如果有万分之一的华侨华人能担当

① 中新网，http://www.chinanews.com/zgqj/2011/10-21/3406592.shtml。

② 何亚非：《释放侨务公共外交巨能》，《人民日报・海外版》2013 年 10 月 16 日第 8 版。

③ 杨洁篪外长在十一届全国人大三次会议记者会上以“水墨”和“油彩”比喻中西文化的差异，以“有色眼镜”比喻偏见。

阐释中国立场、促进邦谊、争取对我理解和支持的“民间大使”，这将是一支何等壮观的队伍和力量！2009年，在海外华侨华人同庆中华人民共和国成立60周年之际，《加中时报》刊文指出，海外中华人民共和国国庆活动已转为大张旗鼓的社区活动，但主流社会的认知偏差仍未消除，如何搁置歧见，消除偏见，将中国近几十年来的真实发展状况传播于主流社会，这恰是真正考验华人社区活动的重要之处。

我们从以下的典型案例——厦门市集美区侨务工作经验可以看到，地方政府利用地方侨情所做的对外联络、沟通乃至侨务公共外交实践取得了很好的成效。在侨务公共外交层面，国家的指导是基础，但是真正有生命力的实践在于地方。总的来说，地方政府在践行侨务公共外交时需要保证以下几个操作原则。一是侨务公共外交的目标和规划，以不能影响华侨华人在当地生存和发展为原则。华侨华人既是侨务公共外交的对象，更是行为主体，他们的利益损失，是公共外交效益的直接损耗，也是对构成地区核心利益的侨务资源的流失。二是侨务公共外交规划重在长期性。侨务部门在规划公共外交项目时，应当尽可能避免短期行为，不应因上级的政策变动和长官意愿，随意调整侨务公共外交的具体目标。三是充分信任华侨华人尤其是其精英实施公共外交的意愿。侨务公共外交不仅是维护国家、地区的利益，而且直接惠及华侨华人。华侨华人自身的生存和发展，与侨务公共外交的目标高度一致。四是承认华侨华人从事公共外交的能力以及作为侨务公共外交的主体地位。无论是对当地国的了解或影响当地国社会的能力，华侨华人都比中国任何一级侨务部门及其工作者具有无可比拟的优势。因此，侨务部门除了给予鼓励和原则性的具体目标引导外，切忌事事指手画脚乃至包办取代。五是侨务部门要给予适当的精神鼓励和物质支持。从事公共外交，特别是重要的公共外交项目时，也需要一定的资金投入。华侨华人的利益获取主要来自当地社会，因此，他们有自身的利益考量。他们作为从事侨务公共外交的主体，不仅需要精神激励，而且需要资金支持，尽量让海外同胞不至于出力流汗又破财。

中国社会是一个关系型社会，社会成员之间通行“人情”法则，讲究“面子”。华侨华人虽然身处海外，但也受到此类思想的辐射。例如，作为海外华人社会“三宝”之一的各地华人社团便可视为一个微型的社会关系网络，体现着混合性人际关系的特点，“人情”与“面子”充斥其中。全球化进程使华侨华人成为向世界展示中华文化的重要窗口，中国综合国力的增强也提高了侨民的自信心，为他们争了“面子”。过去，侨民对祖(籍)国的情感更多的是基于祖国的积贫积弱而盼望中华民族的复兴；现在，对祖国的情感更多来自对祖国繁荣发展的自豪感。祖国的强大不仅仅是侨民的一种期待，而且已经是他们的一种现实感受。侨务工作更要利用此良好的机遇期与平台，使华侨华人感到祖(籍)国对他们的关心与爱护，感到侨务政策的优势所在，感到侨务工作给足了他们“面子”，感到与先辈的中国更亲近。侨务施政更是要以情感为纽带、以文化为桥梁，在全球化时代的背景之下，进一步打造全球侨民情感共同体。

（三）发挥华侨华人提升中国软实力作用中的问题和对策建议

从客观上讲，由于华侨华人分布广，人数多，所处的国家、地区、整体性差异，以及一些客观条件限制和与祖（籍）国联系的有疏有远，致使他们在参与中国文化软实力建设中还面临一些问题和困惑。另外从中国自身情况来看，由于制度上的安排和工作上的偏差等原因，也会导致华侨华人发挥的作用有限。

当今世界正处在大变革大调整的重要时期，尤其是随着中国的发展，硬实力的增强，西方发达国家对我国存在较大的“误读”，一些对华不太友好的国家或政治人物总是会制造事端，宣扬“中国威胁论”，歪曲中国的形象。在这种背景下，少数华侨华人经不起蛊惑，也会随波逐流，成为诋毁祖（籍）国形象的棋子。如此一来，他们的一言一行不仅不能发挥在建设国家软实力中的作用，相反还会造成负面影响甚至伤害。另外，随着中国和平发展遭到西方大国的质疑和与周边国家在领土领海主权上的挑战，中国与某些国家和地区发生的争论增多，在一定程度上也会影响海外华侨华人在构建国家软实力方面发挥作用。再次，华侨华人社团资源整合不力，也会抵消他们在软实力建设中的作用。毫无疑问，华侨华人社团对维护自身权益，传承中华优秀文化，密切与祖（籍）国之间的关系方面有着不可替代的作用，也是中国文化软实力建设中不可或缺的力量。但由于华侨华人社团成立的背景、目的、政治取向、诉求功能等不一样，致使社团之间力量牵涉分散，凝聚力弱化。最后，从国家文化软实力建设的主体来看，也存在一些问题。一是虽然国内相关部门认识到华侨华人在构建文化软实力过程中的重要作用，但是对如何最大限度发挥他们的作用还没有建立起良好的机制，缺乏整体性的战略思考。二是缺乏“顶层设计”，长远战略考虑少，短视行为多，没有形成一个长久的、可持续的长效机制。这些短视行为会伤害海外华侨华人的感情，降低认同度和归属感。三是重视精英层面的多，关注广大普通华侨华人民众的少，导致大多数非精英层面群体的失落感，造成华侨华人内部凝聚力下降。四是比较重视发挥西方发达国家华侨华人作用，未能足够重视欠发达国家华侨华人的力量，致使散落在东南亚等其他国家和地区的部分华侨华人的民族认同感、身份认同感有降低趋势，同时在住在国生活没有归属感，在一定层面也助长了“排华论”。五是未能在法律层面上规定华侨华人归国之后的各种权利与义务，阻碍了华侨华人更加走进家乡的步伐。六是随着海外针对华侨华人突发性事件的增多，以及可能产生的局部摩擦也触动了华侨华人的切身利益，安全感的缺失也直接影响了他们“心系中华”的热情。七是还未能建立科学、完整的资料数据库，打造起华侨华人与祖（籍）国联系的持久性平台，实现信息畅通对接。八是文化传播手段单一，常以国家意志为推动力举办的“文化年”“交流周”等官方活动为主，缺乏民间交往的多样性，辐射面有限，常常只讲过程、讲形式，直接影响效果，缺乏信息沟通与反馈，出现动机与效果的信息不对称。九是缺乏系统的理论梳理和深入研究，对华侨华人与中国文化软实力建设从内在关系到外在形式，急需理论构架和路径设计，更好地指导实践。

针对以上存在的问题，本文提出以下对策建议。

1. 涉及软实力要内外有别。华侨与华人是两个不同概念，华侨的身份仍是中国公民，而华人则是外国公民，如果把两者混为一谈，对其在中国“文化软实力”建设的中作用一概而论则极为不妥，要考虑这种笼统的说法是否能得到华侨华人的认可，是否有利于中国与华侨华人住在国建立友好关系，是否有利于海外华侨在当地的生存和发展。所以华侨华人在中国和平发展过程中的定位与作用问题，是华侨华人与中国文化软实力建设研究中尤其需要注意的问题。《中共中央关于深化文化体制改革，推动社会主义文化大发展大繁荣若干重大问题的决定》中没有太多涉及海外华侨在中国文化软实力建设中的作用问题，只说“支持海外侨胞积极开展中外人文交流”。中央这一提法是实事求是的，没有对华侨华人提出过高的要求，没有对他们寄以不切实际的期望，因为中国海外移民及其后裔70%—80%已经加入居住国国籍，成为外籍华人。他们在许多国度里，作为该国的新公民还远未获得当地主体民族的充分信任，人们对他们是否忠于入籍国还有所怀疑，有些国家实际上把他们当成二等公民对待，因此，我们不能不考虑他们的处境，多为他们的生存和发展着想，他们能在中外人文交流中起到桥梁的作用已属不易，不能对他们有过多的要求和不切实际的期望。应实事求是地回到“支持海外侨胞积极开展中外人文交流”上来。时至今日，外籍华人已占中国海外移民的大多数，这已是不争的事实，我们不能回避这个客观事实，忽略这个大多数，以对待本国公民的要求来要求占大多数的外籍华人。

2. 提升文化软实力的八点侨务工作建议。华侨华人因其特殊的桥梁与沟通作用无疑将能够扮演传播者的角色，成为中国文化软实力的重要载体。在政治文化方面，华侨华人不仅成为连接中国与世界、促进世界和平、“反独促统”的重要纽带，而且还是中华文化传播的重要使者和消解西方对中国误解的平台。华侨华人既是住在国政治、经济、文化、社会领域的积极参与者，不少人同时也因为与故乡故土千丝万缕的联系而在不同程度上参与了祖(籍)国的建设发展，尤其是其中出生成长于祖(籍)国的第一代新移民。华侨华人无疑能够在拓展国家间公共外交渠道，增强中国文化吸引力和政治影响力，营造良好的国际舆论环境，辐射到各行各业文化的领域，成为有效的民间载体，发挥特殊作用，为中国软实力建设和发展发挥特殊作用，为建设和谐世界做出应有贡献。

实践证明，提升"文化软实力"是一个庞大的系统工程，站在国家的宏观层面，今后的华侨华人工作必须紧密围绕以下几点扎实推进。一是必须创造性地弘扬中华民族的优秀传统文化，增强对中华民族优秀文化的自豪感。二是加大整理、开发和保护民族文化的力度。三是树立创新意识，增强民族文化的创新力。四是积极推进文化交流和文化外交，增强民族文化的亲和力、凝聚力和吸引力，扩大辐射力。五是充分利用大众传媒和现代传播技术，扩大民族文化的影响力。六是大力发展文化产业，提升民族文化的综合竞争实力。七是建立国内外网络平台，整合资源，做大做强社会资本，增强软实力的针对性和渗透力，八是整合海外华侨华人资源，充分发挥他们在建设中国文化软实力中的优势作用。

五、发挥地方优势，助推华侨华人提升中国文化软实力的作用——以厦门集美区打造"最美侨乡"为例

作为一个快速崛起的发展中国家，中国可以借鉴印度等发展中国家的经验，坚持内外兼顾、以内为主的做法，即重点放在吸收和借鉴世界各国优秀文明成果，引入各国文化建设的先进理念和有益经验，支持文化事业和文化产业建设。与此同时，发挥海外华侨华人在文化交流和民间外交中的作用，发挥海外移民这一特殊群体在提升中国文化软实力的作用，使他们成为中外文化交流的友好使者、沟通中国与世界的重要桥梁，让中国更好地了解世界，也让世界更好地了解中国，认识中国人民对人类文明的贡献，了解新中国成立以来特别是改革开放以来取得的辉煌成就，理解中国的和平外交政策，消除各种疑虑，共同为建设和谐世界而努力。

（一）借地方侨务为支点，撬动华侨华人与中国文化软实力之间的关系杠杆

中国不同区域本身的特性是有利于地方政府的自主性发挥的，正如麦格·瑞思迈（Meg E. Rithmire）在《中国"新地区主义"》一文中总结的那样，由于中国不同区域在各自制度、理念以及社会政治发展历史等方面存在的差别，地方政府有着不同的行为表现，不同区域也因此展现出不同的政治经济绩效。[①] 当然，这也意味着不同区域的地方政府之间彼此的竞争成为政策扩散的加速器，如果一个地方由于政策创新而经济快速发展，那么各地自然就会出现模仿和学习，事实上这样的创新和学习也得到了中央政府的鼓励。因此，从某种程度来说，地方性创新不仅是中国梦落到实处的必要步骤，也是知识创新进而回馈给中央政府进一步完善"中国梦"理论的基础。中央需要地方迈出创新的步伐，提供可以复制、推广的

① Meg E. Rithmire, "China's 'New Regionalism': Subnational Analysis in Chinese Political Economy," World Politics, Vol. 66. No. 1, 2014, pp. 165—194.

经验。

在传统的中国社会中，家庭是一个具有自身绝对性、不可还原的最小生活形态，而且任一个体都必须通过他在家庭中的存在而获得作为这个特定个体的意义。从家庭到国家再到天下，是一种“映射性”(mapping-into)的推衍，家庭是人的情感中心，其他情感关系则围绕着这一中心按照其亲疏程度层层向外延伸(按照费孝通的比喻，它是个波纹同心圆的结构①)。因此，对海外华侨、华人及华裔而言，或许对于家乡的情感会比对国家的情感更为强烈，这也成为地方政府调动华侨华人群体参与中国文化软实力提升的感情支撑和独特优势之所在，地方政府特别是侨务部门在涉侨领域具有更大的自主性与灵活性，利用家乡情感为纽带则更容易培植认同感，打造全新的地区、国家形象。

近两年，打造以“嘉庚精神”为依托的中国“最美侨乡”成为集美区侨务、统战等各项工作的重点与亮点，也是与厦门市所倡导的“美丽厦门 共同缔造”相呼应的具有地区特色的主题口号。升级打造中国“最美侨乡”的关键在于一个“美”字，不仅是自然环境美，更应该体现在人的精神美、素质高，这对于继承和发扬中华民族的优良传统，摒弃当今社会存在的不良风气十分必要。集美官方也对此进行了一番解读，认为通过整合资源、形成合力，通过凝聚侨心、汇聚侨智、发挥侨力、维护侨益，着力建设侨乡环境美、为侨服务美、归侨生活美、华侨精神美和侨助家乡美的中国“最美侨乡”。“最美侨乡”是具有时代意义的理念，其与“中国梦”以及“嘉庚精神”有着深刻的内涵联系，是“中国梦”在地区层级的具体实践，也是“嘉庚精神”在当代集美社会发展中的确切反映。自 2012 年年底以来，中国梦激荡在中华大地上。“侨力为国”多年来一直是侨务工作的主旋律。自中国梦唱响以来，海内外华侨华人倾注了极大的热情，形成侨资给力、侨智发力、外交助力的新局面。中国梦与侨胞梦高度一致，天然融合。广大侨胞是实现中国梦的一支独特力量。中国梦为广大侨胞提供了大有作为的广阔舞台，海内外中华儿女团结奋斗，就一定能够共同支撑、共同见证、共同享有伟大的中国梦。将集美区建设成为中国的“最美侨乡”也是广大集美籍侨胞、集美校友所怀揣的中国梦的现实写照。作为陈嘉庚先生奉献一生的祖籍地，其所遗存于集美的“嘉庚精神”成为集美区重要的精神财富与资源宝库。而通过升级打造中国“最美侨乡”，将嘉庚精神从文化层面所具有的凝聚力转化为社会经济层面的推动力，不仅给予嘉庚精神以新的时代内涵，也实现了资源的优化配置。

(二)倡导以爱国爱乡为核心的嘉庚精神

以“忠公、诚毅、勤俭、创新”为核心的嘉庚精神一直为世人所钦佩，陈嘉庚一

① 费孝通：《乡土中国》，生活·读书·新知三联书店 1985 年版，第 25 页。

生倾资办学、爱国爱乡的情怀为世人所称颂，他的实践和精神形成了独特而又丰富的嘉庚精神，其核心是爱国主义。爱国爱乡是陈嘉庚先生兴教兴学的力量源泉，也是嘉庚精神的核心之所在。翻开集美百年校史，深深感佩嘉庚先生强烈的对国家民族尽国民之义务的责任感和浓烈的家国情怀。他自言“对于轻金钱、重义务、诚信果毅、嫉恶好善、爱国爱乡诸点，尤所服膺向往，而自愧未能达其万一，深愿与国民共勉之也”。秉持“教育为立国之本，兴学乃国民天职”之理念，在南洋兴业获得成功后，他即“思欲尽国民一分子之天职”，毅然携资回家乡兴学报国，创办了包括幼儿园、小学、中学、各类职业技术专门学校在内的规模宏大的集美学校。他亲力亲为，做规划、选校址、觅校长、定学科，“不牺牲金钱，竭殚心力”，他概视之为“尽国民之义务”，不为名、不图利，无论是集美学校还是海外的学校，没有一所学校、没有任何一栋楼宇冠以他的名字。受陈嘉庚先生模范行动与精神所感召，其胞弟陈敬贤先生受命返乡集美经营校舍，延揽师资，倾尽心力，而后又接理新加坡工商业务，为筹建校经费拼命工作，积劳成疾，不幸英年早逝。其女婿李光前先生，其族弟陈六使、陈文确先生都曾为集美学校捐过巨资，海内外的校友也支持赞助，直至今天仍在延续。受嘉庚精神的感召，南洋华侨回乡、在侨居地创办文化教育更是蔚然成风。鉴于嘉庚精神的传统价值和现代意义，海外同胞一直不懈弘扬嘉庚精神。2013 年值陈嘉庚创办集美学校 100 周年，来自 13 个国家和地区的数百名归侨、侨眷、校友、侨企负责人前往集美参加纪念活动，并强烈表达续写“嘉庚精神”新百年辉煌的心声。陈嘉庚、陈六使后裔参访团以及新加坡怡和轩俱乐部、汪氏总会等海内外社团成员等还提出具体愿望，希望能在集美举办国家级嘉庚论坛，以便在全世界弘扬嘉庚精神和促进中国最美侨乡的建设。

陈嘉庚先生的一生孕育了伟大的嘉庚精神。嘉庚精神的内涵集中反映在爱国主义精神，还体现在重义轻利、公而忘私的奉献精神，诚实守信、嫉恶好善的重德精神，刚健果毅、坚韧不拔的自强精神，艰苦朴素、勤勉节俭的清廉精神，与时俱进、革故鼎新的创新精神等五个方面。而贯穿陈嘉庚先生一生的主线，就是崇高的爱国主义精神。陈嘉庚先生视祖国的利益为人生的最高利益，视祖国的需要为人生的最大需要，视祖国的富强为人生的最终目标。爱国主义是陈嘉庚先生一生恪守的信念，也是他一生行为的准则，更是嘉庚精神的核心。爱国爱乡、民族振兴也是陈嘉庚先生兴教兴学的源泉。他说：“国家之富强，全在于国民，国民之发展全在于教育，教育是兴国之本”。在南洋兴业获得成功后，他即毅然携资回家乡兴学报国，创办了包括幼儿园、小学、中学、各类职业技术专门学校在内，规模宏大的集美学校和被誉为“南方之强”的厦门大学，所兴办的学科、专业莫不为了民族的振兴、国家的强大。如他兴办水产航海专科学校，为的是“造就渔业航业中坚人才，以此内利民生，外振国权”“开拓海洋，挽回海权”。集美文教区要做到文化提升需具备地方特色的文化基点与内核，创新嘉庚精神、弘扬嘉庚精神、学习嘉庚精神，就是实现上述目的最直接、最生动的切入点。这是打造中国“最美侨乡”的精神标杆，也是共筑“中国梦”的现实要求。

习近平总书记在第十二届全国人民代表大会第一次全体会议上的讲话中强调指出：“实现中国梦必须弘扬中国精神。这种精神是凝心聚力的兴国之魂、强国之魂。”诚然，中国精神是实现中国梦的必要要求，但在当今的现实层面上，虽有中国精神作指引，各类问题形势依旧严峻。政治问题凸显，从中央到地方，各层级“裸官”现象、贪污腐败屡见不鲜；社会分层固化，流动性不足，易引起局部性动乱；经济总量虽跃居世界第二，但产业结构依旧不合理，缺乏核心技术与复合人才；教育资源分配不均，缺乏自主创新能力。而此类问题的涌现，或可被认为是中国精神、中华民族精神缺失的具象体现。要破解当前中国社会遭遇到的转型难题，进一步推进中华民族复兴的伟大事业，无疑需要崇高的精神支撑与推动。“实现中国梦必须弘扬中国精神。这就是以爱国主义为核心的民族精神，以改革创新为核心的时代精神。”习近平总书记的这一番讲话，深刻揭示了中国精神的本质和核心，阐明了实现中国梦的强大精神动力，而这也与以“忠公、诚毅、勤俭、创新”为核心的嘉庚精神所契合，成为嘉庚精神在新时代语境下的诠释方向。首先，嘉庚精神与中国精神同样是内涵丰富多元、内部相互联系的完整体系。其次，把嘉庚精神和中国精神置于中华民族精神的大视野中考察，二者都是中华民族精神的区域表现与组成部分，是中华民族精神在特定阶段的时代表现。嘉庚精神的核心是爱国主义，居于首位，中国精神也是把爱国情怀放在首位，凸现了爱国情怀是中国精神的根本和核心，而爱国主义正是民族精神的核心。再次，从二者的精神作用看，陈嘉庚堪为我们在新时期学习、践行社会主义荣辱观的榜样，嘉庚精神是进行社会主义荣辱观教育的宝贵资源。而中国精神深刻蕴含着社会主义核心价值体系的丰富内涵，具有鲜明的思想导向作用，这二者在国家的发展中都有过、并将继续发挥其精神支柱作用和不竭的动力源泉作用，赋予社会主义核心价值体系建设鲜明的故土情怀和时代特色。最为重要的是，嘉庚精神是弘扬民族精神和时代精神的楷模，与毛泽东对陈嘉庚的评价“华侨旗帜、民族光辉。”高度契合。

嘉庚精神与中国精神的高度契合绝非偶然，而是由广大中华儿女的民族性所凝练的共同信念。中国梦的实现离不开中国精神，同样需要在新的历史条件下弘扬嘉庚精神，新时期的嘉庚精神更需经过中国梦的淬炼，从而被赋予新的时代内涵与精神品格。以实现中华民族伟大复兴为目标的中国梦，代表了海内外中华儿女的共同愿景、共同福祉和共同追求，凝聚着海内外中华儿女的共识、道出了海内外中华儿女的心声，是中华民族走向伟大复兴的精神旗帜，也是引领广大侨胞团结奋斗的前进方向。华侨华人既继承了中华传统文化内涵，又融入当地社会，是中国公共外交的践行者。他们作为嘉庚精神、中国精神的继承者和中国梦的播种者，可从住在国基层民众着手，改善舆论环境，重塑国际社会的舆论导向，并通过国内、国际两个层面的联动，潜移默化地影响国内的社会氛围。而在住在国具有号召力与影响力的侨领更是成为侨务工作的重点资源，自20世纪前期以来，陈嘉庚先生是迄今仍为东南亚各籍侨胞信服的唯一侨领，嘉庚精神更是一直凝聚东南亚华侨华人的重要纽带。当前，中华民族的精神缺失问题日益突显，严重阻碍了以实现民族伟大复兴为目标的中国梦。而要解决此类问题，运用以爱国主义为核心的民族精神或是一剂良药。而前文也有所提及，为了应对世情、国情、侨情的变化，对于中国梦的诠释应跳出理论禁锢，塑造具体的践行者形象。陈嘉庚先生一生爱国爱乡、海纳百川、乐善好施、敢拼会赢的精神形象深入人心，成为每一位中华儿女的楷模。从这一角度而言，陈嘉庚先生便是中国梦的最佳诠释者，其所遗存的嘉庚精神也理应是属于全体中华儿女的共同精神宝库。以爱国主义的国家叙事提升传统纠缠在乡梓情节中的陈嘉庚形象，使“陈嘉庚”不再仅仅停留于爱国华侨这一层面，而是在特定的时代背景下，中华民族的优秀精英以自己的实践和行动探求中国梦的典型形象。

(三) 以爱乡之情推动爱国凝聚力

集美区侨务工作实际已由区侨办与区台办合署办公，区侨联、区委统战部以及集美海外联谊会等相关部门进行配合。集美区的侨务工作一方面遵照从国务院侨办到福建省侨办再到厦门市侨办一以贯之的各项规定与指示，一方面结合集美当地独特的条件与资源，制定实施符合中央精神、具有地方特色的侨务方针政策。虽然在不同的历史时期，各级侨务政策的侧重点有所不同，侨务政策的内容和形式各有不同，但是贯穿其中的核心原则就是保护华侨和归侨侨眷的正当、合法权益。一直以来，各级政府的侨务工作也是围绕这一核心原则，并根据海外侨胞特点，发挥其优势，为民族的解放和振兴、为国家的繁荣和富强发挥积极作用。

2013年，集美侨务工作以建设“中国最美侨乡”为重要理念，结合纪念陈嘉庚先生诞辰140周年活动，与相关部门和集美各校共同组织开展“嘉庚精神宣传月”活动，传承嘉庚爱国精神，提升嘉庚精神的影响，加强与集美校委会、嘉庚公园、陈嘉庚纪念馆联系，发挥陈嘉庚纪念馆“全国爱国教育基地”的作用，共同弘扬嘉庚精神，深入开展各项侨务工作。① 同年，集美侨务工作还以集美学校百年校庆为契机，加强了与海外同胞的联系。为了迎接集美学校百年校庆，集美区政府共投资5.2亿元，对含集美小学教学楼在内的4大类24个项目进行了重建、整修或美化。

---

① 政府文件：《凝聚人心、汇聚力量为服务我区全面深化改革和建设美丽厦门示范区做出新贡献——范启德同志在区委工作会议上的发言》，2014年3月，第7—8页。

充分利用了此次陈嘉庚先生创办集美学校100周年纪念活动的举办，加强了与来自全球近2000名华侨华人、集美学校校友、陈嘉庚先生后裔、社会各界知名人士的沟通交流，特别是加强了与重点人士、华裔新生代等的交流，结识新朋友，不忘老朋友，扩大了交友面，以心交心、争取人心，与更多海外同胞取得了联系。同时还以海联会换届为抓手，促进海内外同胞的团结。积极推行“请进来”“走出去”战略，加强与海内外华侨华人及社团的联系，持续开展互动交流。2013年，在集美区海联会副会长连明富会见国民党荣誉主席连战时，在接待马来西亚滨州中华总商会理事长、拿督李雅和一行时，在赴新马及香港会见集美校友、华人团体和陈六使之孙、马来西亚拿督陈锡远时，着重向嘉宾们介绍集美经济社会发展的新变化，介绍集美新城建设、灌口小城镇开发等重点项目情况，加深他们对集美的了解，充分践行“中国最美侨乡”“嘉庚精神”等理念。此外，还利用集美区海联会第四届理事会和第七次归侨侨眷代表大会召开之际，与来自13个国家和地区的数百民归侨、侨眷、校友、侨企负责人，特别是陈嘉庚后裔参访团、陈文确陈六使后裔参访团以及新加坡怡和轩俱乐部、新加坡汪总会等海内外社团成员深入交谈、真诚交心、强化交情，充分肯定广大侨胞侨眷心系桑梓、情注故里、为家乡经济社会和教育事业的发展做出的巨大贡献，表达出希望各位嘉宾继续支持家乡的建设，为家乡开发开放、引资引智牵线搭桥，以此促进海内外同胞的团结。

除此之外，集美区还以侨办(台办)和侨联为平台，推进侨务工作进一步发展。“2013年海外华裔青少年‘中国寻根之旅’夏令营”“2013年中国文化行——金辉福建八闽营”等四个主题夏令营，吸引了上千人的参与，培养了新生代华侨华人对祖国、对家乡的感情，促进侨务工作的可持续发展。仅2013年期间，集美李厚公益基金等6个侨捐公益基金共颁发各类奖金30.5万元；共453位集美学校师生获得集友陈嘉庚基金会提供的奖教奖学金；195名各类学生获得曾通先生创设的唯美爱心基金所发放的2000元至30000元不等的奖助学金；南顺投资董事长陈少宏先生向集美大学教育发展基金会捐赠人民币600万元等支持教育的爱国爱乡行为不胜枚举，同时一批华侨捐助项目相继开工或落成，体现了集美区海外侨胞热心家乡公益事业的优良传统。集美侨务工作也把优化护侨维权工作落到实处，春节期间对侨界进行慰问走访，带上慰问金慰问品慰问困难归侨，归侨低保户每月可领100元的补助，涉侨来信来访及时办结，维护好华侨华人和归侨侨眷的合法权益。随着集美校友会会馆暨集美侨联大厦正式落成，广大集美校友和海外同胞、侨胞及侨眷有了一个属于自己的“温馨之家”，将进一步扩大集美学校校友的联谊工作，拓展“中国最美侨乡”的推广平台，促进集美区侨务工作迈入一个新的阶段。

2014年，集美区侨务工作要求进一步发挥侨台优势，积极建设“中国最美侨乡”并深化拓展了其内涵：一是要摸底调查侨房，保护侨乡风貌。继续进行侨房调查，建立“一房一档”的侨房数据库，针对每一栋侨房制定具体的保护利用措施，逐步实现侨乡环境美的目标。二是要加强侨联建设，升级为侨服务。进一步加强侨联机构建设，利用新的集美校友会总会和侨联大厦的平台，升级为侨服务层次，落实“知侨、爱侨、为侨、富侨”的具体措施，逐步实现为侨服务美的目标。三是落实侨情调查，关心归侨侨眷。完成全区侨情和侨务调查研究，有针对性地关心扶持不同类型的归侨侨眷，大力改善归侨侨眷的生活水平，逐步实现归侨生活美的目标。四是要加大宣传力度，塑造精神楷模。继续弘扬嘉庚精神，加大对海外华侨的爱国爱乡精神的宣传，营造爱国爱乡、支持家乡建设的浓厚氛围，让华侨精神美成为建设中国最美侨乡的最闪亮的名片。五是要发挥侨资侨力，建设美丽家乡。发挥广大侨胞作用，充分利用侨资侨智侨力，投资项目、开办企业、促进转型升级、推动社会发展，为集美区建设“美丽集美”出资出谋出力。

集美侨务工作除了历年例行的基本工作外，每年均会推陈出新，出台具有创新精神、地方特色的重点推广项目。作为集美侨务工作特色品牌的“中国最美侨乡”“嘉庚精神”以及近年来重点推广的重点项目，如 2010 年“首届孙氏世界联谊大会筹备会暨第 21 届‘世界舜联’国际大会”、2011 年“第七届海外乡亲夏(冬)令营”、2012 年“积极推动集美侨联大厦建设”、2013 年“集美学校百年校庆”以及 2014 年的“纪念陈嘉庚先生诞辰 140 周年活动”，根据各大门户网站对相关项目的报道量，统计如下表。

表 1　各大门户网站对集美侨务相关工作的报道情况统计(截至 2015 年 5 月)

关键词	搜索引擎	相关结果
集美　中国最美侨乡	百度	约 1860000
	必应(bing)	约 404000
集美　嘉庚精神	百度	约 1280000
	必应(bing)	约 531000
集美　首届孙氏世界联谊大会筹备会	百度	约 755
	必应(bing)	约 20800
集美　第七届海外乡亲夏(冬)令营	百度	约 1630
	必应(bing)	约 23100
积极推动集美侨联大厦建设	百度	约 2870
	必应(bing)	约 38700

（续表）

关键词	搜索引擎	相关结果
集美学校百年校庆	百度	约 713000
	必应(bing)	约 148000
纪念陈嘉庚先生诞辰 140 周年活动	百度	约 89800
	必应(bing)	约 40400

虽然两组不同的搜索引擎自动生成的数据具有较大的差异，但是其趋势则相对保持一致，即"中国最美侨乡""嘉庚精神"具有最高的关注度，2010 至 2013 年重点推广项目的数值逐年增加，2014 年的"纪念陈嘉庚先生诞辰 140 周年活动"由于贯穿全年，下半年的相关系列活动还将持续获得关注和报道。

除此之外，中国新闻网（中新网）、厦门网、台海网等作为较有影响力的涉侨网站对相关新闻进行报道也可作为集美侨务工作开展的重要测量指标。

表 2　相关涉侨网站对集美侨务工作的报道情况（截至 2015 年 7 月）

关键词	网站	标题
中国最美侨乡	中新网	厦门集美聚侨心侨力 打造中国最美侨乡①
	台海网	集美扎实推进"美丽厦门示范区"建设②
嘉庚精神	中国共产党新闻网	厦门集美区用"嘉庚精神"教育党员干部③
	中新网	福建集美投 700 万开拍《侨女日记》弘扬嘉庚精神④
孙氏世界联谊大会	鹭风网	世界孙氏宗亲联谊会首次国际大会或将在厦召开⑤
海外乡亲夏（冬）令营	中新网	福建厦门集美区举办第七届海外华裔冬令营⑥
集美侨联大厦	福建省侨联网站	集美校会会馆暨集美侨联大厦举行落成典礼⑦
集美学校百年校庆	中新网	厦门集美学校开展迎百年校庆系列活动⑧
纪念陈嘉庚先生诞辰 140 周年活动	闽南网	纪念陈嘉庚 140 周年诞辰 青少年教育体验活动开幕⑨
	凤凰网	纪念嘉庚先生 140 周年诞辰系列活动已启动⑩

① 中新网，http://www.chinanews.com/zgqj/2013/10-25/5426744.shtml。
② 台海网，http://www.taihainet.com/news/xmnews/gqbd/2014-05-06/1246818.html。
③ 中国共产党新闻网，http://dangjian.people.com.cn/BIG5/n/2013/1018/c117092-23253074.html。
④ 中新网，http://www.chinanews.com/qxcz/2013/03-29/4686781.shtml。
⑤ 鹭风网，http://www.xmweekly.com/ShowArticle.asp? ClassID=7&ArticleID=1002。
⑥ 中新网，http://www.chinanews.com/zgqj/2012/12-09/4393791.shtml。
⑦ 福建省侨联网站，http://www.fjql.org/xqybz/2441.htm。
⑧ 中新网，http://www.chinanews.com/hwjy/2012/06-06/3943890.shtml。
⑨ 闽南网，http://www.mnw.cn/xiamen/news/770774.html。
⑩ 凤凰网，http://xm.ifeng.com/travel/lvyou/xiamen_2014_04/23/2177183_0.shtml。

由上述两组数据可得以下结论：首先，集美区结合地区特色、利用地区优势所树立并推行的品牌与项目，不仅与中央的指导精神一脉相承，而且获得了民众的关注与支持，取得了较好的社会反响与影响力，诸多网络媒体对此也给予了高度的褒奖与肯定。与其他地区相比，集美侨务工作主题更鲜明、内涵更丰富、受关注与报道的程度也更高。集美侨务工作将拥有的侨务资源、平台资源、网络资源相结合，配合独具特色的品牌项目，推广侨务方针政策、打造地区特色品牌、传递侨务理念深入人心，获得了良好的社会影响与认同。可以说，集美侨务工作正在逐步实现科学化、合理化、创新化，统筹兼顾上级领导与基层群众的意见与建议，坚定不移地走特色发展之路，且成效显著。可以说，集美区侨务工作既延续从中央到地方一以贯之的指导精神，又从实际出发，把握集美当地的具体实情，树立了"中国最美侨乡""嘉庚精神"等特色品牌，且对侨务资源的运用更为合理，从政治领域扩展至经济、文化等各个领域，通过举办具有地方优势的主题项目，在实际工作中一方面维护了海外侨民和归侨侨眷的合法权益，另一方面增进了本地区与侨民居住地之间的良好关系。[①] 并在此基础之上，践行中央侨务工作在"十二五"期间的主要任务，包括：服务经济社会发展；维护和促进祖国统一；拓展侨务公共外交；弘扬中华优秀文化；培育壮大友好力量；依法依规维护侨益，等等。[②] 未来，集美区侨务工作也将继续围绕"中心思想"与"地方特色"相结合的理念，坚持与时俱进、因地制宜，制定实施既贯彻中央、省市的指导，又符合集美区地方实情的侨务方针政策。集美区政府这种充分发挥地方优势和特色，积极调动海外华侨华人与祖(籍)国情感互动交流的模式十分值得推广和借鉴。

海外华侨华人与祖(籍)国的情感交流是维系其与祖(籍)国关系的核心纽带，"爱国爱乡"的嘉庚精神恰恰切中了华侨华人与祖(籍)国关系的中枢，集美区政府充分利用和发挥地方优势和特色，推动和调动海外华侨华人与祖(籍)国的关系互动，对于进一步发挥华侨华人在中国文化软实力中的作用奠定了坚实的基础。正如前面的分析看到，华侨华人可以在中国文化软实力的提升中发挥内、外两个作用：一是丰富中国文化软实力中的传统文化和当代发展模式两个层面的内涵，二是可以作为中国文化走出去、提升中国文化在国际社会影响力的特殊桥梁——实际上这正是文化软实力在国际社会上所要追求的目标。而维系和巩固华侨华人与祖(籍)国的情感联系和各个层面(包括经济、社会等)互动正是发挥和推进华侨华人发挥其在中国文化软实力中的影响力的根基，因此，借鉴集美区的经验，各级、各地侨务部门如能发挥地方优势和特色，以维系和巩固华侨华人与祖(籍)国关系为基础，创新侨务工作模式，必然能够实现"侨务为国"的目标。

① 2014 年集美校友会还得到了国家主席习近平的亲笔回信，鼓励发扬嘉庚精神。

② 中新网，http://www.chinanews.com/zgqj/2011/06-08/3098207.shtml。

中国抗战时期文化软实力研究

潘　洵　赵国壮*

摘要:抗战历史文化是中国国家文化软实力的重要组成部分。抗日战争推动了国家文化软实力的发展:一是战时教育持续发展,保存了民族的文化血脉;二是战时文学创作成就突出,宣传抗战鼓舞士气;三是战时中国传统文化观念得到了传承与发展。与此同时,以国家认同观念强化及民族意识增进为主的战时国家文化软实力的提升又是取得抗日战争胜利的重要因素。抗日战争的胜利给国家文化软实力的培育积累了宝贵经验:抗日战争是中华民族由衰败走向复兴的重大转折,改变了中国国家的命运,促进了民族觉醒和空前团结;抗日战争的胜利是全民族的胜利,是国共合作、两个战场相辅相成赢得的胜利,形成了国共合作、政治协商的政治治理理念;中华民族在抗日战争中所展现出来的以爱国主义为核心的伟大民族抗战精神,是抗日战争给中国人民留下的宝贵精神财富。深化抗战史的研究、宣传、教育是增强国家文化软实力建设的重要方面及迫切要求。

"一个国家、一个民族的强盛,总是以文化兴盛为支撑的。没有文明的继承和发展,没有文化的弘扬和繁荣,就没有中国梦的实现。"①对于一个国家而言,文化软实力的基础就是它特有的传统历史文化。抗战历史文化是国家文化软实力的重要组成部分。抗日战争是中华民族由衰败走向振兴的重大转折。1931—1945年间,中国人民经过艰苦卓绝的浴血奋战,打败了穷凶极恶的日本军国主义侵略者,赢得了近代以来中国抗击外敌入侵的第一次完全胜利。这一伟大胜利,彻底粉碎了日本军国主义殖民奴役中国的图谋,洗刷了近代以来中国抗击外来侵略屡战屡败的民族耻辱;重新确立了我国在世界上的大国地位,中国人民赢得了世界爱好和平人民的尊敬;开辟了中华民族伟大复兴的光明前景,开启了古老中国凤

---

* 潘洵,西南大学历史文化学院教授、重庆中国抗战大后方研究中心常务副主任;赵国壮,西南大学历史文化学院副教授、重庆中国抗战大后方研究中心研究人员。文稿得到西南大学文学院张武军教授的帮助,特致谢意。

① 中共中央宣传部:《习近平总书记系列重要讲话读本》,北京:学习出版社、人民出版社2014年版,第92页。

凰涅槃、浴火重生的新征程。这一伟大胜利，也是中国人民为世界反法西斯战争胜利、维护世界和平做出的重大贡献。① 抗战时期是中国国家文化软实力发展的重要时期，一方面抗日战争从民族观念、国家认同等角度对文化发展起到了重要的推动作用；另一方面，战时文化软实力的发展对取得抗日战争的胜利发挥自身的力量。抗日战争胜利所带来的国共合作与政治协商的民主理念、国际合作及大国担当的责任意识、伟大抗战精神的构筑等，既是国家文化软实力的重要内容，也为新时期国家文化软实力培育提供了历史养分。

一、抗战历史文化是国家文化软实力的重要组成部分

中国人民抗日战争史是近代以来中国反抗外敌入侵第一次取得完全胜利的民族解放战争史。中国人民抗日战争和世界反法西斯战争的胜利是 20 世纪人类历史上的重大事件，对于中华民族发展和世界文明进步都具有重大而深远的意义。抗战历史文化所折射出的坚强不屈、团结战斗、爱国奉献的高尚品质和英雄气概，是中华民族伟大复兴精神和爱国主义精神的集中体现与高度浓缩，是中华民族宝贵的文化遗产和精神财富。抗战历史文化是国家文化软实力的重要组成部分。

1931—1945 年 14 年的抗战历史，既见证了中华儿女身上的坚忍顽强，同时也见证了中国文化、民族精神的强大魅力，虽然处在硝烟弥漫、战火纷飞的年代，中国文化依旧绽放出了属于自己的光彩。因此，抗战时期的历史文化，不仅是魅力无穷的中华文化在民族危难与奋战之际的薪火传承，也是中国知识分子和人民抗击侵略者的一种斗争武器；不仅是这时期中国社会人生的历史写照，也是中华民族精神与民族品格的展示。② 抗战时期的文化成就既让我们能够重新认识和理解抗战的历史和文化，也使其成为中国文化软实力的重要组成部分。

1938 年 10 月，毛泽东在中共扩大的六届六中全会上做题为《论新阶段——抗日民族战争与抗日民族统一战线发展的新阶段》的报告，提出“伟大的抗战必须有伟大的抗战教育运动与之相配合”的重要主张，对抗战时期文化教育和宣传鼓动工作提出了新的更高的要求。关于宣传的目的，该报告提出，全民族比以往更为重要的第一任务是“高度发扬民族自尊心与自信心，……反对任何投降妥协的企图，坚持抗战到底。……为此目的，必须动员报纸，刊物，学校，宣传团体，文艺艺术团体，军队政治机关，民众团体，及其他一切可能力量，向前线官兵，后方守备部队，沦陷区人民，全国民众，作广大之宣传鼓动，坚定地有计划地执行这一方针，主

① 《习近平在中共中央政治局第二十五次集体学习时的讲话》，2015 年 7 月 30 日。

② 戴知贤、李良志：《抗战时期的文化教育》，北京：北京出版社 1995 年版，第 149 页。

张抗战到底，……反复地指明最后胜利的可能性与必然性，指明妥协就是灭亡，抗战才有出路，号召全民族团结起来，不怕困难，不怕牺牲，我们一定要自由，我们一定要胜利，用以达到全国一致继续抗战之目的。”①

抗战时期文化的成就主要体现在三个方面：一是战时教育持续发展，保存了民族的文化血脉；二是战时文学创作成就突出，宣传抗战鼓舞士气；三是战时中国传统文化观念得到了传承与发展。

(一) 战时后方教育持续发展，保存了民族的文化血脉

关于抗战历史文化的成就，首先离不开的就是此时期的教育发展成果。全面抗战爆发之后，日本帝国主义便开始有意识地对我国文化教育设施狂轰滥炸，我国的文教事业，特别是高等教育，遭到了空前浩劫。为了保存民族的文化血脉，也为了抗战建国的需要，国民政府积极迅速地确定了“战时应作平时看”的教育指导方针，并采取了紧急应变措施，将集中于沿海地区的高等院校迁往内地，加以改组、调整和充实。在国民政府的多方努力和广大爱国师生的支持配合下，我国的高等教育，不但经受住了战争的考验，而且较战前有了更大的发展，成为教育史上甚至文化史上重要的一笔，尤其是与抗战相始终的西南联大，不仅是战时高校办学的一个典范，更是活跃在大后方的一颗光彩夺目的明珠，成为抗战时期文化教育事业的集大成者，极大地影响着后来中国的文化教育事业的走向和发展。

全面战争爆发前夕，我国高等院校（包括专科以上学校）共有 108 所，大多分布在东南沿海地区。其中南京、上海、江苏、浙江、安徽、江西占 45 所；北平、天津、河北、山东、山西占 30 所；广东占 7 所，共计 82 所，占总数的四分之三。② 全面战争爆发后，日本大肆轰炸这些地区的教育设施，在此紧急时刻，这些学校内迁西南、西北地区，尤以重庆为最多，约占内迁高校总数的三分之一。在高校纷纷内迁的过程中，国民政府相应采取了一系列措施解决各种困难。国民政府战时教育政策及相应的教育体制，成就了中国教育史上辉煌的一页。抗战期间，政府对教育的投入不断增加，在国家财政支出上仅次于军费；大学数量由战前的 108 所增至 1945 年胜利时的 141 所，在校教师数量增加 48%，学生数量几乎翻番；1939 年，教育部以“抗战建国正在迈进之际，学术研究需要尤大”为由，增设大学研究所，至 1944 年，大学研究所由 1936 年的 22 所 35 个学部，增至 49 所 87 个学部，研究生人数由 75 人猛增至 422 人；同时，政府也比较关注基础教育方面，首次创办国立中学，安置从沦陷区流亡到大后方的中学生就学，至 1944 年共设立国立中学 34 所，

---

① 《论新阶段——抗日民族战争与抗日民族统一战线发展的新阶段》，《中共中央文件选集》第 11 册，中共中央党校出版社 1991 年版，第 605 页。

② 杨宏雨：《抗战时期中国高等教育一瞥》，涂文学、邓正兵：《抗战时期的中国文化》，北京：人民出版社 2006 年版，第 179 页。

国立大学附中 16 所，国立师范学校和职业学校 14 所；对流亡的贫困学生实行“贷金制”，后改为“公费制”，有统计显示，战时由中学以至大专学校毕业全赖国家贷金或公费以完成学业者，共达 128 000 余人之多，此项费用几乎超出全部教育文化经费的二分之一；规定教师同国家公务员享受同等待遇，并制定了一系列补助办法。① 因此，虽然环境艰苦，条件恶劣，但在政府和广大师生的共同努力下，教育事业还是得到了极大的发展，尤其是高等教育，更是取得了突出的成绩，不但表现在数量上，更主要是在教学质量上，很多学校的科研硕果累累，人才辈出。其中，西南联大无疑是佼佼者。

西南联大是当时中国最优秀的三所高等学府北大、清华、南开南迁后合并组建而成。其融合了三所学校的个性和精神——北大的兼容并包、思想自由，清华的借石他山、自由活泼，南开的允公允能、自强不息，并在此基础上融汇成自己的新精神：“同不妨异，异不害同，五色交辉，相得益彰，八音合奏，终和且平”，正是以这样的校训和精神毅然绽放在昆明这片土地上。② 学校既有校长蒋梦麟、梅贻琦、张伯苓等一批出类拔萃的教育家，他们是联大新精神的倡导者和诠释者，还荟萃了当时中国众多的学术精英和知名学者。西南联大设有理学院、文学院、法商学院、工学院和师范学院在内的五个学院二十六个系、两个专修科、一个先修班。知名人士如文学院院长冯友兰，理学院院长吴有训、法商学院院长陈序经、工学院院长施加炀、师范学院院长黄子坚；另有朱自清、罗常培、闻一多、陈寅恪、叶公超、吴宓、钱穆、傅斯年、姜立夫、华罗庚、张子高、张奚若等一大批著名教授和后起的学者 200 余人，这种文化名人高度集中的现象，不仅在昆明，甚至在战前中国的任何一个大城市，也是前所未有的。在这样的氛围下，学术成果不断涌现，人文学科百家争鸣、百舸争流，形成了空前的学术繁荣。一大批专家、学者的扛鼎力作均成书于此，如闻一多的《神话与诗》《楚辞校补》，朱自清的《新诗杂话》《语文零拾》，王力的“语法三书”——《中国现代语法》《中国语法理论》《现代语法摘要》，吴宓的《世界文学史大纲》，陈寅恪的《唐代政治史述论稿》，冯友兰的《贞元六书》等等，对后世影响深远。理工科研究虽受设备条件限制，难有重大突破，但还是取得不少成绩。在此期间，物理系有 29 篇论文、化学系有 12 篇论文、生物系 16 篇论文、地质地理气象学有 20 多篇论文，其中华罗庚的《堆垒素数论》、周培源的《激流论》、吴大猷的《多元分子震动光谱与结构》等，在国内外都产生了重大影响，并在国民政府教育部举办的学术评奖中荣获奖项。

---

① 戴知贤、李良志：《抗战时期的文化教育》，北京：北京出版社 1995 年版，第 196 页。

② 杨宏雨：《抗战时期中国高等教育一瞥》，涂文学、邓正兵：《抗战时期的中国文化》，北京：人民出版社 2006 年版，第 184 页。

整体观之，西南联大从1938年4月建立，到1946年5月分别迁回，历时八年多。在这八年中，先后有2500多人毕业，800多人投笔从戎，再加上结束时返回三校的学生1794人，共5000多人，杨振宁、邓稼先、朱光亚、沈元以及众多战后活跃在国内外科学领域前沿的专家、学者，都来自西南联大。在新中国从事自然科学研究的第一批190名学部委员中，西南联大的师生竟占了118人。[①] 在如此艰难困苦的条件下，西南联大培养出这一大批出类拔萃的优秀学生，实在是中国教育史上的一大奇迹。不仅如此，它的建立还极大地推动了昆明的民主化进程，联大形式多样、丰富多彩的校园文化是促成抗战时期昆明文化繁荣的重要因素之一。联大话剧团、戏剧研究社先后向社会公演了《祖国》《全民总动员》《原野》《阿Q正传》等话剧，有力地推动了昆明地区坚持抗战、反对独裁、争取民主活动的高潮。除了西南联大之外，同一时期另一所有代表性的高校，由北平大学、北平师范大学和北洋工学院在西迁过程中组成的西北联合大学也发挥着重要的作用[②]。正是由于它们的存在，不仅减少了我国教育事业和人才的损失，保存了民族发展的元气和实力，而且它们所取得的成就，既促进了西南、西北地区教育、经济、社会的发展，更是对中国文化教育事业的一大有力推进。

总之，抗战时期，在国民政府和广大教育界人士的协同努力下，我国高等教育不仅在内地得以重建，而且仍有一定的发展，这些内迁高校，都以自身的努力为中国文化教育事业的发展做出着巨大的贡献，成为抗战时期中国文化教育事业辉煌的见证。

(二)战时文学创作成就突出，宣传抗战鼓舞士气

自古以来，对于文化最好的诠释、保存的形式之一便是文学作品，每个时代都有属于自己时代的著名作家和作品。通过他们，我们可以一定程度上洞察到时代的痕迹和特征。抗战时期也如此。虽然处于战火纷飞、生命随时面临牺牲的境遇，但是众多作家还是以自己手中的笔记下了这段历史，塑造了一系列经典的人物形象，创作了一系列经久不衰的文学作品。这也就自然而然成为抗战历史文化的又一大见证。抗日战争全面爆发之后，全国各地的救亡运动风起云涌，尤其是文艺界人士，更是积极响应，新闻报刊一时风行全国，还成立了专门的抗敌协会——“文协”“文抗”等等，而具体到每一个作家个体，面对国家处在深重的灾难之中，感受尤为真切，国破家亡的危机感时时萦绕在脑中，也正是如此，他们便用自己手中的笔做武器，一方面与敌人展开殊死斗争，另一方面也用自己的文字感染，号召每

① 杨宏雨：《抗战时期中国高等教育一瞥》，涂文学、邓正兵：《抗战时期的中国文化》，北京：人民出版社2006年版，第186页。

② 姚远：《国立西北联合大学的分合及其历史意义》，《西北大学学报（哲社版）》2012年第3期。

一个中华儿女为祖国而战，从而迎来了文学创作的一个相对的高峰期。据不完全统计，在晋察冀边区，专业文艺队伍就有 3000 多人，专业剧团四五十个，文艺、音乐、美术、戏剧、舞蹈、戏曲、曲艺、摄影、电影队、军乐团等文艺的各种行当齐全。业余的村剧团有 3000 个，加上部队、机关、工厂、学校的业余文艺团体，有 10 万文艺大军。①

戏剧是抗战时期文学创作的一个重要体现，由于它本身的特点——形象性强、感染力深且通俗易懂，所以在抗战宣传方面发挥了积极的作用，当时除了正规的话剧以外，还出现了很多自编自演的街头剧、活报剧等等，比较有代表性的戏剧家有：郭沫若、田汉、欧阳予倩、洪深、熊佛西、丁西林、阳翰笙、于伶等等。他们创作了一大批经典的戏剧作品，如：郭沫若的一系列历史剧《大地回春》《屈原》《棠棣之花》，田汉的《乱种》《战友》《回春之曲》，夏衍的《咱们要反攻》，于伶的《回声》，洪深的《飞将军》《走私》，凌鹤的《再上前线》《黑地狱》都是积极表现爱国抗战的作品。当时经常演出的剧目如《塞上风云》《东北之家》《打鬼子去》《一颗炸弹》《壮丁》《生死关头》《血战台儿庄》《胜利进行曲》等，都为动员全民抗战起到了积极的宣传鼓动作用。在武汉失守后，重庆便成为战时戏剧的中心，成就更加突出，在 1937—1945 年间，重庆共演出《全民总动员》《一年间》《国家至上》《夜上海》《雾重庆》《屈原》《北京人》《天国春秋》《法西斯细菌》《戏剧春秋》等多幕剧、独幕剧 239 部。其中许多作品成为传世之作，许多演出产生了轰动效果，衍生出了中国话剧史上的一大批重要编剧、导演、演员。同时期的桂林是在规模、影响上仅次于重庆的又一个大后方戏剧中心。1944 年 2 月到 4 月，桂林举办了规模宏大的西南第一届戏剧展，来自桂、粤、湘、赣、滇五省区的 33 个演出团体，历时三个月，共上演话剧 27 台、传统戏曲等数十台，形成一次西南戏剧实力的大展览和大检阅。② 除此之外，其他后方城市如昆明、成都、贵阳等地的抗战演剧活动也蓬勃开展。而与此同时共产党领导的抗日根据地，其戏剧运动也是蓬蓬勃勃地开展着，成立了专门的戏剧学校——鲁迅艺术学院戏剧系，造就了大批的戏剧人才。因此，抗战时期是中国话剧发展的黄金时期，在中国戏剧史上谱写了鲜亮的一页，这也成为抗战宣传的得力“助手”和有力“武器”。

小说是抗战文学所取得成就仅次于戏剧的第二大文学形式，这突出表现在重庆的作家的创作。这主要是因为重庆处于内地，又是战时国民政府的陪都，很多外省作家纷纷迁往此，加之本地作家，便形成了一个庞大的文学圈，当时在重庆的著名作家有茅盾、巴金、老舍、沙汀、艾芜、吴组缃、张恨水、路翎、姚雪垠等，他们都

---

① 刘沛：《晋察冀的文艺运动》，《新文化史料》1994 年第 6 期。

② 戴知贤、李良志：《抗战时期的文化教育》，北京：北京出版社 1995 年版，第 115 页。

留下了代表性的作品。抗战初期，作家可能因为战争急迫、辗转流徙，又忙于救亡运动，没有充足的时间写小说，而到了抗战中后期，作家们经过长时间对战争生活的体验、对社会的观察、思考，积累了丰富的材料，便开始构思、创作一些主题重大、篇幅较长的小说。茅盾的《第一阶段的生活》《霜叶红似二月花》和《腐蚀》均是在抗战的大背景下完成的，《腐蚀》描写的是“皖南事变”时重庆的生活；巴金描写国统区知识分子生活和社会现实的杰出作品《寒夜》以及后来的《憩园》，沙汀以讽刺见长的代表作“三记”——《淘金记》《困兽记》《还乡记》，以刻画出各有个性特点的地主官绅和乡镇保甲长等欺压百姓的群丑形象而著称，艾芜的长篇小说《故乡》《丰饶的原野》，张恨水《魍魉世界》《八十一梦》《第二条路》，姚雪垠的《春暖花开的时候》，路翎《财主的儿女们》。[①] 它们都是抗战时期产生的比较出色的小说作品，对于抗战的描写基本是全面深刻的。

而其中最集中的体现便是老舍及其创作，从某种意义上说，他应该算是 20 世纪 30 年代以至抗战时期成就的“大家”。抗战时期，老舍是以满腔热情和十足的战斗力投入文艺界抗日的洪流之中的，不但积极组织、筹备、领导“文协”的实际工作，还以笔为武器，进行着多种文艺形式的创作，作品更是丰富多彩。如长诗《剑北篇》记录着他作为战地慰劳团成员深入西北慰问抗日战士的感受，见证了抗战的艰苦岁月。第一部抗日话剧《惨雾》揭露与鞭挞了大后方的贪官污吏勾结汉奸、大发国难财的卑劣行径，《国家至上》讲述回汉两族同胞共同抗日的故事，《张自忠》描写了张自忠将军坚持抗敌、以身殉国的英雄事迹等等，既宣扬了民族团结、积极抗日的精神，也为抗战话剧的繁荣和发展做出了重要贡献。而最突出的创作成就便是小说，此一时期，老舍有短篇小说集《火车集》《贫血集》，1943 年写出首部抗战长篇小说《火葬》，次年便开始写长篇小说《四世同堂》，前两部《惶惑》《偷生》是在重庆完成的，第三部《饥荒》成书于美国。该书是一部表现北平沦陷区普通民众生活与抗战的作品，以北平小羊圈胡同为背景，通过复杂的矛盾纠葛，以胡同内的祁家为主，钱家、冠家以及其他居民为辅，刻画了当时社会各阶层众多普通人的形象，描写了他们的苦难经历及幻想破灭后逐步觉醒、最终走上抗日道路的过程，热情颂扬了中国人民的爱国主义精神和行为，鞭挞了日军的凶狠残暴和少部分民族败类肮脏的灵魂。这是一部唯一正面描写抗战时期普通民众生活的长篇抗战小说，被誉为“一座民族主义的丰碑”。除此之外，为适应抗战的需要，老舍还写有不少鼓词、旧戏、民歌等宣传抗战的通俗文艺作品。因此，老舍及其创作是抗战文学的杰出代表，也是中国抗战文化的集中体现。

在此时期，除去戏剧和小说所取得的辉煌成就之外，文学的其他形式，如诗

---

① 戴知贤、李良志：《抗战时期的文化教育》，北京：北京出版社 1995 年版，第 115 页。

歌、散文等也有一定的发展。诗歌的主要形式有街头诗、诗传单、诗壁报、诗朗诵等等,代表作如穆木天的《抗战大鼓词》,郭沫若的《过桂杂咏》《罪恶的金字塔》,萧三的《礼物》,艾青的《向太阳》《他死在第二次》《吹号者》,臧克家的诗集《从军行》等等;散文如巴金的《旅途通讯》《从广州出来》,王西彦的《一段旅程》,司马文森的《天才的悲剧》等等,在散文中还出现了一类比较有代表性的文类——通讯报告,出版了大批报告文学的丛书,如《战地报告丛书》《战地生活丛刊》等等,满足了抗战宣传的需要,成为一种新兴的有代表性的文体类型。

"一个弱国抵抗强国的侵略,想要彻底打击武器兵力优势的敌人,唯有广大的激励人民的敌忾,发动大众的潜力",而"文艺正是激励人民、发动大众的有力武器。"[①]战争年代,文艺的宣传教育功能被运用到极致[②]。

(三)战时中国传统文化得到了传承与发展

抗日战争是一场军事战争,但也是一场涉及文化的战争,它给我们带来深重灾难的同时也为我们留下了丰富的文化资源,它的很多理论思想成为我们当今文化的渊源。其中尤为突出的表现在两个方面:一是马克思主义理论的中国化并由此诞生的适合中国国情,引导中国人民走向光明和胜利的思想理论体系——毛泽东思想;二是抗战时期兴起的"新儒学"对于我国传统文化的重新认识、评价,对于当今文化发展具有极大的指导作用。因此从这两方面来说,抗战文化具有的价值和意义是不能低估的。

毛泽东思想根植于中国深厚传统文化的土壤中,正如胡绳先生所说:"在毛泽东思想创立过程中,毛泽东是继承和发展中国文化的典范。"[③]它是马列主义与中国传统文化和中国革命具体实践有机结合的产物,是马克思主义中国化的第一个重大理论成果,是被实践证明过的正确的理论和经验总结,为中国特色社会主义理论体系的形成奠定了坚实的理论基础,指导着中国各项事业的发展,是中华民族坚定的精神支柱和宝贵的精神财富。

抗日战争是近代中国由衰败走向振兴的转折点,也是毛泽东思想形成的重要时期。毛泽东思想的逻辑结构、思想体系、概念术语都是奠定于此时期。在这段时期内,毛泽东以马克思主义的历史观和文化理论为指导,结合中国社会实际,确立了正确对待中国历史、文化的态度、原则和方法,主张在充分学习和借鉴中外文化精髓的基础上,大胆地"创造",创建时代的民族新文化。这不仅表现在:他直接引用人们熟悉的文化概念、名言、典故、警语,加强文字的活泼性和感染力,凸显中

① 《中华全国文艺界抗敌协会发起旨趣》,《文艺月刊》第 9 期,1938 年 4 月 1 日。

② 孙丹:《论文化软实力对抗日战争胜利的影响》,《湖南社会科学》2015 年第 4 期。

③ 胡绳:《毛泽东一生所做的两件大事》,《胡绳全书》第三卷(上):北京:人民出版社 1998 年版。

国文化中积极内容的强大生命力；还对一些中国文化的概念、内涵和意义进行扬弃、改造制作，使其生命力、活力同时代条件、时代精神相结合，实现传统与时代的对接，提升文化概念的内涵和意义，从而实现理论创新和文化转换，这直接承续着我们现在的文化创新，理论创新思想。[①] 正是在抗战的大背景下，在对现实的认真思考下，毛泽东思想日趋成熟，成为中国共产党的指导思想。可以说，毛泽东思想既是中华民族精神的现代体现，也是集中体现，具有深刻而广泛的意义，值得一代又一代的中华儿女去仔细琢磨，深刻思考，因此，产生于抗日战争时期的毛泽东思想具有其自身独特的价值和意义，在时代的流逝中是经久不衰的，且随着时代的发展，还会产生无穷的新意，对于后世文化发展具有积极导引的作用，像我们今天所实践的很多理论、倡导的很多价值观都可以从毛泽东思想中找到依据和源流，这无疑是我们民族一笔宝贵的文化财富。

另一方面，抗战时期，由于现实的需要，很多学者将目光投向了中国传统精神支柱的儒家学说，还根据时代发展进行了新的构建，是儒学的重光时期，被称为“新儒学”。代表人物钱穆、冯友兰、马一浮、梁漱溟、张君劢、熊十力等，它不仅为中国现代文化增添了耀眼的光彩，还为中国文化的长远发展给予了有益的启示。

五四时期，在宣扬新思想、新文化大潮下，中国传统文化的中流砥柱——儒家学说一度被视为粪土，打倒之声迭起。而抗战时期，如火如荼的战争现实不仅不支持“粪土说”和“打倒说”，反而证明了儒家学说存在的合理性，抗日民众所表现出来的英勇无畏、奋不顾身的民族精神，正是中国传统文化尤其是儒家文化的集中体现，践行的也正是“国家兴亡，匹夫有责”“宁为玉碎，不为瓦全”“士可杀不可辱”等儒家理念，更是以一个个民族英雄苏武、岳飞、文天祥等为他们效仿的榜样。因此，以儒家文化为典型的传统文化在这一时期得到了一个重新认识和评价的机会，也获得了一些发展机会，被称为现代“新儒学”。[②]

现代新儒学开宗的政治基础是当时的官方意识形态——三民主义中含有的儒学内容。其活动主要体现于思想领域；目标是在汇通中西文化的前提下解释和发展儒学。主要表现是熊十力构筑的“新儒学思想体系”和冯友兰的“新理学”。而从学理上看，它以本体论文化哲学的眼光，以宋明理学的心性之学会通西学，从中挖掘出中国文化所独具的超越时空局限的普遍意义和恒久价值。而抗日战争的血火洗礼，灵肉搏击，有效激发了现代新儒家诸哲的睿智卓识，而他们在哲理方面的精湛创获，更给予浴血奋战中的中国人民以坚忍的意志支撑和强劲的精神鼓

① 张艳国：《抗战时期毛泽东对中国文化的继承与创新》，涂文学、邓正兵：《抗战时期的中国文化》：北京：人民出版社 2006 年版，第 70—73 页。

② 文天行：《儒学的重光——谈抗战时期的儒学研究》，《抗战文化研究》第一辑，桂林：广西师范大学出版社 2007 年版，第 60 页。

舞。如冯友兰在此间完成的《新理学》《新事论》《新世训》《新原人》《新原道》《新知言》(即贞元六书)便是对中华民族的传统精神生活的反思,并认为抗战时期是中华民族复兴的时期。贺麟也称"民族复兴本质上应该是民族文化的复兴,民族文化的复兴,其主要的潮流,根本的成分就是儒家思想的复兴。"[①]此外,他们还从学理上证明了在尖锐激烈的民族矛盾和民族冲突中,爱国主义和牺牲精神是中华民族亟待高扬的旗帜,从而激发着每一个中华儿女为民族、国家而战。因此,从传统中吸收营养,用以滋补艰难时世和窘迫生活中的民族魂魄,是他们的苦心经营所在,他们是孔儒仁学的真诚传人,"仁以为己任"既是他们的自觉担当,也是他们寄希望于每一个华夏子孙的道德理想,而深植其中的民族传统、民族精神是他们一直不懈坚守的,也正是当今我们文化所要追寻的。[②]

总而言之,新儒学基本上是以儒学的"内圣外王"为立宗之本的,是在传统儒学遭到普遍责难的时候出现的。虽然对其思考在抗战时期并未有重大的突破,但是对后来的影响却是深远的,出现了第二代、第三代"新儒学家",深深地影响着中国文化的变化发展。可以这样说,抗战时期中点燃的儒学重光的火炬是没有熄灭,也不会熄灭的,它会继续燃烧在新中国的文化史上。

总之,抗战时期是我国文化发展重要的一个历史时期,取得了很多辉煌的成就,不管是文学作品的创作、教育事业的发展、文化观念的传承,它们都是我国抗战文化遗产的组成部分,而抗战文化遗产是民族精神的外显化身,是爱国主义的教育基地,是文化产业的资源宝库,是中华民族的宝贵财富。因此我们可以毫不犹豫地说,抗战历史文化是国家文化事业的重要组成部分,也是国家软实力的重要组成部分。

二、战时文化软实力的提升是取得抗日战争胜利的重要因素

作为一种历史范畴,文化"软实力"早已在中国存在,特别是作为拥有五千年传统的中华文化,源远流长,绵延不绝,文化是我们的根,是我们的魂,是联系未来的纽带,一直以来就将文化作为人之存在最深层性的要素来把握,即把文化作为一种力的存在加以考察。

(一) 国家认同观念的强化

毛泽东早就在其著作《论新阶段》一文中提出"新的政治力量,新的经济力量,

① 贺麟:《文化与人生》,北京:商务印书馆 1996 年版,第 4 页。

② 何晓明、徐胜、江涛:《抗日战争中的现代新儒学》,涂文学、邓正兵:《抗战时期的中国文化》,北京:人民出版社 2006 年版,第 113 页。

新的文化力量，都是中国革命的力量，它们是反对旧政治，旧经济，旧文化的”[①]。虽然在这里，他对文化的力量明显出于一种革命的诉求，但文化的力量确实是无穷的。文学艺术作为文化力最主要的构成部分，在抗日战争时期自然首当其责。1931 年九一八事变爆发仅十天，中国左翼作家联盟（简称“左联”）就在《文学导报》第一卷第五期刊登了《告国际无产阶级及劳苦民众的文艺组织书》，强烈抗议日寇的侵略；10 月 15 日，左联又发布《告无产阶级革命作家及一切爱好文艺的青年》，要求文艺工作者以文艺作品为武器，从各方面去揭露日本帝国主义的横暴和趁火打劫的野心。东北三省沦陷后，被称作“东北作家群”的萧军、萧红、舒群、端木蕻良等众多作家以亲身经历创作了作品，反映了处于日寇铁蹄下的东北人民的悲惨遭遇，表达了对侵略者的仇恨、对父老乡亲的怀念及早日收回国土的强烈愿望。1935 年，中国共产党《为抗日救国告全体同胞书》发布以后，左联领导人周扬于 1936 年 6 月发表了《现阶段的文学》，不仅要求文学要面向战争，而且表达了建立文艺界统一战线的思想。同年 10 月 1 日，鲁迅、郭沫若、矛盾、巴金、冰心等 21 人发表了《文艺界同仁为团结御侮与言论自由宣言》，大量的歌咏队、演剧队、放映队等组织相继成立。1938 年，中华文艺界抗敌协会在武汉成立，在《发起旨趣》里提出用笔作为武器，争先参加抗战工作，《新华日报》也发表社论指出，文艺家是民族的心灵，民族的眼睛，应为自己民族的健康和繁荣而尽力。从此，文艺便和战争紧紧贴合在了一起，就像夏衍所说：“抗战以来，文艺的定义与观感都改变了，文艺不再是少数人和文化人自觉的东西，而变成了组织教育大众的工具，同意这定义的人正在有效地发挥这工具的功能，不同意这定义的艺术至上者，在大众眼中也判定是汉奸的一种了”[②]虽然在这里有说教性的夸大，但文艺无疑已经变成了一种工具，战争造成了中国作家和中国新文学的苦难，但战争也考验了中国作家和中国新文学，当日本侵略者悍然发动战争之后，中国文学界义无反顾地与全国军民一起投入到抗击敌寇的正义事业中。他们不仅以自己的生命和鲜血抗击敌国，同时也以笔为枪，创作了大量富于感染力和战斗力的文学作品，如《大江东去》《鸭嘴涝》《火》《第一阶段的故事》《火葬》《差半车麦秸》《太湖游击队》《大江》《第七连》《一个连长的战斗遭遇》等，这些作品的出现不仅起到了“团结人民，教育人民”“帮助人民同心同德地和敌人做斗争”的重要作用，而且都极大地鼓舞了人们的战斗意志。文学的功能性因素被极大地彰显，其评价标准集中于政治意义的层面，战时的文学不仅是一种个人的文学活动，更主要的是一种群体的生存斗争。作为适

① 毛泽东：《论新阶段》，转引自《中共中央文件选集》第 11 册，中央档案馆编，北京：中共中央党校出版社 1991 年版，第 617 页。

② 夏衍：《抗战以来文艺的展望》，《文学运动史料》第 4 册，上海教育出版社 1979 年版。

应着战时的国家、民族的需要而创造出来的特定时空里有着特定内涵的艺术，文学的目的已经不再仅仅是审美创造。参与到国家民族的伟大抗日事业中去，才是最为重要的。在战争作为生存现实的前提下，作家没有别的选择，只有走向战争，将文学引入战争机制，成为战争的一个组成部分。这既是时代对中国作家和中国文学的特殊要求，也是所有正义战争中文学家和文学必须坚守的一种基本道德准则。因为在民族处于生死存亡的关头，任何文学和文学家想要置身于时代潮流之外，都是枉然的。就像张恨水在《弯弓集》的"自序"里说的"今国难临头，必以语言文字，唤醒国人，无人所可否认者也。以语言文字，唤醒国人，必求其无孔不入，更由何待引伸？然则以小说之文，写国难之事物，而供献于社会，则虽烽烟满目，山河破碎，则不嫌其为之者矣。"[①]

这种情况不仅发生在中国，苏联卫国战争期间就有 1000 多名作家披上戎装，其中光荣牺牲的有 400 多人，其间的文学创作几乎全部集中于卫国战争间隙。在二战前的法国，文学与政治没有直接关系；战争爆发后，平时不相容的作家，竟然能在反侵略的旗帜之下，成为并肩作战的战友。无论是极右的天主教作家，或极左的共产党作家。紧紧团结在'打倒法西斯，援助法国文化'的口号之下。在抗战时期的中国，一切文化活动都应该集中于抗战这一个焦点上，至少在理论层面上有了短暂的统一。1937 年署名江羽的《白刃战》描写了 7 月 8 日傍晚中国军人在卢沟桥与日寇的血战，用鲜血保卫了民族尊严，文末日期为 7 月 12 日。距事件发生才三四天时间。当时对中国军人抗战的描写，还有张天翼的《最后列车》、葛琴的《总退却》、王西彦的《牛车上的伙伴》、吴组缃的《铁闷子》、鲁岩的《我们的喇叭》、茅盾的《报施》、舒群的《祖国的伤痕》、萧乾的《刘粹刚之死》等作品，既有对十九路军高涨的抗日爱国热情和他们英勇战斗的英雄气概的歌颂，也有对中国军人尤其是下层士兵的由衷赞扬。

1940 年 12 月，沈从文在《给一个广东的朋友》文中，谈及抗战"乐观是有理由的"时候说"恶邻加于我们这个民族的忧患，分量虽然不轻，然而近二十年来，所产生的民族气概，一点自尊心和自信心，却一定担当得起这种忧患"，接着他借一朋友的口吻道"日本人的'支那'通，只懂中国唐宋时代的文学，民初军阀时代的政治，中国方面较深一点的文学作品所表现这个民族的伟大感情，伟大思想照例看不懂，较深一点，如二十年来的白话文所煽起这个民族的热情，表现这个民族进步的热情，也照例不明白。"[②]沈从文坚定不移地认为，这就是日本"绝对要失败"的原

① 张恨水：《弯弓集·自序》，《社会日报》1932 年 4 月 21 日。

② 沈从文：《云南看云集·给一个广东朋友》，《沈从文全集》（第 17 卷），太原：北岳文艺出版社 2002 年版，第 313 页。

因，因为他将第二次世界大战看作人类进步文化跟人类“虚妄”文化的对峙与搏斗。他相信中国民族文学在国民中保存的深厚潜力和唤起的伟大感情、伟大思想，将支撑起中国的抗战。长期以来，沈从文作为既不够革命，也不积极抗战的“反动文人”而存在于文学史中，屡遭左翼作家的挞伐。但在这里他却抱着抗战必胜的决心，明确无误的指出，“文化”作为一种“力”而存在，是中华民族取得抗日战争胜利的重要因素。

丘东平创作的《一个连长的战斗遭遇》被誉为“中国抗日民族战争底一首最壮丽的史诗，在叙事与抒情的辉煌的结合里面，民族战争底苦难与欢乐通过雄大的旋律震荡着读者底心灵”①。得如此评价并不是艺术水平的承认，而是战时环境和战争宣传的需要。此类作品包括“七月派”作家吴奚如的《萧连长》、阿垅的《闸北打了起来》《南京血祭》等等，就像《南京血祭》里宣称的那样，“我们这个时代，正是要不勇敢的人也勇敢起来，怕死的人也要咬着牙齿向死路大步大步走过去的时代，活或者活不成的时代。”这种炽烈的宣传性，也蔓延到了远离战火的美国作家群，以海明威为代表的美国作家代表团，也进行了积极的反法西斯创作，海明威的《战地钟声》、福克纳的《约克纳帕塔法》、斯坦贝克的《月亮下去了》，艾伯特·马尔兹的《十字奖章与箭矢》，特别是马尔兹的作品由美国政府印刷十万余册，分发给欧亚战场上的美国军人，用以激励士气。

巴金在《火》的《后记》中直白地指出了文艺的这种宣传性，“不仅想发散我的热情，宣泄我的悲愤，并且想鼓舞别人的勇气，巩固别人的信仰。我还想使人从一些简单的年轻人的活动里看出黎明的希望，老实说，我想写一本宣传的东西。”②

世界所有爱好和平的文艺工作者，都认识到了文艺对于鼓舞人民抗战志气的重要性，作为发动侵略战争的日本，不可能忽略掉如此重要的工具，日本侵华战争开始后，日本全国实施“文坛总动员”，有人作为“从军作家”开往前线，有人直接应征入伍。更多人则加入各种各样的军国主义文化组织。“战争文学”的主力军林房雄、佐藤春夫等，站在军国主义的立场美化侵略日军，丑化中国军民，为侵略战争推波助澜。而石川达三在《活着的士兵》里描写了日本士兵杀戮非战争人员，揭露了日军烧杀抢掠、军纪涣散的残暴事实，被以捏造事实，扰乱治安等罪状起诉，判其监禁四个月缓期三年执行。

（二）民族意识的增进

抗日战争激起的民族意识的觉醒和认同，升华了以爱国主义为核心的伟大民族精神。抗日战争是中国近代以来最为壮烈的民族解放战争，中国人民在血雨腥

① 胡风：《忆东平》，《胡风全集》第三卷，武汉：湖北人民出版社 1999 年版，第 346 页。
② 巴金：《〈火〉后记》，《巴金全集》第七卷，北京：人民文学出版社 1988 年版，第 173 页。

风中，为民族而战，为尊严而战，升华了以爱国主义为核心的伟大民族精神。[①]

文学的战争化，的确是文学本身某种程度的异化，但这是文学必要的牺牲。作为一种宣传工具，它必然受到创作者意识形态的影响，美国学者黄仁宇在《万历十五年》中有这样的困惑，“在十六世纪中叶，日本这一岛国严重威胁本朝东海各省的安全，这种现象是很难理解的。合乎逻辑的倒是本朝的士兵应该越海进攻日本”[②]。中华民族从来就是一个爱好和平的民族，这与中国传统文化是息息相关的。一个民族的力量如何，既取决于它能做什么，也取决于它不做什么。即能够从道义上和理性上约束自己的国家行为、群体行为和个人行为。被许纪霖称作“巨大而空洞的符号”的民族主义的确是一个包容性极强的思想资源，也有着相当复杂的社会文化功能，它可以造成法西斯式的集权国家主义灾难，也可以成为处于被压迫地位的民族国家争取国家独立、民族解放的有力凝聚剂。日本这个民族，军国主义之所以长期以来得到肆无忌惮的生长，并总想以武力征服中国，就是因为其文化的基因如此。而中华民族之所以能经历上下五千年风雨，数度面临着亡国灭种的威胁，还能顽强地生存下来，就是因为我们一代又一代中国人的骨髓里牢牢地铭刻了民族文化的基因。共同的文化认同是凝聚国人的黏合剂。“富贵不能淫，贫贱不能移，威武不能屈”“杀身成仁，舍生取义”“兼爱、非攻”“天下兴亡，匹夫有责”“刚健有为，自强不息”，这些融入我们血液的誓言，把中华民族全体成员结成一个统一的有机体。确保中华民族生存、发展的内在力量与核心，不依靠宗教信仰，而在于共同的伦理道德和共同的价值观念。这种历史的延续力是一个国家或民族的行政实体和文化传统存在的稳定性。在世界诸多的文明古国中，中国是唯一没有中断过自己的传统，保持了历史延续性的国度。历史首先要靠人类的繁衍来传袭。但更要靠文化的传承来延续。“中华民族”之称虽然产生于近代，但是超越汉族的局限，而自称“中华”的现象却古已有之。南北朝时期，入主中原的北朝人士也都承认南朝是中华正统，岳飞的“壮志饥餐胡虏肉，笑谈渴饮匈奴血”和文天祥的“人生自古谁无死，留取丹心照汗青”，其理想都是重振天朝，留名史册，他们心中的天朝就是中华民族。清末革命党人提倡的“驱除鞑虏，恢复中华”的政治口号，其中的中华显然已经包括汉族与许多少数民族在内，也就是中华民族。尽管到辛亥革命时期，作为一个整体的“中华民族”才得以正式形成，但是在此之前，超越民族界限而共同拥有中华文化传统的“中华民族共同体”实际上已经存在。人类的民族意识，常常不是萌生于平安之秋，而是灾难之时。鸦片战争后，在西方殖民者的炮火威胁下，中华民族包括各少数民族在内共同奋起抵抗，保

① 欧阳淞：《抗日战争胜利与中华民族伟大复兴》，《求是》2015 年第 17 期。

② 黄仁宇：《万历十五年》，北京：三联书店 2004 年版，第 173 页。

卫"中华"理所当然。到了七七事变，在"中华民族到了最危险的时候"的歌声感召下，全国人民不分民族，不分地域，不分阶级，不分党派，一起奋战。陈垣、钱穆等一批史学家，从民族文化史观角度塑造民族意识①。例如，著名历史学家陈垣撰写一系列意在弘扬民族精神传统，激昂爱国热情的著作，"北京沦陷后，北方士气萎靡，乃讲全谢山之学以振之。谢山排斥降人，激发故国思想。所有《辑覆》《佛考》《净记》《道考》《表微》等，皆此时作品，以为报国之道止此矣。"②

自清末民初以来，由于西方列强的野蛮入侵和封建王朝的腐败无能，中国沦为半殖民地半封建社会，经济、教育发展极为缓慢，但西方文化的传播，引起中西文化的冲突与对抗。日益紧张的民族危机促使梁启超、严复等知识分子把国家、民族的竞争归结为国民素质的竞争，而洋务运动、戊戌变法等经济、政治改良措施的失败，则使他们进一步认识到现代化的关键与核心在于提高人的现代化素质和国民性改造，鲁迅便提出了"改造国民性"。他们在猛烈批判国民劣根性的基础上，明确提出"新民"的响亮口号，以塑造"力""智""德"皆备的近代国家新形象。由此可见，国民素质的问题，最早是在近代社会作为社会问题提出的。但由于本身的局限性，这一系列运动并没有达到预期的效果，反而是抗日战争的爆发，民众民族意识的觉醒，再加上教育资源的重新分配，国民的素质得到了大幅度的提高，无数老百姓自愿加入抗战，不管是去前线血洒疆场，还是在后方服务，都为抗战的胜利奠定了基础。先进的思想家在反思中对传统文化进行了揭露和批判，不断催生着新的、现代的文化思想形成，逐步产生了较为清醒的"富国强兵，救亡图存"的爱国主义理念，促使中华民族的生存与发展意识空前觉醒，开放意识、民主与科学观念在斗争中提高，科学技术在实业救国中得到发展，传统的国民素质文化开始向现代性转型。抗战期间重要的是像在重庆沙坪坝、北碚夏坝、成都华西坝、江津白沙坝在当时并称为大后方文化四坝的地方，对中国文化的保护起着举足轻重的作用，对当时国民素质的提高发挥了决定性作用。1946 年 5 月，就像梅贻琦在国立西南联合大学校史中，感慨道："本校之存在……与抗战相始终，而实将与国同休，永垂无极也。"③

中华民族的凝聚力，主要体现在对本民族文化传统和现实价值观念的认同程度。体现在民族精神、民族品格、民族意志的传承和坚守。民族凝聚力对于个人

---

① 任嘉禾：《浅析王国维和陈寅恪的"民族文化史观"》，《内蒙古社会科学》1988 年第 1 期；周少川：《论陈垣先生的民族文化史观》，《史学史研究》2002 年第 3 期；程仁保、刘涛：《钱穆的民族文化史观浅析》，《安徽广播电视大学学报》2010 年第 2 期。

② 陈智超编：《陈垣来往书信集》，第 216 页。其中所提五部作品，即《旧五代史辑本发覆》《明季滇黔佛教考》《清初僧净记》《南宋初河北新道教考》《通鉴胡注表微》。在这五部作品中，陈垣言道、言僧、作考据、表大义，都是为了高扬民族精神和爱国志气。

③ 西南联合大学北京校友会：《西南联合大学校史》，北京：北京大学出版社 2006 年版，第 5 页。

来说就是思想的归宿和灵魂的依托，对于国家和全体人民来说就是民族的向心力和精神支柱。民族凝聚力是维系民族的精神纽带，是发展民族的精神动力，是使民族自立于世界民族之林的精神支撑，它可以增强民族认同感，激发民族自豪感，提高民族自信心。人类社会发展的历史证明，没有强大的物质力量，一个民族不可能自尊自立自强，而没有强大的精神支撑，一个民族同样难以自立自强。一个国家和民族没有先进的科技就会任人宰割，同样没有民族文化传承，缺乏主流价值信仰，就会导致民族凝聚力虚，失去国家发展的目标和动力。民族的思维方式，情感体验和价值取向凝聚为民族性格和民族精神，民族精神是一个民族生存发展的精神支柱和力量源泉，是民族思想、道德素质的集中体现。爱国主义是指个人对于自己祖国或民族抱有一种朴素、深层的感情，他是一个国家或民族最基本的凝聚力，也是一个历史范畴，在社会发展的不同阶段、不同时期有着不同的具体内容。爱国主义与民族主义不同，但在许多方面却有着一致性。尤其是在以反侵略战争为题材的文学作品中，爱国主义与民族主义几乎就是一个问题的两种说法。在抗日战争所表现出来的民族主义，是对强权的反抗和抵制，是对民族独立和尊严、国家自主和统一的认同，是一个民族求生的本能，是对祖国、民族永不消逝的情感。

三、抗日战争胜利对中国国家文化软实力的影响

在第二次世界大战中，中国战场开辟最早，坚持时间最长，杀敌最多（日军伤亡总数 160 万人，在中国战场上伤亡 130 万人，占总数 83.1%），伤亡最大（二战中军队与平民伤亡总数是 9000 万，其中中国军民伤亡 3500 余万人，约占总数 40%）。中国在世界反法西斯战争中承受了巨大的民族牺牲，做出了不可磨灭的贡献，因此，抗日战争极大地提高了中国的国际地位，历史地形成了战后的四大强国之一。抗日战争，从全面意义上完成了近代中国从“沉沦”到“上升”的转变[①]。抗日战争的胜利给中国国家文化软实力的培育积累了宝贵经验。

（一）抗日战争是中华民族由衰败走向复兴的重大转折，改变了中国的国家命运，促进了民族觉醒和空前团结。

近代中国反抗帝国主义的侵略，经历了漫长而曲折的斗争。抗日战争更是以前所未有的气势震撼着全体中华儿女的心灵，激发起全国人民团结御侮的巨大能量，彰显出气贯长虹的以爱国主义为核心的抗战精神。这种伟大的民族觉醒和空前的民族团结，比近代以来中国人民进行的历次抗争都表现得更强烈、更广泛，从

---

① 张海鹏：《走向民族复兴的重要标志——论抗日战争胜利的历史意义》，中国社会科学院近代史研究所编：《中国抗战与世界发法西斯战争》（上卷），北京：社会科学文献出版社 2009 年版，第 21 页。

根本上决定了战争的进程和结局。抗日战争为争取中华民族独立和解放创造了历史机遇。中国的抗日战争为世界反法西斯战争做出了巨大的贡献,中国获得国际社会的尊重,国际地位也随之提高。同时,中国抗日战争的伟大胜利,改变了中国自近代以来饱受帝国主义列强欺凌的屈辱地位,一扫近百年屡战屡败的阴霾,鼓舞着中国人民走出灰暗的历史,重新找回民族的自尊和自信。中华民族的觉醒和团结,不但是战胜日本侵略者的力量支撑,更是实现民族复兴的不竭动力,是中华民族弥足珍贵的精神财富。[①]

(二)抗日战争的胜利是全民族的胜利,是国共合作两个战场相辅相成赢得的胜利,形成了国共合作、政治协商的政治治理理念。

中国人民的抗日战争,是在中国共产党倡导的抗日民族统一战线的旗帜下,以国共合作为基础,由全国工农商学兵各界、各民族、各民主党派、抗日团体、社会各阶层爱国人士包括港澳台同胞、海外侨胞广泛参加的全民族的抵抗日本帝国主义侵略的正义战争。[②] 团结统一是中国人民取得抗日战争伟大胜利的重要保证,自近代以来,中国国家和社会始终处在分裂与动荡之中,导致了中国的贫困与落后,灾难与耻辱,抗日战争是中华民族大团结的象征。国共合作是抗战时期团结统一的核心内容,抗日战争的胜利,是全民族的胜利,也是国共合作两个战场相辅相成赢得的胜利。

自20世纪20年代以来,中国共产党和中国国民党是中国政治舞台上起支配作用的两大政党。两大政党在不同的历史背景下,实现过两次具有重大历史意义的合作,对民族复兴、国家进步产生了巨大的推动作用。第二次国共合作破裂后,两党及后来的两岸政治对立一直延续至今。鉴往可以知来,温故有利图新。胡锦涛总书记在纪念《告台湾同胞书》发表30周年座谈会上的讲话中指出:"两岸应该本着建设性态度,积极面向未来,共同努力,创造条件,通过平等协商逐步解决两岸关系中历史遗留的问题和发展过程中产生的新问题。"[③]尊重两党合作的历史,深入研究第二次国共合作的发展历程、重要成就和深远影响,系统分析第二次国共合作的经验与教训,对于深化中国近代史、中华民族复兴史、国共两党关系史的研究,对于充分认识国共合作的重大成就及其经验教训,尤其是恪守"一个中国"的原则,对于增进国共两党的历史认同和政治互信,对于推动新时期两党合作交流、发展两岸关系,实现祖国统一具有深远的历史价值和重大的现实意义。

---

① 《中国抗日战争史简明读本》编写组:《中国抗日战争的伟大意义》,《求是》2015年第12期。

② 步平:《中国共产党是引导全民族抗战走向胜利的旗帜》,中国社会科学院近代史研究所编:《中国抗战与世界发法西斯战争》(上卷),北京:社会科学文献出版社2009年版,第9页。

③ 胡锦涛:《携手推动两岸关系和平发展,同心实现中华民族伟大复兴——在纪念〈告台湾同胞书〉发表三十周年座谈会上的讲话》,2008年12月31日。

充分认识第二次国共合作的重大意义和深远影响，增强推进新时期发展国共关系和两岸关系的信心和决心。1931 年日本开始大举侵华的态势出现后，面对空前严重的民族危机和国内日益高涨的抗日浪潮。中国共产党和中国国民党及时调整政策，以民族利益为重，捐弃前嫌，求同存异，毅然再次建立合作关系，共赴国难，实现了中华民族的空前团结，取得了近百年来第一次民族解放战争的完全胜利，成就了中华民族走向复兴的伟大转折。系统分析第二次国共合作取得的重大成就和对抗日战争的伟大胜利、对中华民族走向复兴的伟大转折、对国共两党的发展所产生的深远影响，以及第二次国共合作破裂后，政治对立，国家分裂，对民族复兴和国家利益所造成了严重的伤害。充分认识国共两党“合则对国家有利，分则必伤民族元气”，从而增强推进新时期发展国共关系和两岸关系的信心和决心。

增进国共两党的历史认同，逐步解决两岸关系中的历史遗留问题，构筑两岸政治互信的基石。第二次国共合作的历史，既是国共两党求同存异、相忍为国的集中体现，也是两党智慧和力量斗争的充分展示。第二次国共合作，也对国共两党产生了重要的影响，中国共产党通过合作抗战，获得空前的发展，建立了一系列根据地，拥有了上百万的正规军，党员人数剧增到百万以上，赢得广大人民群众的支持，初步得到国际社会的了解。中国国民党通过合作抗日，取得中国历史上成功抵御外敌入侵的首次胜利。然而，长期以来，国民党和台湾方面并不认同国共合作，甚至完全不提“国共合作”，其中重要原因，就是认为前两次国共合作，国民党吃尽苦头，终至退守孤岛，把国民党在大陆的失败完全归咎于所谓的“容共政策”。这种对国共合作的认识误区实际上已成为国民党和台湾民众的一个历史包袱，也是阻碍当前发展两党关系和两岸关系的重要因素。因此，正确认识第二次国共合作的历史、成就与影响，有助于增进国共两党的历史认同和政治互信，减轻国民党和台湾民众在发展两岸关系问题上的历史包袱。

实事求是地总结第二次国共合作的经验教训，在新的形势下积极探索发展两岸及政党关系的新内容、新形式与新机制，逐步结束政治对立，构筑政治互信的基石，努力开创两岸和平发展新局面。经过 30 多年的改革开放，中国的面貌发生了历史性变化，中国同世界的关系发生了历史性变化，随着国家综合国力的整体提升，中华文化走向世界，中国的国际地位和影响力正在进一步提高，两党交流合作、两岸共谋发展迎来了新的历史性机遇。两岸关系历经风雨坎坷，随着国民党在台湾执政地位的重新确立，台湾局势发生积极变化，两岸关系发展迎来难得历史机遇。历史的终极目的不是知晓过去，而是理解现在。第二次国共合作的历史，就是为了更好地理解新时期国共关系的现状，为发展两党关系和两岸关系提供历史的借鉴。抗战时期以国共合作为核心的党际合作、朝野合作、派系合作，体现了民族团结的优势，表现了中华民族生生不息的顽强生命力，尤其突出地表现了中华民族持久坚韧的民族凝聚力。重视第二次国共合作的历史，无疑有助于站在新的历史起点上，探索基于民族凝聚力、建立党际政治互信与政治合作的制度性框架乃至于更深入、更广泛层次的合作策略、合作模式与合作机制，继承和发扬两党团结合作的传统，增进国共两党的相互理解和共识，积极探索发展两党关系和两岸关系的新内容、新形式，促进尽快结束两党、两岸的政治对立，实现祖国的早日统一。

（三）中华民族在抗日战争中所展现出来以爱国主义为核心的伟大民族抗战精神，是抗日战争给中国人民留下的宝贵精神财富。

抗日战争中，中华民族展现了英勇不屈、不畏强权、团结合作、自力更生、艰苦奋斗、追求解放、捍卫正义的伟大精神，展现了中华民族非凡的生命力、凝聚力、战斗力。在今天建设社会主义现代化祖国的伟大事业中，中国人民依然要大力继承和弘扬这种伟大的民族精神，在中国共产党的领导下，团结一心，实现中华民族的伟大复兴。①

伟大的抗战精神，是一种伟大的民族精神，是中华民族源远流长的爱国主义精神在抗日战争中的锤炼和升华。这种精神，来自中华儿女内心深处对祖国的无比热爱。面对日本帝国主义妄图灭亡中国的侵略战争，千千万万中华儿女义无反顾地走上了抗日救亡的战场。中国人民在14年波澜壮阔的抗日战争中形成的抗战精神可以概括为五个方面。

——天下兴亡、匹夫有责的爱国情怀。习近平指出："面对极其野蛮、极其残暴的日本侵略者，具有伟大爱国主义精神的中国人民没有屈服，而是凝聚起了同侵略者血战到底的空前斗志，坚定了抗日救国的必胜信念。"爱国主义是中华民族思想与道德的精髓，爱国情怀是人们对自己祖国的一种深厚情感，是愿意为祖国奋斗献身的价值取向。在抗日战争时期，中华民族的爱国主义较以前任何时代都表现得更强烈、更广泛、更持久、更具战斗性，它超越了阶级、阶层、政党、地方实力派和不同军事集团的常规范畴，其最高层次和其他层次在抗日问题上找到了有机结合点，使爱国主义实现了理论与实践的高度统一。抗日战争时期的爱国主义具体表现为：爱国须抗日，抗日即爱国；一切为了抗日，抗日高于一切。抗日成了区分是否爱国的唯一标准。

——不畏强暴、血战到底的民族气概。习近平指出："中国人民抗日战争的伟大胜利，为中华民族由近代以来陷入深重危机走向伟大复兴确立了历史转折点，

① 冷溶：《伟大的胜利，光辉的旗帜——纪念中国人民抗日战争胜利60周年》，中国社会科学院近代史研究所编：《中国抗战与世界反法西斯战争》（上卷），北京：社会科学文献出版社2009年版，第6—7页。

充分显示了中华民族有同侵略者血战到底的气概。”民族气概是为了维护国家和民族尊严而永不屈服的精神品质和高尚追求。抗战时期，面对日寇的疯狂侵略，无数中华儿女奋起抗争、前赴后继，表现出了视死如归、宁死不屈的高尚气节。

——视死如归、宁死不屈的英雄气节。习近平指出：“在这场救亡图存的伟大斗争中，中华儿女为中华民族独立和自由不惜抛头颅、洒热血，母亲送儿打日寇，妻子送郎上战场，男女老少齐动员。”英雄气节是为了祖国利益不惜流血牺牲的崇高精神。抗战时期，中国军民面对敌人的炮火勇往直前，面对死亡威胁义无反顾，表现出了中华儿女的英雄气概。据日军战史记载，在淞沪会战中，上海中国守军的抵抗极其顽强，即使受到炮击和包围也不后退，中国居民同仇敌忾，斗志昂扬，日军陷于苦战[①]；在台儿庄战役中，中国守军顽强抵抗直到最后，战壕中尸山血河，“决死奋战之状历历在目”[②]。

——百折不挠、坚忍不拔的必胜信念。抗战不仅是军力的较量，更是民族意志与信念的较量。必胜信念是最终战胜日本侵略者的信心保障。自 1931 年九一八事变始至 1941 年 12 月 7 日珍珠港事件爆发前，中国是东方唯一抗击日本法西斯侵略的国家，中国军民以血肉之躯独自同日本法西斯抗争达 10 年之久，牵制日军力量，使之不能从容“南进”。持续 14 年的抗日战争，中国人民在持久抗战中顽强抗击敌人，全国军民始终保持抗战必胜的坚定信心，最终打败穷凶极恶的日本侵略者。1945 年 1 月，美国总统罗斯福在致国会的国情咨文中表示，我们“忘不了中国人民在七年多的时间里怎样顶住了日本人野蛮进攻和在亚洲广大地区牵制住大量日军”[③]。

——众志成城、共御外侮的大局意识。习近平指出：“从那时起，大江南北，长城内外，全体中华儿女冒着敌人的炮火共赴国难，无论是正面战场，还是敌后战场，千千万万爱国将士浴血奋战、视死如归，各界民众万众一心、同仇敌忾，奏响了一曲气壮山河的抗击日本侵略的英雄凯歌，用生命和鲜血谱写了一首感天动地的反抗外来侵略的壮丽史诗。”习近平强调：“在中国共产党的号召和引领下，在全民族各种积极力量共同行动下，中华儿女同仇敌忾，视死如归，前仆后继，共御外敌。”在民族存亡续绝关头，在中国共产党倡导建立的抗日民族统一战线的感召下，海内外华胄“地无分南北，年无分老幼”“各党各界，团结坚固，不论军民，不分

① 日本防卫厅防卫研究所战史室：《战史丛书 86 · 中国事变陆军作战 1》，东京：朝云新闻社 1975 年版，第 297 页。

② 日本防卫厅防卫研究所战史室：《战史丛书 89 · 中国事变陆军作战 2》，东京：朝云新闻社 1975 年版，第 36 页。

③ 关在汉编译：《罗斯福选集》，北京：商务印书馆 1982 年版，第 480 页。

贫富……四万万众，坚决抵抗”。[①] 长城内外，大江南北，到处燃起抗日的烽火。特别是已经对峙十年之久的国共两党，以民族大义为重，不计前嫌，携手合作，共赴国难，分别担负着正面战场和敌后战场的作战任务，形成了共同抗击日本侵略者的战略态势，为抗战胜利奠定了坚实的基础。

伟大的抗战精神，是中国人民弥足珍贵的精神财富，永远是激励中国人民克服一切艰难险阻、为实现中华民族伟大复兴而奋斗的强大精神动力。习近平在纪念中国人民抗日战争胜利69周年时的讲话指出，抗战胜利以来，中国发生了翻天覆地的变化，但是，要实现我们的奋斗目标，逐步实现全体人民共同富裕，实现中华民族伟大复兴的中国梦，必须准备进行具有许多新的历史特点的伟大斗争。在前进的征程上，必须坚定不移走中国特色社会主义道路，必须坚定不移把发展作为党执政兴国的第一要务，必须坚定不移全面深化改革，必须坚定不移走和平发展道路。[②]

四、深化抗战史的研究、宣传、教育是增强国家文化软实力建设的重要内容

中国抗日战争对第二次世界大战胜利的贡献是无可争辩的历史事实，但同时中国对抗日战争的研究和认识还没有得到国际社会和海峡两岸的广泛共识，大陆与台湾认识有分歧；西方主流认识未解决，英国学者利德尔·哈特在60万字的《第二次世界大战史》中竟然只字未提中国抗日战场[③]，苏联的二战史书对中国的抗日战争也持低调态度[④]。美国的一些二战史书把中国抗日战争的胜利归功于美国投掷的两颗原子弹，甚至认为正如地中海战场在欧洲盟军作战中的边缘地位一样，中国战场在太平洋战争中的地位也是边缘的。在日本，抗战的历史更是在有意隐瞒和歪曲，无论是学校教育还是社会教育，都是如此。在日本的博物馆，日本人记住了战争给日本带来的灾难和创伤，但却忘记了军国主义给亚洲人民带来的灾难，忘记为什么会遭受战争后期的轰炸。在中国，民众对抗战历史的记忆不仅在淡化，而且受到戏说的严重影响。长期以来，一直存在不能正确评价这段历史的言论和观点。比如，中国共产党在抗战中所发挥的作用和贡献、中国人民抗日

① 习近平：《抗战胜利的伟大意义》，学习中国——中国干部学习网，http://study.ccln.gov.cn/，2015年8月28日。

② 习近平：《伟大的抗战精神是实现中华民族伟大复兴的强大精神动力》，习近平在中共中央国务院中央军委举行座谈会纪念中国人民抗日战争暨世界反法西斯战争胜利69周年的重要讲话，新华社北京9月4日电。

③ 〔英〕利德尔·哈特：《第二次世界大战史》，上海译文出版社1978年版。

④ 李玉珍：《俄罗斯的中国抗战史研究》，《史学月刊》2015年第9期。

战争在世界反法西斯战争中的地位,等等。再如。对于抗战时期国际社会广泛关注的重庆大轰炸,在大学生中的抽样调查,了解的人不到8%。重庆市民至少有十分之二不清楚重庆市最繁华地区的“五四路”是为了纪念1939年5月4日一天死伤超过5 000人的轰炸。总之,受西方中心论、国共内战、美苏冷战及资料的封锁和分散等方面的影响,中国抗战历史文化的研究还缺乏应有的辐射力和影响力。

文化软实力集中体现一个国家基于文化而具有的凝聚力和生命力,以及由此产生的吸引力和影响力。古往今来,任何一个大国的发展进程,既是经济总量、军事力量等硬实力提高的过程,也是价值观念、思想文化等软实力提高的过程。[①] 改革开放以来,随着国家综合国力的整体增强,中国的国际地位和影响力正在进一步提升,中华民族迎来了民族复兴及国家崛起的重要战略机遇期。在新的历史条件下,如何进一步增强两岸共识、增进政治互信,如何进一步传承以爱国主义为核心的民族精神,如何挖掘新的文化增长点,如何践行社会主义核心价值观等问题,是对国家统一、民族复兴、文化繁荣、和谐社会建设等国家重大战略的考验。抗战文化、抗战精神是提升国家文化软实力的重要组成部分,同时加强抗战文化、抗战精神的深入研究、宣传、教育,也是提升国家文化软实力的现实要求。

服务建立和谐世界的国家外交战略。面对日本右翼势力不断美化其侵略历史,挑战世界反法西斯战争成果和战后国际秩序的现实背景,进行侵华日军暴行的史料整理,以及建立在翔实资料基础上的学术研究,有利于清算日本侵华罪行,维护二战成果和亚太地区和平,构建新型大国关系,为国家总体外交服务。深化抗战大后方历史文化研究,有利于清算包括重庆大轰炸在内的日军暴行,揭露日本侵华真相,戳穿日本右翼势力歪曲历史、美化侵略的谎言,以史为鉴、面向未来,珍爱和平、维护和平,在中日四个政治文件的基础上推动中日关系长期稳定健康发展;有利于彰显中国人民开辟世界第一个反法西斯战场的英雄气概,突出中国人民在世界反法西斯战争中的重要地位和突出贡献,维护来之不易的战后国际秩序。深化二战时期中国与美国、苏联、英国等同仇敌忾、相互支持、共同打击日本法西斯战斗历程的研究,有利于推动大国之间的战略合作,维护人类正义,构建新型大国关系、促进世界和平与发展。

中国走和平发展道路,不是权宜之计,更不是外交辞令,而是中华民族优秀文化的传承和发展,是中国人民从近代以来经历的苦难中得出的必然结论。中国人民为抗日战争做出了巨大的牺牲,军民伤亡超过3500万人,直接经济损失1000亿美元(按照1937年比价),间接经济损失5000亿美元,中国经济现代化进程再次被

---

① 中共中央宣传部:《习近平总书记系列重要讲话读本》,北京:学习出版社、人民出版社2014年版,第102页。

打断。中国人民不接受“国强必霸”的逻辑，不会将自己曾经遭受的苦难再强加给别人。中国将以史为鉴，始终不渝走和平发展道路。

服务祖国统一重大国家战略决策。深入推进抗战大后方历史研究，特别是抗日民族统一战线及国共合作的历史研究、宣传、教育，有利于深刻认识第二次国共合作的历史作用及影响，化解两岸歧见，增进两岸政治互信，夯实共同政治基础，共同推进两岸关系和平发展。大陆和台湾是休戚与共的命运共同体，两岸历史文化一脉相承，密不可分。抗战大后方，特别是重庆与台湾历史渊源深厚，具有明显的文化资源优势。抗战时期，重庆是抗日民族统一战线重要政治舞台，深入推进抗战大后方研究，有利于加强对抗战时期国共两党和各阶层民众共赴国难、共同抗日的宝贵历史经验的研究和借鉴，打击“台独”势力；有助于增进国共两党、海峡两岸的历史认同，逐步解决历史遗留问题，促进两岸交流，增进政治互信，共同推进两岸关系和平发展，促进两岸和平统一。

服务民族复兴重大国家战略。抗日战争胜利，为开辟实现中华民族伟大复兴的中国道路奠定了重要基础，经历抗日战争锤炼的中国人民，更加坚定了对民族独立、人民解放和建立人民当家做主的新中国的追求。正是抗日战争的胜利，为实现人民愿望，开辟中华民族伟大复兴的道路，锻造了领导核心，提供了理论准备和宝贵经验。实现中国梦必须走中国道路。习近平总书记指出，中国特色社会主义这条道路来之不易，它是在改革开放30多年的伟大实践中走出来的，是在中华人民共和国成立60多年的持续探索中走出来的，是对在近代以来170多年中华民族发展历程的深刻总结中走出来的，是在对中华民族5000多年悠久文明的传承中走出来，具有深厚的历史渊源和广泛的现实基础。[①] 抗日战争的胜利是中华民族从衰败走向振兴的伟大转折点。抗战时期，也是中国国际交往和国际地位变动的重要时期，也是中国共产党开始走向世界的时期，对抗战大后方中外交往研究和中国国家地位的研究，凸显中国在世界反法西斯战争中的地位和作用，传播中国与友好国家之间在反对法西斯战争中结成的友谊，凝聚中外爱好和平的人士在反对战争、维护和平等方面的共识，增进中外互信，在民族复兴与和平崛起的进程中处理复杂中外关系及国家重大外交战略。今天，我们在建设社会主义现代化强国的事业中，所要面对的是另一种血与火的考验，同样需要找到能够动员汇聚全民族力量的责任担当点和利益契合点。民族复兴就是这样一个点。以爱国主义教育为核心，使实现中华民族伟大复兴的中国梦成为全体中国人共同的利益诉求和目标追求，以此不断强化不同阶层、不同信仰、不同地域中华儿女对民族的认同和对国家的责任，振奋民族精神，凝聚民族力量，巩固民族大团结，为复兴大业提

---

① 欧阳淞：《抗日战争胜利与中华民族伟大复兴》，《求是》，2015年第17期。

供强大的力量支撑。[①]

服务于文化大发展大繁荣重大国家战略，积极践行社会主义核心价值观。对抗战文化资源进行整理、挖掘、开发和利用，抗日战争留下的宝贵的精神财富，应当在新的时代条件下得到大力继承和发扬，从而为民族复兴的伟大事业提供不竭的强大精神动力，积极践行社会主义核心价值观。抗战文化资源是中国西部地区最为丰富的历史文化资源之一，是加强文化建设和促进文化发展最可宝贵的精神财富，也是提升文化软实力的重要元素。随着世界多极化、经济全球化深入发展，科学技术日新月异，各种思想文化交流交融交锋更加频繁，文化在综合国力竞争中的地位和作用更加凸显，维护国家文化安全任务更加艰巨，增强国家文化软实力、中华文化国际影响力要求更加紧迫。因此，积极对抗战大后方历史文化进行深入研究并促进转化，不仅能够推动西部地区的快速发展，而且也能增强中华文化的影响力。

提升抗战历史文化在国家治理体系和治理能力中的价值引领作用。习近平指出，推进国家治理体系和治理能力现代化，要大力培育和弘扬社会主义核心价值体系和核心价值观，加快构建充分反映中国特色、民族特性、时代特征的价值体系，就是要把制度假设和价值观培育内在统一起来，更好地发挥文化的价值引领作用。[②]

在协调推进“四个全面”战略布局进程中弘扬伟大的抗战精神。“四个全面”战略布局是我们党实现“两个一百年”奋斗目标和中华民族伟大复兴的大战略，也是当前党和国家事业发展中必须解决好的主要问题。伟大的抗战精神是中华民族复兴的强大精神动力，我们铭记历史，在学习贯彻“四个全面”战略布局的进程中，充分彰显和努力践行伟大的抗战精神，把弘扬抗战精神体现在推动解决主要问题的具体实践中。如期实现全面建成小康社会目标，必须勇敢担当我们应担当的历史责任。[③]

历史不容忘却，要维护抗日战争胜利的成果，要维护反法西斯战争形成的战后国际秩序，要不断继承和大力弘扬伟大抗战历史文化，就必须尊重历史，牢记由鲜血和生命铸就的中国人民抗日战争的伟大历史，始终要牢记中国人民为维护民族独立和自由、捍卫祖国主权和尊严建立的伟大功勋，牢记中国人民为世界反法西斯战争胜利做出的伟大贡献。抗日战争是中华民族由衰败走向复兴的重要转折，为中华民族的重新崛起开辟了光明前景。今天我们要实现中华民族的伟大复

---

① 曲爱国:《中国人民抗日战争的回顾和思考》,《求是》2015 年第 16 期。

② 庄严:《以高度的文化自信推动中华文化繁荣发展——学习习近平总书记关于中华优秀传统文化的重要论述》,《求是》2015 年第 2 期。

③ 刘亚洲:《大力弘扬伟大的抗战精神》,《求是》2015 年第 14 期。

兴,加强抗战史的研究,可以更好地服务建立和谐世界的国家外交战略,可以服务祖国统一重大国家战略决策,可以服务于文化大发展大繁荣重大国家战略,大力弘扬伟大抗战历史文化,积极践行社会主义核心价值观。

长期以来,日本国内总有一些势力竭力美化日本法西斯侵略行径,否认日本发动侵华战争的事实,右翼势力急速扩张,军国主义死灰复燃。我们决不允许否认和歪曲侵略历史,决不允许军国主义卷土重来,决不允许历史悲剧重演。在国内,质疑和否定中国共产党是抗日战争的中流砥柱,以牺牲人数衡量抗战贡献之大小等历史虚无主义思潮影响甚大。在事实和公理面前,一切信口雌黄、指鹿为马的言行,一切颠倒黑白的做法,都是徒劳的。否定侵略历史,是对历史的嘲弄,是对人类良知的侮辱,必然失信于世界人民。正如习近平指出的:"中国人民抗日战争和世界反法西斯战争的胜利成果不容置疑,几千万人为独立、自由、和平付出的牺牲不容否定。一切否认侵略战争性质的言行,一切歪曲甚至美化侵略战争的言行,一切逃避战争历史责任的言行,不论以什么形式出现,不论讲得如何冠冕堂皇,都是自欺欺人的。"①

抗战历史文化研究既是尊重历史的需要,又是面对现实、开创未来的迫切要求。牢记历史是为了面向未来,我们拒绝遗忘,只为更有力地前行。习近平在中共中央政治局第25次集体学习会上指出,同中国人民抗日战争的历史地位和历史意义相比,同这场战争对中华民族和世界的影响相比,我们的抗战研究还远远不够,要继续进行深入系统的研究。习近平强调,要坚持用唯物史观来认识和记述历史,把历史结论建立在翔实准确的史料支撑和深入细致的研究分析的基础之上。要以事实批驳歪曲历史、否认和美化侵略战争的错误言论。要加强国家层面的统筹协调,要加强资料收集和整理这一基础性工作,要通过多种形式的宣传阐释和主题教育活动,要推动国际社会正确认识中国人民抗日战争在世界反法西斯战争中的地位和作用,要推动海峡两岸史学界共享史料、共写史书,共同捍卫民族尊严和荣誉。把抗战研究作为一项国家工程切实抓好。②

---

① 习近平:《在纪念中国人民抗日战争暨世界反法西斯战争胜利70周年招待会上的讲话》,新华社北京9月3日电。

② 《习近平在中共中央政治局第二十五次集体学习时的讲话》,《人民日报》2015年7月30日。